U0874995

当生命中有了语文

——万玉霞“生命发展教育”的语文课堂

万玉霞　主编

華中科技大學出版社
http://press.hust.edu.cn
中国·武汉

图书在版编目(CIP)数据

当生命中有了语文:万玉霞"生命发展教育"的语文课堂/万玉霞主编.—武汉 :华中科技大学出版社,2023.3

ISBN 978-7-5680-9194-7

Ⅰ.①当… Ⅱ.①万… Ⅲ.①语文课-教学研究-中小学 Ⅳ.①G633.302

中国国家版本馆 CIP 数据核字(2023)第 036602 号

当生命中有了语文——万玉霞"生命发展教育"的语文课堂

dang Shengming Zhong You le Yuwen——
Wan Yuxia "Shengming Fazhan Jiaoyu" de Yuwen Ketang

万玉霞 主编

策划编辑:曾 光
责任编辑:白 慧
封面设计:孢 子
责任监印:朱 玢

出版发行:华中科技大学出版社(中国·武汉) 电话:(027)81321913
武汉市东湖新技术开发区华工科技园 邮编:430223

录 排:武汉创易图文工作室
印 刷:武汉科源印刷设计有限公司
开 本:787 mm×1092 mm 1/16
印 张:19
字 数:342 千字
版 次:2023 年 3 月第 1 版第 1 次印刷
定 价:69.00 元

华中出版

本书若有印装质量问题,请向出版社营销中心调换
全国免费服务热线:400-6679-118 竭诚为您服务
版权所有 侵权必究

主　编　万玉霞

副主编　宗　虹　钱艳玲　万　妮　徐　辉　陈　慧
　　　　潘利琴

编写人员（按姓氏笔画排序）

万　妮　万玉霞　王　惠　方　逸　申丹玉
代慕妮　冯春年　朱厚萍　刘　佳　刘　琼
刘世佳　孙华清　李文燕　杨　雪　杨　琼
吴　平　沈　莹　陈　莹　陈　慧　陈　璐
罗洁霞　金　敏　周长安　郑　琴　郑玥辉
宗　虹　胡　晶　闻　捷　桂　芬　党宁蔚
钱艳玲　徐　科　徐　辉　高　萍　涂逸枫
黄　晔　覃泽洪　喻　璇　潘利琴

专家顾问　杨再隋　方腊全　彭修继　杨金水　朱虚一

序

课改必改课。改课即改变课堂，改进课堂，改善课堂，让课堂真正成为课程实施的主渠道。好课堂需要好教师。正确的课程理念、先进的课程策略、科学的课程设计，都需要通过教师的教学实践转化为课堂目标、课堂流程、课堂行为、课堂情境、课堂风气、课堂特色和课堂文化。因此，好教师是好课堂的设计师和践行者。由于学情不同，教师风格各异，即使基于同一教材，也可能呈现出不同的课堂样态。正是这些丰富多彩、各具鲜妍的课堂样态，使课堂教学充满无穷的魅力。

到哪里去寻找好课堂呢？是到文化积淀深厚的百年老校？还是到名师云集的名校？这样的学校的确有好课堂，但我却把视角瞄准了武汉市常青树实验学校。因为那里有一位教育界的传奇人物——万玉霞校长。她创造了新世纪的武汉教育传奇，而且正在书写新的教育传奇。

我常常暗自思忖：一个有经验的校长，能让学校少走弯道，稳步前行；而一个有思想的校长，却能以开阔的视野、独特的视角洞察国内外的教育动向，预测学校教育的走向，心里有诗和远方。

1997 年，叶澜发表了文章《让课堂焕发出生命活力》。2001 年，万玉霞经过充分酝酿，提出以“生命发展理念”作为常青树实验学校办学理念，并采取切实措施让该理念在学校工作中具体化、情境化、课程化。她深知，学校工作的重心是教学，主阵地在课堂。她在小学部推行的“主动教育”课堂教学模式和在初中部践行的“P＋S”自能发展课堂模式，是“生命发展理念”在学校课程中的生动演绎。生命本应是生成的、发展的，而不是凝固的、停滞的。所以课堂上不仅要让学生主动、自动、灵动，还要让学生自能、多能、高能，更要让学生发现、发挥、发展。在“主动教育”模式里，“主动发现”是一个关键环节，要求学生不仅具有对事物的敏锐感知能力，而且能通过“见微知著”“一叶知秋”，逐渐学会“举一反三”和“触类旁通”。这是智慧的燃点，也是创新的起点。在“P+S”自能发展课堂教学模式中，“自能展现”也是一个重要环节。由于初中生正处于心理矛盾的聚合期，让他们在自我展现中发现生命的潜质，体验生命的意义，感受生命的价值，将有助于促进学生健康成长。

我参观过常青树实验学校的“创客梦工场”，看到了孩子们用 3D 打印机创作的产品。我多次穿行学校的文化走廊，留意到进门大厅中大黑板上老师们工整、娟秀的粉笔书法。我也听过、评过一些老师的语文课，从未看到学生打打闹闹，至今在我脑海里还会浮现学生彬彬有礼的问候和灿烂的微笑。我想，好课堂绝不是孤立的存在，也不会有孤零零的好课堂。正是在常青树文化的熏陶下，在“生命发展理念”教育思想的磁场里，在老师们交流沟通、互助互补、积极向上的氛围中，我见证了思想的力量，想到了为什么这里有真正的好课堂。教育思想虽然销声匿迹，然而它的感染力、影响力、渗透力是无法估量的。有思想的常青树结下的有灵魂的常青果，常会带给我们意料之外的惊喜。

万校长接手创办“武汉市常青第一小学”是在 2001 年，正逢全国掀起了课改高潮。当年《全日制义务教育课程标准（实验稿）》正式颁行。以语文而论，由原来强调落实“双基”，培养学生正确理解和运用祖国语言文字的能力，提高到强调“知识能力，过程方法，情感态度价值观”三维目标的融合，全面提高学生语文素养。2016 年 9 月，《中国学生发展核心素养》正式颁行。如何在学科中提炼核心素养，以培养学生的关键能力和必备品格，以语立人、立德树人，成为当前语文课改的主题。在课程改革的浪潮中，常青树实验学校的语文老师们，不做观潮者，愿当“弄潮儿”。校外观课、评课、送课，校内磨课、探索课、展示课，每个老师都在实践着“主动教育”和“自能发展”课堂教学模式，但又不拘泥于模式。在实践教学模式的课堂上，老师们留下了足够创新的空间，映照出每位老师独特的身影。

这些年来，常青树实验学校滋养于“生命发展理念”的土壤，沐浴着新时代的雨露阳光，生成和生长于武汉市良好的教育生态环境，已初步形成了“常青语文”的教学特色，受到业内专家和老师们的关注。不少年轻教师被评为市优秀青年教师，有的教师还被评为市学科带头人。其中钱艳玲老师获得了湖北省特级教师的殊荣。

我想，寻找好课堂，不是只寻找几个好课堂。一所学校有几个好课堂，不足为奇；一位老师能上好几节课，又何足道哉！全书呈现的几十堂课，有阅读、习作，还有国学经典导读、整本书阅读、课外阅读指导等，都是从全校老师的课堂教学中挑选出来的有一定代表性的课堂。让我们“窥一斑而识全豹”，并从生动具象的课堂景象的反照中，领略“生命发展理念”的内涵，感受生命发展的活力，体验生命发展的价值。

为了用课例印证理念、阐明课理，我随机抽取了几个课例予以简略评说。

先看李文燕老师执教的《如梦令》（李清照词）。教师在学生充分诵读的基础上，引导学生展开想象，在头脑中浮现诗的画面，再返回诗句，提炼文脉，用“醉—误—惊”三字一以贯之，让学生主动发现因“陶醉”而“误入藕花深处”，在“争渡”中“惊起一滩鸥鹭”。拎出三个字，网起了全部的诗情画意，学生感悟到生命的活力，感受到人和大自然和谐共处的雅趣。整节课诗意浓浓、诗情绵绵。下课铃响了，学生仍沉浸在诗情画意之中。

再看沈莹老师执教的一年级寓言故事《乌鸦喝水》。沈老师针对一年级学生和教材的特点，注意激发兴趣、夯实基础、教给方法、启迪思维。尤其是注意培养学生“主动发现”的能力。

发现是儿童创新思维的萌芽。当儿童能主动发现别人尚未发现的问题时，他就慢慢开窍了。萨特说，上帝存在与否并不重要，重要的是发现。教学中，沈老师引导学生去发现“喝”和“渴”音、形、义的区别，发现小宝贝——瓶子，还发现了瓶子的特点。发现乌鸦喝不到水，小朋友和乌鸦都急了，但急中生智，发现了许多小石子，从而激发了灵感，最终乌鸦喝到了水。整个故事就是“发现”的过程。沈老师沿着故事发展的线索，顺应学生思维发展的逻辑，让学生学习了语言，也发展了思维。不要低估儿童思维发展的水平，在一年级进行初步的逻辑思维训练，就会为二、三年级培养学生简单的逻辑推理能力（例如学会预测）打下一定的基础。

覃泽洪老师执教四年级课文《猫》，教学过程并不复杂。教师将“读”贯穿始终。初读，感知猫的可爱，再读，感受猫的古怪。默读课文、品析语言，进一步感受猫的可爱和猫的古怪，再深入探究哪些地方表现了猫的古怪。此时，教师出示“学路建议”，点醒学生去发现课文中前后矛盾的语句，例如贪玩又尽职，胆小又勇敢，这些矛盾性格的集合，使猫变得古怪而可爱。当教师出示猫捉老鼠时“屏息凝视”的情景图之后，课堂气氛又一次推向高潮。

随着学生情绪的调动，学生产生了表达的欲望。教师要求学生仿写课文第一段，从现场学生写的片段作文看，学生头脑中浮现的各种猫的形象跃然纸上，描绘出了许多生动活泼的猫的形象，说明大部分学生并非仿写，而是改写。

潘利琴老师执教的二年级课文《黄山奇石》，其特点是简洁流畅。简洁，主要指重点突出，内容简约；流畅，主要指教学过程环环相扣，学生的思维和语言顺畅。简而畅构成了本课的主要特色。在一定意义上说，烦琐必将缓滞，简略方能流畅。

潘老师用“预习交流，初读激趣”—“整体感知，正确朗读”—“精读揣摩，品味朗读”—“课外拓展，延伸赏读”组成完整的教学过程，并紧扣课文中的关键词语，让学生在品读语言中感受“奇石”之美在于“奇”。把石头写得活灵活现，在于作者善于运用生动活泼的语言，从而让学生在感知语言、揣摩语言、品味语言的过程中，读出了语中情，品出了文中味。

大千世界，无奇不有，人们正是在发现“奇怪”、探索“奇怪”中，获得新知、促进创新的。好奇是儿童的天性，因此，需要从小培养学生的求异思维能力和逆向思维能力。教学中，教师要鼓励学生在司空见惯中发现“奇特”，在熟视无睹中发现“新奇”，敢于“标新立异”，勇于“与众不同”，这是覃、潘两位老师的教学给我们的启示。

陈慧老师执教的四年级上册课文《为中华之崛起而读书》，用“主动感知，复习导入”—“主动发现，直奔重点”—“主动参与，品读悟情”—“主动建构，升华主题”—“主动拓展，树立志向”组织教学过程。五个环节层层递进，逐步提升，重点在“主动参与，品读悟情”。

课题“为中华之崛起而读书”本是一句激情满怀的诗意表达，但由于现代儿童和作者的时空距离很远，学生与课文间产生了一定的心理距离和情感隔膜。从教学实践看，让学生明白这个道理是不难的，但是要让“道理”入耳入心，就要引导学生从品读中了解历史，明白道理，由“理”生情，从而激发起“为中华之崛起而读书”的激情，也为主题的升华铺平了道路。整堂课主干突出，简洁明快，老师十分注重学生在学习语言的同时，了解事物之间的逻辑关系，并教给学生概括的方法，把语言训练和思维训练统一于教学过程之中。陈老师要求学生语言要简练，而她自己正是用简练的课堂语言给学生做出了示范。

桂芬老师执教六年级上册课文《穷人》，根据教材特点，采用长文短教的方式。短教不仅指用时少，而且指短而精。教精炼的内容，练精彩的文句，尽可能去提炼出精华的思想。

教学中，桂老师让学生充分地读，在主动的积极的言语实践中，明确主线，直奔中心，拓展思维，升华中心。读，是学生和文本最直接、最有效的对话。学生正是在感知语言、感悟语言、获得语感的同时，感同身受，体会桑娜的矛盾心理，感受桑娜和渔夫美好、善良的心灵。

本堂课，教师仿佛用简笔素描，勾勒了文章内容的轮廓，学生则用思想的笔锋、感情的色彩，绘制了一幅题为“穷人”的油画。

刘琼老师执教七年级上册课文《走一步，再走一步》时，采用了“自能发展课堂”教学模式。“主动”和“自能”是有区别的。如果说小学阶段的“主动发展”还需要教师的发动、调动和推动，那么初中阶段的“自能发展”，则更强调学生的独立性和自觉性，以体现语文教育家叶圣陶“自能读书，不待老师讲；自能作文，不待老师改”的观点。

在“自能发展”的课堂上，教师的作用是什么？当学生困惑时点醒，在学生思路堵塞时疏通，需要衔接过渡时穿针引线。刘老师深知学生读懂故事情节是不难的，难的是如何通过语言文字把握少年亨特遇险、脱险的心理活动和由幼稚变成熟、由羸弱变强大的心路历程。而大量的心理描写，正是外国小说写作的重要特点。

教学中，刘老师强调“整体把握”“重点研读”，做到“整体联通，顺势触通”，建立“连贯意识”，避免“断章取义”。她在课堂提问的设计上颇有新意，例如主问题的精心设计，问题的组合具有整体性和层次性，符合教学的基本规律。尤其是提问形式丰富多样，使人耳目一新。需要说明的是，当前语文教学中普遍存在把课文内容揉碎，再提出小问题、浅问题甚至假问题的现象。这些问题既无语言价值，也无思维价值，所以我们提倡精问、巧问、少问，依然倡导“启发式”、“少而精”和“精讲多练”。

常青树实验学校的好教师很多，好课堂不少，由于篇幅所限，我就不一一列举了。如前所述，“生命发展理念”物化为多姿多彩的课堂景象，那么，从这些课堂景象中，我们又受到哪些启示呢？

一、好课堂是育人的课堂

语言文字绝非抽象的符号系统，它承载信息，蕴含思想，传达一定的价值观。语文教材整合了国家目标、社会理想和个人发展，体现了社会价值和个人价值的统一。语文学科自身的特点使其在育人上具有独特的优势，正因为如此，语文才会有永不枯竭的生命力。

语文教学是母语教学。母语凝聚了民族的精神和智慧，使学生在习得语文能力的同时，受到民族文化的滋养，从而树立起民族自信心和自豪感。汉语言文字历经历史长河的洗涤和演变，已经深深地融入中华民族的血肉和灵魂里。正由于母语给学生打上了生命底色，今后，学生无论学习何种语言，都会和母语息息相通，无论接触何种文化，都跟母语血脉相融。从这个意义上说，母语教育是为学生生命奠基的教育，是使学生成为怀有中国心的中国人的教育。

育人为本，是课程的灵魂，教学永远具有教育性。语文教学应旗帜鲜明地给学生进行社会主义核心价值观的教育，让学生德智体美劳全面发展，成为未来社会主义的建设者和接班人。

当然，语文教学中的育人要遵循语文教学的规律，要根据教材特点，结合学生实际，在学生学习运用语言的过程中相机进行。不生硬灌输，不抽象说教，而是依托语言文字，注重形象感染、情感熏陶，强调潜移默化。

二、好课堂是有思想、有灵魂的课堂

好课堂绝不是几招几式、几步几法的精彩铺排，也不是教学技巧、教学方式和多媒体课件的巧妙展示。好课堂是有思想、有灵魂的课堂。这样的课堂才具有丰富的人文内涵和生命活力。有生命活力的课堂才能自我生成、自我调节、自我发育、主动发展，也才具有自然渗透、滋生繁衍的能力。

常青树实验学校的“生命语文”课堂，是“生命发展理念”大课堂中的课堂，是学校若干学科课堂相互渗透、相互影响下的课堂。年轻教师踏进校门、进入课堂后，就会感受到“生命发展理念”思想的活力，从而较快地掌握教学活动的规律。这些年来，该校培养的语文教师在常青树下茁壮成长，成了教学工作的骨干。

事物之间的相互转化都是有条件的。精神变物质，先进的教育理念转化为好课堂也是有条件的，其主要条件是教师既要具备良好的专业素养，包括教育情怀、敬业精神、文化素质和教学能力等，也需要有水滴石穿的韧性和永不懈怠的坚守。

三、好课堂是学生主动发展、焕发生命活力的课堂

语文教学是学生在真实的语境中学习运用语言的自主实践活动。学生自主与学生主动异曲同工，都表明学生是认识发展的主体，是课堂教学的主人。

然而当前绝大多数的课堂依然是教师的“讲堂”，而非学生的“学堂”。课堂上，教师控制欲太强，教师不放心、不放手，推着学生走，赶着学生走。对此，教育主管部门和老师们都有共识，也采取了一些措施，但至今收效

甚微。

常青树实验学校则把“学生主动”贯穿于教学过程，渗透于教学环节。让学生在“主动发现”中感到惊奇，在“主动参与”中燃烧生命激情，焕发生命活力，在“主动建构”中享受成功的喜悦。

当然，学生的主动离不开教师的主导。教学目标的确定、教学环节的安排、教学过程中的疏导、学生学习成绩的评价，都充分体现出教师的主导作用。在常青树实验学校的课堂上，“问题生成单”、“学路建议”和“基础类和拓展类的检测单”，都是为促进学生主动发展的课堂创新。十多年的教学实践证明，这对于“把控质量堂堂清，课堂实效有保证”起到了关键作用。

四、好课堂是培育心智、增长智慧的课堂

语文教学除了让学生学习运用语言外，还应滋养学生心灵，增长学生智慧，培育学生心智，使学生聪明地学，越学越聪明。

当前语文教学普遍存在浅表化、虚浮化的现象。知识满足于机械记忆，能力训练停留于简单的重复，认识在原地踏步，思维在语言的表层徘徊。学生不会激动，教师没有激情。课堂上感受不到学生的惊喜，看不到学生跃跃欲试的神情，也听不到学生忍俊不禁的笑声。这样的课堂是我们不愿看到的沉闷的课堂。

生命的活力，主要是思想的活力。所以要在学生学习运用语言的过程中发展其思维能力。儿童思维的特点是以具体形象思维为主，逐渐向抽象逻辑思维过渡。过去，我们常常关注“为主”，而忽略“过渡”。语文教学正是要促进“过渡”，推动“过渡”。我高兴地看到常青树实验学校的老师们从低段起就十分注意培养学生的抽象逻辑思维能力，引导学生去主动发现语句之间的逻辑关系。或从概念出发，演绎出具体生动的形象；或从事实材料出发，让学生学会概括，提炼出课文内容的中心。当学生的主体精神得到充分发挥之时，就会迸发出意想不到的生命活力。教学中知识点的摩擦、碰撞，能力点的交织、迁移，智慧点的触发、生成，以及课文中情景的交融变化，形象的连缀、叠加，意蕴的含蓄、隽永，韵味的深邃、绵长……都充分展现了语文的魅力，使语文教学从浅表化、虚浮化走向适合学生的深度学习。

智慧不能嵌入，也不能灌输。学生在疑问中生成智慧，在发现中培育智慧，在主动参与中滋养智慧，在主动建构和主动拓展中增长智慧，使课堂成为真正的智慧课堂。

五、课堂是允许犯错和鼓励纠错的课堂

有时候，一堂课最大的缺点是没有缺点及没能及时发现和改正缺点。好老师善于将缺点转化为生成性的课程资源，使缺点成为智慧生成的源点和课堂教学的亮点。在课堂上，学生不怕犯错，敢于尝试，敏于发现错误，勇于纠正错误，通过自己的努力去获得结论。获得结论固然可喜，但获得结论的过程更为可贵。

在书中所载的几十节课堂中，许多老师在教学反思中毫不掩饰自己的缺点，这是对自己的严格要求；清醒地认识自己的成绩和不足，这是进步的起点。

读罢书稿，情不自禁，信笔所之，意犹未尽。五年前，我曾给《万玉霞与生命发展教育》一书写过序言，序刚写毕，正值疾风骤雨。我伫立窗前，向常青树致敬。前几天还是倾盆大雨，今天多云，太阳刚露过脸，又钻进云层。此时，我的心情格外舒畅。因为经过几天连续奋战，洋洋数千字的文章终于收笔了。

我心中的生命语文啊，愿您永葆生命之美妙！常青语文，语文常青！书不尽言，以文表心，是为序也。

杨再隋

2022 年 3 月 21 日晚

于华中师大桂子山

杨再隋，华中师范大学教授。曾任湖北省人民代表大会第七、八、九届常务委员会委员，教科文卫委员会委员，教育部义务教育语文课程标准和高中语文课程标准审议专家组成员，教育部全国中小学教材审查委员会委员，全国教师教育课程资源专家委员会委员，教育部“国培计划”专家库首批专家。现任中华文化促进会儿童文化委员会主任、中国语文报刊协会写作教学专业委员会学术顾问。长期从事基础教育研究，讲授课程教学论、教育美学、语文教学论等本科和研究生课程。主持和参与多项国家级和省部级课题及教改实验，出版多部著作。

前言

《中庸》开篇三句话：天命之谓性，率性之谓道，修道之谓教。“知天命—悟学道—修教为”。三个层级三步跨越，直指人心、人性，是做人之道，也是育人之道，是人的生命健康成长之道。

我工作20余年了，各个教育岗位，都留下了我成长道路上不断延伸的生命痕迹。当好一名优秀的语文老师，则是我此生对生命意义的追寻和理性的价值追求，因为，我爱语文，钟爱语文教育。

语文教育是什么？语文教育是培根铸魂的教育，是厚植家国情怀的教育，是增强文化自信的教育，是开阔人文视野的教育，是沟通未来与国际的教育，是让人有温度、有情怀、有视野、有理想、有追求，能获得幸福生活动力的教育……

语文新课标以发展人的核心素养为育人价值导向，同时阐释了核心素养四个维度的价值内涵与相互关系。在课程内容上，确定了中华优秀传统文化、革命文化与社会主义先进文化主题，体现了中华民族文化的继承与发展脉络。同时，新课标也明确了其载体形式，为教师开发利用教育教学资源做出了指引。对于普通教师而言，需重点关注的变化有两个。一是四大语文核心素养之间的关系，以及在具体教学中如何落地的问题。二是对“六大学习任务群”的认识和设计。六大语文学习任务群，分为基础型的“语言文字积累与梳理”、发展型的“实用性阅读与交流”“文学阅读与创意表达”“思辨性阅读与表达”、拓展型的“整本书阅读”“跨学科学习”三个层面，各有侧重，层层提升。在教学中，需要我们按照新课标对每一个学段、每一个学习任务群的具体要求进行精心设计，有效实施教学，循序渐进，提升学生素养。

所以，拓展语文教学的外延、丰富语文教学的内涵、增加语文教学的渠道、凝聚语文教学的合力的变革性教育实践是我和学校坚守的语文之道。

一、语文转化为教育生产力的基底——教好学生的语文

语文转化为教育生产力的观点，源于十多年前《人民教育》中的一篇文章——《2006：新课程行进的坐标在哪里》。文章描述了一批中国新课程改革的领军人物，也评价了我展示的一节课：一位校长深厚的文学素养可以转化为强大的教育生产力。

语文的教育生产力来自语文核心素养，即“语言的建构和运用”、“思维的发展和提升”、“审美的鉴赏和创造”以及“文化的理解和传承”四个方面，它是最具终生发展价值的人的必备品格与关键能力。

语文教育的过程，是学生世界观、价值观、人生观的形成过程，是为学生的精神生命奠基的过程。每一次教学活动都是一次生命活动，都是在特定的教学生态环境中的一次生命历程。每一位语文老师的教育行为都是自己教育思想与教育哲学的诠释和演绎。

多年的教育生涯，我坚持做了一件最重要的事，就是建构与实践——“生命发展教育”理念。“生命发展教育”理念，是以马克思关于人的全面发展学说为指导，始终将人的因素放在首位，把学生的全面发展置于学校工作的核心，让学生自由而充分地发展。其宗旨是尊重生命、呵护生命、发展生命。本书的教学案例就是学校践行课程理念过程中结下的果实。

这些教学案例，立足文本，关注学情，让学生真正成为课堂的主人。海德格尔认为，教师的任务就是“让学”——让学生学习，在学习中学会学习。语文是学生的，语文学习是为了孩子，语文教学只有融于他们的生命成长才有意义。我一直带领着语文教师队伍，用真心与勤勉踏出了一条明晰的语文课堂变革路径。

2001 年，学校开展了“师生双主体和谐发展”的语文教学模式的研究和评价体系的改革。

2004—2006 年，学校在原有研究基础上，提出了“课前预设—课中生成—课后反思—自能作业—多元评价”为语文教学活动主线的教改新思路。

结合市教育局规划设计的“高效课堂”工程，我认识到，变被动教育为主动教育，确立学生在课堂教学中的主体地位，应成为向素质教育转轨进程中亟待解决的根本性问题。因此，我们把孩子的能动发展作为教学改革的核心目标。

2008 年，在专家引领下，以轻负高效为准绳，学校开启了“主动教育”教学模式的由点到面的研究。

2011年11月,“主动教育”教学模式接受了教育部、中国教育学会、国家关工委、北师大、华东师大、华中师大等的12名著名教育学者和专家的论证,充分肯定了学校的做法与取得的成绩。

2011年11月29日,由武汉市教育局和市教科院联合举办的“武汉市小学语文高效课堂教学模式研讨活动”在常青实验小学成功举行。常青实验小学展示的“生命理念·主动课堂”受到与会专家、领导和同仁的高度评价,并向全市推广。

2012年,在武汉市教育局组织的首届“高效课堂”教学模式评比中,“主动教育”教学模式被评为“十佳教学模式”。

2012年,学校又启动了覆盖全学科、全学段、多课型的基于“主动教育模式”深入推进的变式教学研究。

2014年至今,学校在多校区、九年一贯制的集团化办学中,一直坚持“P+S”自能发展课堂的探索。

就是这样,学校在语文教学的实践中,强调尊重学生的主体地位,还学生以发展语文素养的自主权。

二、语文转化为教育生命力的根系——学好民族的语文

语文教育生命力之根系深扎于中华民族文化的沃土。语言文字是民族文化的地质层,积淀着民族精神的延续与智慧的精髓,语文不仅仅是思想的载体,实质上,语文还是意识、思维、心灵、人格的组成。

在语文教学中,我对老师和学生提出了“蓬勃生命让我们成长与进步,中国人格给予我们前行的力量”的学习目标,开发了“民族经典、楚汉气度”的语文校本课程,打造出独具特色的微课、长短语文课,努力将民族文化之根融入语文学习之中。

在“主动教育”高效课堂教学模式的探究过程中,经典传统文化的传播,古诗文的积累、诵读、阅读、赏析、交流等都纳入了学校课程体系。“班级经典读书会”“读诗词·想画面”等交流展示活动都已成为学校每学期的常规活动。

课内外的结合,使语文活动变得丰富多彩。“经典诗文”中的君子风骨、名士傲骨是我们语文学科情感态度价值观的教学素材。每学期,学校都会开展经典诗文教学指导的专项教研,在校本的观摩、研讨中,激励先进,发现新人,不断提升教师的诵读指导水平。

“教师粉笔字每日一练”活动,创造性地将经典诗文传承与汉字规范书

写相结合，深受大家喜爱。学校大厅旁，竖立起一块黑板，校长和全校教师按照统一要求，每天书写一行古诗，由专任教师评定等级。每周一首经典古诗，不断累积，营造着传承经典、诵读经典的浓浓氛围。校长和老师身体力行，带动着全校学生诵读经典，传承着优秀的中华文化。

为进一步提高学生的诵读水平，拓宽诵读渠道，我们鼓励、倡导学生家长参与经典诵读，督促学生每天回家进行10分钟经典诵读活动。通过召开家长会，倡导家长和孩子一起诵读，积极营造浓厚的家庭诵读氛围。

《三字经》、《论语》、经典诗词……或以木刻，或以印刷体，或以书法，在大厅、走廊、门楣……处处呈现着经典文化，无时不影响和推动着经典传承。

“经典诵读”活动与传统节日相结合，例如举办“中秋吟诗赏月”“清明诵读踏青”；或举行“古诗文临摹”“制作古诗文手抄报”；或举办“书画展览”“征集古诗文警句”等活动。学生在轻松愉快的氛围中接受古诗文的熏陶。

每周三下午，是全校兴趣班和艺术团活动的时间。学校聘请了武汉诗词楹联学会副会长、武汉市散曲研习社社长陈龄彬老先生，为同学们讲授诗词诵读的知识。在陈老师的指导下，一大批热爱中华传统文化、乐于诗词诵读的学生不断成长，他们现已成为学校经典诵读活动的骨干。

每年12月中旬是我校一年一度的“经典诵读节”，师生穿行于时光隧道，或回归古风，体验古文化的魅力；或活在当下，体悟经典所触动的心灵震撼；或飞向未来，瞻望经典文化编织的梦想。随着活动的深入，经典文化教育已从单调的朗读发展为形式多样的朗诵、吟唱、歌舞等。

每个年级组都成立了学生课本剧团，每周定期开展活动。有专职老师负责组织学生进行剧本的挑选、改编、赏析和排练。月末，学生都会在学校大报告厅进行课本剧展演，同时在学校电视台直播。大家且歌且舞，且吟且诵，一大批经典诗文、古典形象在孩子们的演绎下，呈现在师生的面前，也更深入地走进了他们的内心。

同学们在传统文化的精神家园里得到熏陶、滋养、渐染，在“润物细无声”中丰富了学识，培养了良好品德和文明行为，从而“博于学问，明于睿思，笃于务实，志于成人”。

三、语文转化为教育生长力的动力——关注时代的语文

中国语文教育以废科举兴学校为起点，而“新式教育”的主要特征，是以“白话”替代“文言”。中华人民共和国成立以后，语文教育几经变革，历经旷日持久的论争，例如保持汉字与走文字拼音化的论争，思想性与工具性孰轻

孰重的论争等，使语文学科在整个课改中始终处在变革的风口浪尖之上。“文章合为时而著，歌诗合为事而作。”新时代的语文教育是怎样的语文教育？它是与时代同步、与社会共振、与生活并行的学科教育。观察社会、思考人生和关照自己，是语文教育的必然要求，也是当下语文教育中较为薄弱的环节。

语文教育，必须以德育为魂，弘扬时代主题；以智育为基，贴近学生现实生活及认知水平；推动学生德、智、体、美、劳全面发展。学生学习语文，必须敞开胸怀，关心时政，具有家国情怀和开阔的国际视野。

新时代语文怎么教？学生怎么学？当前尤其要关注积累：积累生活，积累思想，积累语言，使学生具有一定的文化底蕴。积累的过程也是语言运用的过程。在运用中积累，以积累促运用，这样，语文学习就不会落空了。在这本书的案例中，老师们以教材为例子，引导学生阅读经典、铭记历史、感知时代、追踪新知，鼓励多元化、个性化的学习，让学生深入思考、独立判断，使学校成为思想成长的苗圃。

为体现语文教育的特点，学校为学生创设开放式的阅读情境、提供广泛的阅读材料、进行有效的阅读指导、搭建丰富的阅读支架、形成多维度的阅读对话，帮助学生学会阅读，培养学生用阅读去独立学习的能力，使学生养成创造性思考的能力与良好的学习习惯。

语文教学要仰望星空，放飞梦想，也要脚踏实地，改革创新。在聚焦核心素养的新课程实施中，教师队伍的建设依然任重道远。

我们也将进一步关注新时代语文教育的发展趋势，关注语文教师“鹰雁”队伍的打造，关注新时代语文课程变革的整体架构，关注学生语文学习的温度、厚度与效度。

四、语文转化为生命发展力的渠道——课程改革中的语文

（一）小学部“主动教育”语文模式

小学部“主动教育”教学模式的课堂将学习的路径拓展为“课前一课中一课后”，学生在40分钟的有效学习时空里经历“主动感知、主动发现、主动参与、主动建构、主动拓展”五个环节，意在让学生点燃头脑中未知的火花，激发学生追求新知的热情，实现真正意义上的主动学习。

课桌摆放利于小组合作，每个教室除了两块大黑板外，还有8～10块小白板以及20～30支白板笔，即时、动态地展示学生的预习成果，利于学生现

场示范。教师用“问题生成单”“学路建议”“课末 A(基础类)、B(拓展类)检测单”,引导学生有目的地学习,鼓励学生大胆质疑,主动释疑,帮助学生,把控教学质量,做到“堂堂清”,以切实提高课堂实效。

课堂的高效,始于教师,源于学生。徐辉老师执教《健忘的教授》一课,发现学生大都纠结于“忘”“不忘”这样比较浅表的内容,甚至班上理解能力最强的几名学生也只是读出教授“知识渊博”“记忆力惊人”等特点,这时,老师不失时机地出示如下“学路建议”:

1. 轻声朗读课文,划出能看出教授是一个怎样的人的句子。

2. 在小组内和伙伴朗读、交流,并梳理你眼中教授的特点。

3. 和其他小组交流你们的独特发现。

在这样的学习导向下,学生很快走近“教授”:“两手插进裤兜儿,坐在讲台的角上……”,“……是一所大学文学理论方面的权威。他在绘画、音乐方面也有惊人的才能……”,一位学识广博、专业精湛、行事洒脱、极具个性魅力的教授形象清晰地站立在学生们面前。由“愤”而“启”,由“悱”而“发”,做到“道而弗牵”“强而弗抑”“开而弗达”,这就是“主动教育”的教学真谛。

在语文教师中,高萍老师的教学颇具特色。教学中,她积极鼓励学生质疑,注重教给质疑的方法,并且以学生的质疑为着力点,让学生自主发现问题,自主提出问题。通过小组分工、角色扮演,以及“学路建议”,引导互访、互议,帮助学生自主释疑,从而逐渐形成以寻疑、质疑、释疑为主线的具有学习能力生成性的主动学习的课堂。

在语文老师陈慧的教学中有一个“柳暗花明又一村”的教育故事:

小君成绩优秀,但性格缺陷逐渐显露,父母无暇顾及导致他变得孤僻、暴躁,常有抵触情绪。老师试图借“主动教育”模式的推行,在团队中感化他,用小组长的“诱饵”吸引他。

从此,他和其他组长既是“合作战友”,又是“竞争对手”。好强的性格使他亲近老师,“问东问西”;老师的表扬带来的成就感引发了他带动整个团队进步的迫切愿望;信任与掌声让他懂得回报他人——“你来发言吧!”“你说得对!”“大家一起商量一下吧!”“你们觉得怎么样?”……这些将自己“放”在团队中的话语越来越多地从他口中说出来……小君的“柳暗花明”,让老师的喜悦感油然而生。

主动教学的实践意义在于:由追求知识的完整性到更加关注学生的能力结构的主动构建;由注重知识传授、能力培养到关注学生的心理需求和精神成长;让学生有更多的时空去思考、去实践、去创造,从而凸显课堂教学的实效性。

(二)初中部自能语文课堂

“P+S”自能发展课堂，即“preview 预习”+“show 展示”自能发展课堂。先让学生在自主预习的基础上，小组自主选择学习任务，并做好汇报准备，然后在“汇报研讨课”上进行“小组展示—质疑碰撞—深度研讨—总结汇报”等教学流程，让学生在自主学习的过程中提升学习力，养成自觉学习的习惯，提升自觉学习的品质，进而提高学习效率。

随着学校课改工作的深入，生命发展教育理念下的“主动教育”模式经进一步研究和实践，发展成为“自能发展教育”，在实践中丰富着自身的内涵。

“自”是学习自主性、自觉性和个性化。“能”是学生在自主实践中所获得的功能、动力和智能。“自能”即自主、能动。自主就是认识自己，把握自己，发展自己；能动即指主观能动性，是在自主的基础上去主动实现自我的能力。

“发展”是初中生由少年期向青春前期的转型，由于生理的快速成长和心理的滞后发展所造成的矛盾，初中生的转型比较困难，且由初中生“性意识”的逐渐觉醒带来的生理心理的变化，更增加了“转型”的难度。所以，教师要多做深入细致的工作，促成学生在生命成长中顺利转型。

将“P+S”自能发展课堂的核心理念概括起来，就是“五自三能”。“五自”即自由、自主、自信、自为、自省；“三能”即潜能开发、能量释放、能力提升。基于“自能发展教育”理念下的课堂教学模式，就是为了实现“自能发展教育”目标提供基本的操作流程、有效的教学策略和科学的评价标准，从而形成以学生为中心的生态课堂。

“P+S”自能发展课堂，一是满足学生自身发展需求，促进学生身心健康发展(自主学习)；二是主动建构知识，能动发展自身(探究学习)；三是让学习成为社会性的交往活动(合作学习)。“P+S”自能发展课堂模式的操作流程和策略如下：

“P+S”自能发展课堂语文教学模式可概括为“三环节”(课前、课中、课后)、“三板块”(自疑互议、自解互评、自构互拓)、“五步骤”(疑、议、解、评、拓)，简称“三三五”模式。

第一步：自学启疑，即寻疑。学然后知不足，学然后知疑。

教师给学生提供丰富的背景材料，并按基础、综合、拓展三类教学内容的课堂教学目标形成“课堂学习指南”，确定学习目标，明确学习方向，让学生清楚地知道学什么和怎么学，指导学生梳理出疑难问题。

学生通过学校搭建的云学习平台和教师提供的背景材料，根据“课堂学习指南”完成自学，并记录好自己的疑难问题，通过班级微博和学习群交流讨论。

第二步：探究合作。探究合作贯穿于教学过程，在探究中让学生针对疑惑进行讨论，尊重彼此的差异，倡导思维的碰撞和言语的交锋，尽可能在小组内、同伴间解决问题。

教师组织学生相互解难释疑；对小组内不能解决的疑难问题，通过组织小组互访进一步寻求互助互解。个别艰深难懂的问题在教师启发下，师生共同探讨解答。

第三步：展示交流，即自解与互解。展示以问题为起点，以独立思考、合作交流、自解互解为基础，以释疑解难和提升为目的。精选具有思维价值、迁移价值和创造价值的问题，在“缤纷课堂”上展示。同时，尽可能让学生自己解决问题，自主建构知识体系。

古圣贤孔夫子提出的“启发诱导”“学思结合”“因材施教”的教育思想，近代人民教育家陶行知的“知行合一”教育观，著名文学家、语文教育家叶圣陶的“教，正是为了用不着教”的教育思想，以及改革开放以来国内许多学校围绕学生自能发展的有益探索，给我们的语文课改以深刻的启迪。

我喜爱文学、喜爱诗歌，在我校诗文作品集《春之声》中，登了我的一首小诗，表达了我对语文教学的热爱：

我们在春天里出发带着浪漫，
去欣赏海波喃喃里，
托着白帆的景象。
我们在春天里出发带着浪漫，
去享受绿草茵茵中，
仰望星空的时光。

我们在春天里出发，
我们知道山高人为峰，
只有不畏艰辛的攀登者，
才配有此殊荣，

我们知道海阔凭鱼跃，
只有胸怀博大的实践者，
才敢驰骋海疆。

尊重文字，是我生命语文的信仰；唤醒未知，是我生命语文的境界；体味温情，是我生命语文的策略；启迪智慧，是我生命语文追求的神韵……用语文编织生命、用生命演绎语文，行吟在生命语文的路上。

当语文有了生命，就会是鲜活的、灵动的、诗意的、审美的、生机蓬勃的；当生命中有了语文，就会让语文植入心灵，点燃思维，激发潜质，化为生命中活的灵魂，我爱语文，虽然充满辛劳，却诗意盎然！

万玉霞

目录

第一章　课时目标，定位导向

目标越清晰,达成目标的路径也就越明了。制定并达成教学目标,要紧扣“两个关注”:

一是关注课标落点。课标是一个标杆,课文则是达成这个标杆的载体。《义务教育语文课程标准(2022年版)》在“课程目标”中明确指出:“在语文学习过程中,培养爱国主义、集体主义、社会主义思想道德,逐步形成正确的世界观、人生观、价值观。”其中第一学段(1～2年级)的阅读目标包括“阅读浅近的童话、寓言、故事,向往美好的情境,关心自然和生命,对感兴趣的人物和事件有自己的感受和想法,并乐于与他人交流。”部编版二年级上册中的《狐假虎威》正是一篇耳熟能详的童话故事。教学中,教师“从另外一个角度品析狐狸形象”,引导学生从不同视角认识狐狸,打破传统的关于狐狸形象的偏见,带领学生认识不同文学作品中丰富多彩的狐狸形象,在多元解读中锻炼学生的思维,使学生乐于表达、渴望交流。

二是关注单元目标。以部编版四年级上册中的《为中华之崛起而读书》为例,所在单元以“家国情怀”为主题,表现了不同历史时期的人们在家国大义面前的不同风采,少年周恩来博大的胸怀和远大的志向,能启发学生思考读书的意义。在第二课时的教学中,既要借助相关资料帮助学生理解课文内容,体会人物情感;也要与具体的事例和语言文字的理解运用相结合,针对学生开展立德树人教育,做到润物无声。另外,本单元的语文要素是“关注主要人物和事件,学习把握文章的主要内容”,尽管是第二课时的教学,在开课时,适当回顾第一课时的归纳过程,突出教学重点,也很有必要。

需要强调的是,如果阅读教学的定位仅仅止步于阅读理解,这样的语文教学是不到位的。只有千方百计地把阅读教学引向服务于表达能力的提高,语文教学的使命方能完成。

语文形象的多元解读

——《狐假虎威》(部编版《语文》二年级上册第22课)

【教学实录】语文形象的多元解读

师:同学们,今天我们继续来学习《狐假虎威》这篇课文,请大家齐读课题。

(生读课题)

师:通过上节课的学习,你们都知道了些什么?

生:我知道课题“狐假虎威”中的狐指的是狐狸,虎指的是老虎。

师:你知道故事中的两个主人公。

生:我知道老虎很凶猛,一下子就把狐狸逮住了。

师:老虎不愧是森林之王,威风又勇猛。

生:我知道了狐狸欺骗了老虎,老虎上当了。

师:看来老虎和狐狸之间发生了一些有意思的事情呀!

生:我知道狐假虎威讲的是狐狸借着老虎的威风把百兽吓跑的故事。

师:你真会读书,一句话就概括了课文的主要内容。

(生一边说师一边板书:狐狸、老虎、凶猛)

师:我们读过《狐狸和乌鸦》《狐狸分奶酪》这些故事,故事中的狐狸给你留下了怎样的印象?

生1:狐狸很狡猾,喜欢骗人。

生2:狐狸总是有很多鬼点子,喜欢花言巧语。

师:(做恍然大悟状)我听出来了,大家认为狐狸狡猾、诡计多端,都不太喜欢它。

(板书:狐狸和乌鸦、狐狸分奶酪、狡猾)

师:通过昨天的学习,《狐假虎威》中的这只狐狸又给大家留下了什么印象?老师给你们几个词,请大家选择一两个送给狐狸。(可爱、诚实、善良、聪明、勇敢、可恶、欺骗、凶恶、狡猾、胆怯)

生:我选欺骗和狡猾。狐狸欺骗了老虎,他很狡猾。

师：是呀，狐狸爱骗人，不值得信赖，真狡猾。

生：我选聪明和欺骗。

师：（做疑惑状）咦？你跟他的想法不太一样，选择了聪明。你能说说你是怎么想的吗？

生1：虽然狐狸欺骗了老虎，可我觉得他也很聪明，聪明的人会想出很多主意。

生2：我想把聪明和勇敢送给狐狸。

师：（惊喜）你的想法就更不一样了，有跟他一样想法的同学吗？（许多学生举手）

师：真奇怪，在以往阅读的文学作品中狐狸给大家的印象就是狡猾的形象，为什么在《狐假虎威》的故事中大家会认为他聪明又勇敢呢？这节课我们就来研究这个问题。陈老师给大家提供了学路建议。（大屏幕出示）

（1）个人学习。

步骤一：自由轻声读2～7自然段，找一找，狐狸讲了几次话来蒙骗老虎？用“_____”画下来读一读。

步骤二：再读2～7自然段，抓住描写狐狸和老虎的关键词，想一想，哪些词句体现出狐狸聪明、勇敢？找出来读一读。（时间3分钟）

（2）小组学习。

组内选择其中一次话重点交流，用大家喜欢的方式读好狐狸的话。中心发言人准备汇报。（时间3分钟）

师：首先开始步骤一的学习。（师巡视，生自由读书勾画）

师：再读时找体现狐狸聪明、勇敢的关键词。（师巡视，生勾画后放声读）

师：孩子们，大家交流得热火朝天，我们来看看故事中狐狸一共讲了几次话？

生：（自由应答）三次。

师：（观察各小组白板板书内容）一组和三组研究的是狐狸第一次说的话，请第一小组先来汇报。（课件出示狐狸的第一次话）

狐狸眼珠子骨碌一转，扯着嗓子问老虎：“你敢吃我？”

“为什么不敢？”老虎一愣。

生1：我们小组找到“狐狸眼珠子骨碌一转”，知道他开始动脑筋、想办法，他可不能就这样被老虎吃掉。

生 2：我们还从“老虎一愣”知道，老虎被狐狸的气势吓住了，从来没有一个被他抓住的动物这样说，狐狸说的话让他很疑惑、很吃惊。

（师根据生的汇报板书：眼珠子一转）

师：谢谢你们。这一组同学抓住了狐狸的神态来感受聪明的狐狸形象。

（板书：神态）

师：我刚才听到这一组用很大的音量来读这一句，为什么呢？

生：因为狐狸是扯着嗓子来说这句话的。

师：你真善于发现。扯就是拉的意思，这里是拉什么？是拉嗓子吗？（师做拉嗓子的动作）那得多难受呀。

生：（笑）我认为这里是狐狸说话时提高音量。

师：你真会读书，这里的扯就是拉高音量、拉长字音。请你扯着嗓子，带着这种神态来读一读。

（生做转眼珠的动作，提高音量读）

师：真是一只狡猾的狐狸。狐狸的第二次话请第五组的同学汇报。

（课件出示第二处狐狸的话）

“老天爷派我来管你们百兽，你吃了我，就是违抗了老天爷的命令。我看你有多大的胆子！”

老虎被蒙住了，松开了爪子。

生 1：我们代表第五组发言，从这段话中我们知道狐狸很聪明，狐狸搬出“老天爷”这个救兵来吓唬老虎。如果违抗老天爷的命令，一定没有好果子吃。

生 2：从老虎“松开了爪子”，我们知道狐狸的话蒙住了老虎。这段话没有写狐狸说话时的提示语，我们想象他说话时应该是插着腰，昂着头，指着老虎的鼻子在说，就像这样（生表演）。请我们组表演读。

师：（鼓掌）谢谢你们。你们组太了不起了，抓住了狐狸的语言，想象出他的动作和神态，表演得惟妙惟肖。（板书：语言）大家学着他们的样子来读一读吧。

（生表演读）

师：比老虎的气势还要足，多么机智的狐狸。

师：“森林之王”老虎被狡猾的狐狸蒙住了，松开了爪子。为了让老虎彻底相信自己说的话，狐狸又说了第三次话。请第四小组汇报。

（课件出示第三处狐狸的话）

狐狸摇了摇尾巴，说："我带你到百兽面前走一趟，让你看看我的威风。"

老虎跟着狐狸朝森林深处走去。狐狸神气活现，摇头摆尾；老虎半信半疑，东张西望。

生 1：我们从"摇了摇尾巴""神气活现""摇头摆尾"感受到狐狸很得意。

生 2：老虎跟在狐狸的后面，从"半信半疑""东张西望"可以知道，他对狐狸的话已经相信了一半，可他还没有看到百兽，所以不完全相信狐狸的话。

师：（全场掌声）谢谢你们小组的精彩汇报。这一组的同学也抓住了狐狸的神态，还抓住了动作（板贴：动作）来感受狐狸的勇敢。大家想象一下，如果狐狸趁老虎松开爪子的间隙赶紧逃跑，可以吗？

生：（自由应答）不行。

生 1：不行，现在老虎还没有完全相信他。

生 2：不行，现在逃跑，老虎还是会把他抓住的。

师：是呀，老虎太凶猛了，这样一跑前功尽弃，小命难保。这样不行，狐狸干脆将计就计，来个假戏真做，摆出首领的姿态带老虎到百兽面前走一趟。来，让我们走进课文的第 8、9 自然段，感受一下当时的情景吧。

师：请大家默读 8、9 自然段，将狐狸的表现和小动物的表现用自己喜欢的符号勾画下来。

（生默读勾画）

生 1：狐狸的表现是大摇大摆。

生 2：小动物的表现是纳闷，他们看到老虎后，吓得撒腿就跑。

师：平时狐狸都是东窜窜西窜窜，今天的他和往常不一样，小动物们感到很奇怪，这就叫"纳闷"。

师：看到百兽都吓跑了，老虎会怎么想？

生 1：他会想，小动物们都被狐狸吓跑了，他真厉害。

生 2：老虎会想，狐狸说的没错，他确实是老天爷派来的首领，幸好我没吃他。

师：大家真会想象。老虎完全相信了狐狸说的话，这个词就叫"信以为真"。

师：故事学完了，故事中的老虎和狐狸都给大家留下了深刻的印象，大家想演一演这个故事吗？小组合作演一演这个故事，走进我们的表演小剧场。

（生合作完成故事表演）

师：请一个小组的同学上台表演。

（生全部举手，兴奋，跃跃欲试）

师：好，第六小组的同学请上台来表演。

（师为生戴动物头饰，生观看表演，掌声响起）

师：刚才这一组的同学用精彩的语言、动作、神态为我们呈现了一只弱小的狐狸被凶猛的老虎逮住的场景，这只狐狸的生命危在旦夕，危急时刻，它急中生智，利用自己的智慧蒙骗了老虎，成功自救。学到这里，你觉得这是一只怎样的狐狸和一只怎样的老虎？

生：我认为狐狸虽然欺骗了老虎，可是他很机智地躲避了危险，他在老虎面前耍花样，很勇敢。

师：你是站在狐狸的角度来想狐狸的处境。

生：我觉得老虎很愚蠢，他就这样被狐狸欺骗了，怎么不动脑筋想一想呀！

师：你为这只老虎感到着急。

师：在以往的文学作品中，我们一贯认为狐狸狡猾、奸诈，可是今天我们从另一个角度感受到狐狸的聪明、勇敢的形象。（板书：另一个角度）

师：看来，大家都对狐狸有了自己的认识。陈老师也为《狐假虎威》里的狐狸创作了一首小诗。（大屏幕出示）

狐狸，我喜欢你

你是一只小狐狸，为了生存耍心计，从容又淡定！活该！谁叫老虎太愚蠢，狐狸三步摆脱他。虚张声势吓老虎，故弄玄虚称首领，假戏真做真神气，成功逃脱得平安！小小狐狸大本领，我们都很佩服你，我喜欢你狐狸，你的狡猾是机智，你的欺骗是勇敢。

生：我理解这首诗，因为从另外一个角度来讲，狐狸欺骗老虎也是为了生存，它如果不这样做的话，就会被吃掉。

（掌声）

师：你非常会思考问题，老师要为你鼓掌。

师：学到这，请大家结合《狐狸和乌鸦》、《狐狸分奶酪》和《狐假虎威》说说你眼中的狐狸。我眼中的狐狸是一只（　　）的狐狸，因为________；他还是一只（　　）的狐狸，因为____________。

生1：我眼中的狐狸是一只狡猾的狐狸，因为他为了得到肉，欺骗了乌鸦；他还是一只机智的狐狸，因为他成功在虎爪下逃脱了。

生2:我眼中的狐狸是一只狡猾的狐狸,因为他把熊兄弟得到的奶酪吃光了;他还是一只勇敢的狐狸,因为面对凶猛的老虎,他能想办法不让老虎吃掉他,镇定地带老虎到森林里走一趟。

师:通过今天的学习,我想同学们一定对狐狸有了新的认识,在生活中,我们要学聪明的狐狸用智慧与坏人做斗争,但千万不要学狡猾的狐狸去骗人,与人交往要真诚。狐狸的形象在其他文学作品中还有不同的特点,推荐阅读《火焰》《狐狸的清白》《列那狐传奇》(板书),看看这些作品中的狐狸有什么样的特点。

(大屏幕再次出示十个词)

师:这些作品中的狐狸又有哪些形象呢?课后我们还可以在组内继续研究。下课!

【教学反思】在多元解读中培养思辨力

《狐假虎威》一课是我校主动教学模式3.0版本的研究所得和实践。本课最大的特点就是"思辨性"。我尝试以"从另外一个角度品析狐狸形象"为主线,逐渐引导学生从不同视角认识狐狸,带领学生认识不同文学作品中丰富多彩的狐狸形象,在多元解读中锻炼学生的思维。

一、《狐假虎威》——狐狸永远是狡猾的吗?

在回顾我们以往认识的狐狸形象时,学生得出了"狐狸是狡猾的""狐狸会想出很多阴谋诡计"等结论,我顺势过渡到了《狐假虎威》的教学,进入教学的核心环节——从十个词中选择一两个送给这篇课文中的狐狸。学生涌现出了很多想法,选择的词也有不同的组合。

我引导学生说出评判的理由,引导学生讲理,是从另一个角度对本课狐狸形象的初步探知,也是培养学生理性思维非常重要的训练。

二、《我喜欢你,狐狸》——你的狡猾是机智,你的欺骗是勇敢

在主动建构的教学环节,我根据《狐假虎威》中的情节改编了高洪波先生写的一首小诗《我喜欢你,狐狸》。

在阅读《我喜欢你,狐狸》的过程中,学生创造性地表达自己的观点。通过本课的学习,学生的认识发生了转变,从认为"狐狸是邪恶的"转向"狐狸的欺骗和聪明并存"。在不断地引导和点拨中,学生对狐狸的认识逐渐由最初的"一元化"走向了"多元化"。

三、《狐狸的故事》——狐狸也有温情、勇敢、善良的一面

通过前面几个板块的教学，学生的思维已经发生了很大的改变，他们对狐狸的看法已经不仅仅局限于“欺骗”“狡猾”“邪恶”等。在主动拓展部分，向孩子们推荐《火焰》《列那狐传奇》等描写各不相同的狐狸形象的书籍，将课内对狐狸形象的多元化解读延伸至课外。

【教师简介】

陈璐，1983 年 2 月出生，武汉市语文骨干教师，担任年级校长、语文教学组长工作。曾多次荣获“区优秀班主任”称号，撰写的教育教学案例获国家、省、市级一等奖，曾获武汉市“十三五”个人课题二等奖，多次参与校本教材的编写。

传递情感　树立志向

——《为中华之崛起而读书》(部编版《语文》四年级上册第 22 课)

【教学实录】体会“中华不振”,立志“振兴中华”

课前三分钟:出示《中国少年说》选段,配乐诵读。

一、主动感知,复习导入

师:同学们,今天我们继续学习第 22 课,齐读课题。(生齐读)

师:这篇课文主要写了什么内容?

生 1:这篇课文写了三件事。(依次概括)

师:你按课文的写作顺序来梳理,说得非常完整,还可以怎么概括?

生 2:我是按时间顺序来概括的。(略)

师:你抓住了主线,胜在理清了三件事的时间顺序。谁能来总结一下概括包含多件事的文章主要内容的方法?

生 1:说清每件事的主要内容,再按照一定的顺序用恰当的连接词串联起来。

师:很好,刚才两位同学就是这么做的。还要注意什么?

生 2:有时候我们要弄清事件与事件之间的关系,比如这篇课文中的第二件事、第三件事和第一件事之间是因果关系,可以用“之所以……是因为”来做连接词。

师:太棒了! 你不仅学会了概括的方法,还关注到了事件之间的逻辑关系。

二、主动发现,直奔重点

师:同学们读书都是为了实现个人的目标,周恩来却把个人的学习和前途与国家的独立富强、民族振兴联系起来。大家读懂了周恩来的与众不同,那还有什么不明白的地方呢?

生 1:周恩来为什么会立下这个志向?

生 2:校长为什么会“为之一振”?

生 3:什么是“当效此生”?

三、主动参与，品读悟情

师：课文中有一个词，它的意思正好与题目里的“中华崛起”意思相反。你们能找到吗？（板书：中华不振）

师：（出示学路建议）请同学们按照学路建议的要求默读、思考——从课文的哪些描写中感受到“中华不振”？

（1）个人学习：默读11～17自然段，你从哪些词或句子中读出了“中华不振”？请勾画下来，把让你感触最深的地方读一读。（建议2分钟）

（2）合作学习：结合搜集到的资料，组内交流你们的感受。板书关键词句，准备参与全班汇报。（建议3分钟）

（各小组组长放上所有的白板，集体浏览——找共同点）

1. 耳闻“中华不振”

师：当12岁的周恩来初到东北，在奉天上学时，伯父交代了些什么？哪个小组愿意给我们读一读？（PPT出示）

“奉天有些地方被外国人占据了，不要随便去玩，有事也要绕着走，免得惹出麻烦没有地方说理。”

（一生朗读，语气无奈）

师：读得怎么样？从伯父的话中你们感觉到什么？

生1：我从“不要随便去玩”“绕着走”“没有地方说理”看出这些外国人在我们国家的领土上横行霸道。

生2：（声音较大，听得出气愤）我从“占据”这个词可以看出，这些外国人公然侵占我国的领土，欺辱我国的公民。

师：（表情严肃）你们真会学习！抓住关键词句了解了当时的时代背景。那少年周恩来的心情是怎样的呢？用书中的词语回答我。

生：“疑惑不解”！

师当即引读——所以他不解地问：“被外国人占据？为什么呢？”（齐读）“中华不振哪！”伯父叹了口气，没有再说什么。

师：哪个小组愿意来分角色朗读这次对话？（第三组分角色读）

师评：这一问一答之间，伯父的忧虑、无奈和周恩来的疑惑显露无遗。老师也来和你们合作读一读，我读伯父的话，你们读周恩来的话。

2. 目睹“中华不振”

师过渡：租界地对于少年周恩来来说是一个不解的谜团，他一定要弄个明白。请同学们接着交流相关的句子和词语，说一说你还从哪些地方感受到了“中华不振”。

(1)场面一：

生1:我从“热闹非凡”这个词语可以感受到，外国人在我国的领土上过着灯红酒绿的生活，与中国老百姓的生活形成鲜明对比。

生2:我从“往来的大多是外国人”看出他们“鸠占鹊巢”，中国老百姓生活在水深火热之中。

师:的确，“这一带果真和别处大不相同”，一个“果真”，一个“大不相同”，让少年周恩来心中的谜团逐渐解开。而一场纷乱更是让他的心揪了起来，我们接着往下交流——

(教师相机出示一张图片:人群中有个衣衫褴褛的妇女正在哭诉着什么，一个大个子洋人则得意扬扬地站在一旁)

生3:这群外国人在我们国家为所欲为，用汽车轧死了人，却能够逍遥法外。(情绪有波动)

师(大声追问):这是为什么呢?

生3:(声音激动)中华不振啊!(其间，几生一直高举右手，指名一生接着回答)

生4:是啊!更令人气愤的是，中国妇女指望巡警局给她撑腰，惩处肇事的外国人，可是中国巡警不但不惩处，反而训斥她。

师追问:“训斥”是什么意思?

生4:就是严厉斥责。

师:你能通过这个词想象出中国巡警的样子吗?

生4:(气愤)这些中国巡警对外国人阿谀奉承，奴颜媚骨，汉奸嘴脸!

师:你给大家读一读这句话。

生读:“谁知中国巡警不但不惩处肇事的外国人，反而训斥她。”

师:亲人的死，巡警的训斥，你能体会到这位妇女此时的心情吗?

生4:无助、悲伤、愤慨!

师:带着这样的心情再读这句话。

师:同学们，你们再读读这三个词语——“轧死、肇事、训斥”。自己的同胞被无情地“轧死”，中国巡警不仅不维护自己人，不惩处“肇事”者，还与外国人狼狈为奸，“训斥”失去亲人痛苦不已的妇女，这又是为什么呢?

生(齐声回答):中华不振!

(2)场面二：

师:从同学们的发言中，我能深深感受到你们心中的愤怒，因为我们都是“中国人”！还有哪些地方也让你深感“中华不振”呢？

生5：我发现一处，“围观的中国人都紧握着拳头。但这是在被外国人占据的地盘里，谁又敢怎么样呢？大家只能劝慰这个不幸的女人”。我从“紧握着拳头”感受到了围观的中国人十分愤怒，但是也只敢把愤怒藏在心里，不敢上前帮忙，只能劝那个女人。

师：明明心中愤怒不已，却不能上前帮忙，咦？这不正如伯父对周恩来说的那样——“惹出麻烦没有地方说理”。这都是因为——

生（齐声回答）：中华不振啊！

师：是啊！抓住“紧握着拳头”和“劝慰”这对矛盾来读，你会读到当时中国人的心情，你会体验到中华不振、国民敢怒不敢言的无奈。来吧，让我们一起把这个故事读一读，一边读，一边好好体会。（生齐读16自然段）

3.深挖“中华不振”

师：听了同学们的交流，再看到“中华不振”一词，有什么问题在你心中，不问出来不痛快呢？

生1：为什么在中国的土地上，中国人却要受到如此屈辱呢？

生2：为什么中国人在自己的国家，却无处说理呢？

生3：为什么群众明明愤怒不已，却敢怒不敢言呢？

生4：为什么自己人不帮自己人呢？

师：是啊，看似不该发生的事情，在外国人的地盘里却都发生了，这就是当时的社会状况。用一个词来形容，那就是——

生（齐声回答）：中华不振！

师：同学们课前都搜集了相关的背景资料，请在小组里交流，并说一说自己的感受。（师巡视指导）

师：老师也给大家补充一段视频资料，让我们走进百年前的中国去感受那段屈辱的历史。（生专注观看。影片结束时，全场静默不语，教师留白几秒，扫视每个学生）

师（语气沉重）：同学们，看了这段视频，你心里是什么滋味？

生1：帝国主义侵略者实在可恨。

生2：我感觉到人民生活在水深火热之中。

师引读——

师：哭诉着的中国妇女失去了亲人，却无人主持公道，是因为什么？

生：中华不振！

师：外国洋人肇事害人不知羞愧仍然得意扬扬，是因为什么？

生：中华不振！

师：中国巡警不顾同胞苦痛、不顾民族尊严，甘愿做洋人走狗，又是因为什么？

生：中华不振！

师：围观的中国人眼看同胞被欺侮却只能握紧拳头，敢怒而不敢言，这还是因为“中华不振”。

生：中华不振！

教师小结：“谁又敢怎么样呢？”身为中国人，目睹这样的事情，我们怎么能够不冲动？身为中国人，目睹这样的事情，我们又怎么能够不愤怒？但是，在当时的中国，发生这样的事情，太平常了……这是一个多么鲜明的对比啊。从这个鲜明的对比当中，我们读出了“中华不振”；流淌在字里行间的都是——“中华不振”。

师（指导朗读）：同学们，我们应该带着怎样的心情朗读这一段？

生：沉痛、悲伤……（生齐读16自然段）

四、主动建构，升华主题

师：从租界回来以后，同学们常常看到周恩来一个人在沉思，谁也不清楚他究竟在想什么。同学们，你们知道吗？

（PPT出示：怎么把祖国和人民从苦难和屈辱中拯救出来呢？）

生1：他在想怎么才能改变这种现状。

生2：他在想，想要不被欺辱，就得变得强大。

生3：我觉得他会想，自己一定要学到扎实的本领，把祖国建设得更强大。

师：他始终忘不掉一些东西——（出示句子，随机指名读）

他忘不了在中国人自己的土地上却给不了一个中国妇女以起码的公道。

他忘不了在中国人自己的土地上却让洋人站在一个中国妇女面前耀武扬威、专横跋扈。

他更忘不了在中国人自己的土地上、在光天化日之下有一群中国人竟然眼睁睁地看着自己的同胞被侮辱、被欺凌、被折磨，却不敢给自己的同胞伸张正义。

师：正因如此，周恩来立志救国，并想方设法东渡日本求学。1917年，十九岁的周恩来在赴日留学前写下了这首《大江歌罢掉头东》（出示课后习题中周恩来写的诗及注释）。请大家将诗文和译文对照着读一读，理解诗意。

（学生自读自悟，教师巡视）

师：周恩来去日本求学，是为了什么？

生：研究多门科学以拯救濒临绝境的中国。

师：的确，那他准备如何苦读？

生：像达摩面壁十年一样苦苦追求，专心致志地学习，探求救国真理。

师小结：你们看，周恩来把个人的学习、前途与国家的独立富强、民族振兴联系起来。触目惊心的事实强烈刺激着少年周恩来的心，国家不兴才遭受奇耻大辱，他不愿意自己的民族再这样软弱，不愿意自己的同胞再受到这样的欺辱，要为祖国的兴盛和民族的振兴而学习、奋斗。我们可以感受到少年周恩来志向高远的胸怀和对祖国的深深热爱。

师：让我们回到魏校长的课堂上，练习朗读5～9自然段，想象此时的周恩来的神情、举止、语气，让少年周恩来在我们心中重生。

五、主动拓展，树立志向

师：你们知道周总理为中华的振兴做了哪些贡献吗？

生1：他是新中国成立后的第一任总理，也是开国功臣之一。

生2：他是一位深受人民爱戴的总理。

师：同学们，你自己为什么而读书呢？写下来，注意写清楚理由。

（生进行课后小练笔，师巡视指导，请孩子们将写好的即时贴张贴在小白板上）

师：孩子们，不管你写下了什么，请记住为之努力，请记住排除万难，请记住——“志不求易者成，事不避难者进”！下课！

【教学反思】把握学段特点　夯实词语教学

《为中华之崛起而读书》记叙了少年时代的周恩来立志为中华崛起而读书的故事。课前我指导孩子们运用多种方式搜集相关资料，为深入理解课文做准备。课堂上，精心选择了文中的几个重点词语，从多种方式、各有侧重点的词语教学入手，贯穿教学始终，帮助孩子们深入地理解课文内容，继而进行感情朗读的指导。

一、紧扣“中华不振”，逐层推进

周恩来之所以要为中华之崛起而读书，究其原因就是“中华不振”。我抓住这个切入点来进行教学：什么是中华不振？从哪里体会到中华不振？为何中华不振？抓住“中华不振”这个核心词逐层推进，让学生在静心品读中逐步体会到周恩来立志“为中华之崛起而读书”的伟大志向，激发学生的爱国之情。

二、感受“中华不振”，引起共鸣

我抓住“中国妇女的哭诉”这个典型事件来品读“中华不振”，让学生在读中悟，悟中读，想象当时的画面，换位思考，从而更深切地感受周恩来读书目的的可贵。学习过程中，这三个难读词的串联起到了关键作用：“轧死”—“肇事”—“训斥”。

三、理解“中华崛起”，对比领悟

“光耀门楣”—“中华崛起”和“大不相同”—“热闹非凡”。

对比学习，让孩子们对当时中国的社会现实有一个初步的了解，也为后文的学习做铺垫。同时，老师指导学生朗读，加深学生对词语的理解与认识。这一学词、指导读文的方式也是阅读教学中最常用、最有实效的方式之一。

总之，词语的理解是通过多种方法、多种形式、多种手段来实现的，不论用的是什么方法，都是为了学习作者是怎样准确用词的，为学生积累和运用词语打下基础。词语教学应渗透在知识传授、能力培养、思维训练和情感熏陶的过程中，真正实现语文工具性和人文性的和谐统一。

【教师简介】

陈慧，女，1981 年 8 月出生，武汉市小语学会会员，武汉市“优秀教师”、“语文学科带头人”、“百优班主任”。曾荣获武汉市语文优质课竞赛一等奖、“课内比教学”一等奖。曾赴全国多地进行“主动教育模式”课堂展示。

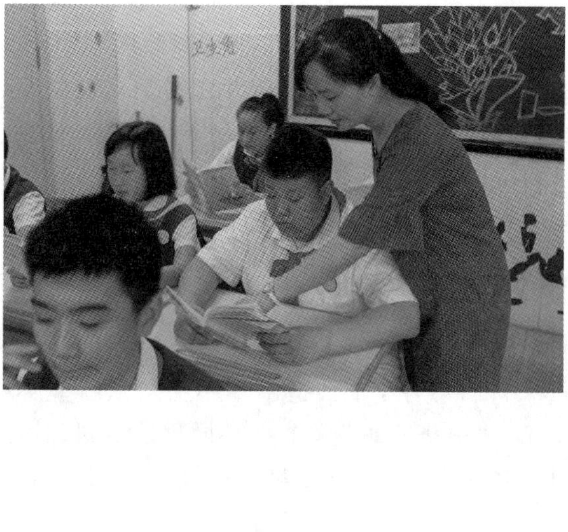

专家点评——思维教育的品析艺术

2014 年 3 月，教育部发布了《关于全面深化课程改革 落实立德树人根本任务的意见》，提出了“核心素养”这一重要概念，指出要明确学生应具备的适应终身发展和社会发展需要的必备品格和关键能力。2016 年，《21 世纪学生发展核心素养研究》正式出版，“中国学生发展核心素养”成为我国教育教学变革的目标要求。“主动教育”课堂教学模式的首要目标是优化课程结构，减轻学生学习负担，挖掘小学语文课程的育人价值。因此，在“主动教育”课堂教学实施中，重在探索语文学科核心素养的课程转化路径，力求将具有价值的抽象理念，依据教师教学与学生学习的原则，逐步规划成具体、可行的课程，以供教师和学生开展有效的教与学。

陈璐老师执教的《狐假虎威》一课，就在目标导向这一方面进行了有效探索。

在教学中，陈璐老师尝试以“从另外一个角度品析狐狸形象”为目标主线，在回顾《狐狸和乌鸦》《狐狸分奶酪》等文学作品及初步感知课文中狐狸形象的基础上，以“狐狸永远是狡猾的吗”这个问题导入，引导学生对狐狸的形象进行多元评价：一是单向度的“狐狸永远是狡猾的”“狐狸就是代表邪恶的”这类“恶”的评判；二是认为狐狸“聪明、勇敢”的正面评价；三是在评判中陷入了矛盾。由此引导学生抓住文本中关键的词、句进行体会，引导学生说出评判的理由，从而打破传统的关于狐狸“欺骗”“狡猾”形象的偏见。在进行角色扮演、情景剧表演，诗歌创作等实践活动的过程中，引导学生从认为“狐狸是邪恶的”转向“狐狸的欺骗和聪明并存”，发出“你的狡猾是机智，你的欺骗是勇敢”的感慨。学生对狐狸的认识逐渐由最初的“一元化”走向了“多元化”。同时，向孩子们推荐《火焰》《列那狐传奇》等课外书籍，带领学生认识不同文学作品中丰富多彩的狐狸形象，在多元解读中锻炼学生的思维。

“语文课程是一门学习语言文字运用的综合性、实践性课程”，“工具性与人文性的统一，是语文课程的基本特点”。“主动教育”课堂教学模式在语文教学的实施中，尤其要突出体现语文能力发展的基本规律，更好地满足学生学习语文的认知发展需求，要围绕语言文字运用这一学习目标展开教师教的活动与学生学的活动。陈慧老师执教的《为中华之崛起而读书》一课在

“联系上下文，理解词句的意思，体会课文中关键词句表达情意的作用”这一目标的达成上开展了一系列行之有效的教学活动。

《为中华之崛起而读书》的时代背景是20世纪初，学生对当时中国的社会状况、“租界”的概念及周恩来的生平都知之甚少。因此，对文中一系列重点词语的理解显得尤为重要。陈老师紧扣全文支点——“中华不振”进行教学。首先，引导质疑，“什么是中华不振？”“从哪里体会到中华不振？”找到体现“中华不振”的词句，进行交流、理解、领悟，从而思考为何中华不振。接着，让学生直奔课文重点段落——16自然段，抓住“中国妇女的哭诉”这个典型事件，紧扣三个串联的关键词：“轧死”—“肇事”—“训斥”，让学生读中悟，悟中读，想象画面，换位思考，品读“中华不振”，感受周恩来读书目的的可贵。最后，通过理解重点词“中华崛起”及两组词语对比，让孩子们对当时中国的社会现实有一个初步的了解，为后文的学习进行有效铺垫，为学生积累和运用词语打下基础，真正实现语文工具性和人文性的和谐统一。

专家简介：吴平，中学高级教师，江汉区学科带头人，武汉市教育科研工作业绩突出个人，武汉市推进全市义务教育优质均衡发展积极贡献个人。指导多位教师获得省、市优质课大赛一等奖。

第二章　解读文本，梳理文脉

课前“精细”解读文本，把教材读厚，才能在教学过程中把教材教薄，欣赏到教材中的无限春色。文本解读不到位会直接导致课堂教学目标定位的偏移和缺失，也会导致教材的内在美和艺术价值得不到充分发掘，课堂教学中的师生互动形式也会因教师对文本不够熟稔而显得生硬而单调。面对这种状况，语文教师应该变换角色来开发文本，以作者、教师、学生等不同身份来实现对文本的不同程度和角度的对话，从而更深入地理解文本的内涵。只有这样，才能够实现对文本的整体把握，梳理出文章的“文脉”，贯穿全篇。“文脉”是对一节课整体解读的钥匙，创设好“文脉”，预设好主问题，整个课堂就会渐入佳境，一气呵成。

脚步装点大地，心灵守护心灵

——《检阅》(人教版《语文》三年级下册第14课)

【教学实录】多维解读，融情于行间

一、导入情境

师(出示“人民解放军接受检阅”的图片)：知道这是在干什么吗？

生：阅兵式。

(师板书：检阅)

师：检阅一般是指在国庆节或重大节日里国家领导对各路军队进行检查检验，有的国家还会派出部分民众队伍参加，一方面是为了鼓舞士气，另一方面有展示国家装备和威严的目的。

师：接受检阅的这些人都是千里挑一的。今天老师将带大家一起去看看波兰人的国庆节，感受他们不一样的检阅场面，齐读课题——

二、初读课文

(出示自读要求)

生：我带领大家学习生词，请大家跟我读——盛大、隆重、人山人海、成千上万、鸦雀无声、沉默、情不自禁。

师：课文围绕检阅讲了一个什么故事？

生：课文主要写了波兰一所学校的儿童队员在参加国庆检阅时，让拄拐的博莱克走在第一排。游行时，他们的队伍获得了大家的一致喝彩。我还绘制了一个思维导图，按照事情发展顺序将课文分为“检阅前”和“检阅时”两个部分。检阅前分为“遇到难题”和“想出办法”两个过程。检阅时从“盛大的节日”“表演成功”“观众赞叹”三个方面来凸显成功。

师(点赞)：借助思维导图理清文章脉络的方法非常高效。

三、主动质疑

生：我们小组还有两个问题，“这个小伙子真棒，这些小伙子真棒”里面的“这个小伙子”和“这些小伙子”分别指谁？

生：“这个小伙子”指博莱克，这些小伙子指“儿童队员”。

生：为什么说他们真棒？

师：这节课我们就围绕这两个问题一同走到那盛大的检阅现场吧！

四、主动参与

师：观众们为什么称赞他们呢？首先让我们将目光聚集到博莱克身上。请看“学路建议”。

①默读课文第12自然段，勾画出具体描写博莱克很棒的重点词句。

②同桌交流，想象画面读一读。

生：我从“目视前方”“睁着大眼睛”体会出博莱克在队伍中走得非常认真专注。

师：你从他的神态中看到了他的专注。

生：我从“紧跟着其他的队员”看出博莱克非常努力地踏步前进，他拄着拐，那是多么的不容易呀！

师：你透过文字看到他顽强努力的内心。

生：博莱克一定是付出了很多努力才能走得这么好。我来读一读……

师：听着你们的朗读，老师想到了一句话——“台上一分钟，台下十年功”。

（师出示课件，图文结合）

师：看，这就是博莱克，他挺着胸，抬着头，自信地走在队伍里，你想对博莱克说点什么？

生：你真棒！你真勇敢！你真坚强！你是我们学习的榜样。

师：博莱克是一位拄着拐的孩子，他要想和其他队员走得同样整齐，就必须付出比常人更多的努力，而儿童队员们必须付出更多的关爱和帮助，透过这一个个镜头，你仿佛看到了什么呢？（出示课件）

联系生活，发挥想象，运用我们今天强调的动作、神态、心理活动描写来写一写。

下雨天……

那天，骄阳似火……

放学了，同学们都回家了，只有……

生：下雨天，博莱克一个人坚持在操场训练，雨水那么滑，他摔倒了，可他坚强地爬起来，继续练习。

生：那天，骄阳似火，博莱克和大家一起在烈日下训练，踢腿，抬手，汗水顺着他的手臂流到拐杖上，拐杖都变得滑滑的了，可他仍然坚持练习。

生：放学了，同学们都回家了，只有博莱克一个人留在操场上练习，天都黑了还在训练，就是为了和大家保持一致。

（学生通过想象画面，都被坚强的博莱克感动）

师：透过这样的画面，你看到了一个怎样的博莱克？

生：坚强、自信、不屈不挠、坚持不懈……

师：是呀，这一幕幕镜头，一个个场面，不仅你看到了，我看到了，成千上万的波兰观众也看到了，所以大家由衷地称赞这个自信、坚强的孩子。

生（激动）齐读：这个小伙子真棒！

师：如果说博莱克是靠他的自信和坚强获得了观众的称赞，那么儿童队员们呢？他们可是手脚健全啊，走得好是应该的。为什么他们也得到了大家的称赞呢？请看学路建议——

> 用横线勾画出描写儿童队员们心理活动的句子，用波浪线画出儿童队员们说的话，体会他们的内心所想。讨论交流，推选中心发言人汇报。

生：我从这些想法中体会出大家很担心博莱克，怕伤了他的自尊心。

生：劝他不去？可是他也是我们中的一员。要不把他放在队尾？那就没人注意到他了。再不就把他藏在队伍中间？摔倒也不会有人看见。可是怎么跟他说呢？因为不让他参加他肯定会伤心的。谁去跟他说呢？因为谁都不愿意伤害他的自尊。

师：你此时是什么感受？

生：犹豫、矛盾、不安、为难……

师：正因为你太在乎博莱克的感受，所以你那么为难，俱乐部里才会变得鸦雀无声，沉默有时也是一种情感的宣泄。

师：这么难办的事，又是如何解决的呢？谁接着来汇报儿童队员们说的内容？

生：我从第7段中知道了队长让博莱克站到第一排，让所有的人都看得到他。让博莱克感受到自己和普通的儿童队员是一样的，这就是队长主意的高妙之处。

师：从出现难题到解决问题，从矛盾为难到豁然开朗。来，我们合作读4～6段，再现这番心路历程。

师：读到这里，你想对这些儿童队员说些什么？

生：互相尊重、互相爱护，他们都有一颗善良的心。

生（感动）齐读：这些小伙子真棒！（突出“这些”）

五、主动建构

师：博莱克用他那自尊自强的精神和不懈的努力，儿童队员们用他们懂得尊重和爱护的善良之心，换来了检阅队伍的精彩演绎。

生：（齐读）在队伍的第一排……睁着大眼睛望着检阅台。这个小伙子真棒！这些小伙子真棒！

师：博莱克成功了！儿童队员成功了！（指课题）再看看课题，你对检阅两个字是不是有了新的感受呢？

生：这次检阅，不但检阅了他们整齐的队伍，更检阅了他们美好的心灵。只要人们都互相关爱、互相尊重，社会就会和谐美好！

师：（鼓掌）你赋予了“检阅”更深层次的含义，掌声送给你。

六、主动拓展

相信现在大家一定有好多心里话想说，让我们把这些话记录下来吧。（出示课件）

> 任选一个内容，写一写你想说的话。
>
> （1）博莱克回到家里，他激动的心情无法平静下来，他在回忆中写道……
>
> （2）看着队伍中的博莱克，我想对他说……

师：我听明白了，每一个人都有自己的心声。我相信，每一个同学都能写出属于自己的“检阅”。

【教学反思】沿文脉走进篇章，融文本提炼精华

教师对文本准确深入的解读，充分挖掘文本价值，整体把握文章脉络，科学确定教学方法，是语文教学的前提。我们的文本解读需经历这样“三重境界”：

第一重：以普通读者身份进行“常态阅读”，还原“文本的原生价值”。第二重：以语文教师身份进行“职业阅读”，挖掘“课文的教学价值”。第三重：以学生身份进行“换位阅读”，定位“课堂的教学价值”。

我在研究《检阅》这篇课文的教学设计时，就围绕文本解读、提炼文脉进行了探索与思考。

一、还原“文本的原生价值”。

叶圣陶在《语文教学二十韵》中指出：“作者思有路，遵路识斯真。作者心有境，入境始与亲。一字未宜忽，语语悟其神。唯文通彼此，譬如梁与津。”这段话对我们如何进行“常态阅读”，还原“文本的原生价值”，有着很好的启示作用。在课堂上，教师需要带领孩子们准确把握文本的内容与形式，以普通读者的身份，沉浸到文本中，细细读，入情入境地读，在读中细细品味；真正了解文本内容，写作方法，它的思路、文脉，语言的魅力、风格、表现力和想表达的主旨。

我让学生用绘制思维导图的方式理清全文脉络，通过提炼文脉，学生理解了课文内容，也体会到了人们夸赞“这个小伙子真棒”和“这些小伙子真棒”的深层内涵，情感不断升华。

二、挖掘“课文的教学价值”

解读文本的第二层境界就是教师用专业的眼光和对语言的敏锐感觉去感受文本在遣词造句、布局谋篇上的特点、作用、效果，从教材文本的语言表达形式中挖掘出值得学习借鉴的价值意义。

在带领孩子们体会“这个小伙子真棒”这个句子时，我聚焦博莱克参加检阅时的画面，也通过自由读、指名读等方法使学生感受博莱克的自信、自强，从而由衷地发出赞叹——“这个小伙子真棒！”

在体会博莱克的自信与自强时，我不仅停留于博莱克检阅时的表现，还让学生充分展开联想，联想到他的训练过程，队员对他的鼓励、信任及其他身残志坚的名人故事，从而让博莱克自信、自强的形象真正走进孩子们的心里。

借助文本带领学生去学习语文知识、习得学习方法、训练阅读技能、学习言语表达等。让学生在动态的语言环境中充分感受、有所体验，并自觉积累优美典范的语言，提高自己的口头和书面表达能力。

三、定位“课堂的教学价值”

教学价值首先应体现在学生的“最近发展区”上。我们要分析学生的起点，调动学生已有的知识、经验与积累，用已知来认识未知，不断温故知新，建构新的知识体系。

课堂上，我运用“主动课堂教学模式”，让学生围绕中心问题进行主动探究和汇报。例如在感受儿童队员心理活动这一段的教学中，我让孩子思考五个问句背后的内心想法，用“可是”“因为”等关联词引导孩子从字面到画面，从语言到情感，进行情景再现，有效地补充文字背后的情节。这时，对文章主旨的理解水到渠成。

深入的文本解读和文脉梳理，让教师实现从普通阅读、职业阅读到换位阅读的转化，准确定位文本价值，以科学明确的教学内容来提高课堂效率，在教学中切实提高孩子的综合素养，激发学生的潜能，让他们身心愉悦，眼界开阔，境界提高，人格提升。

【教师简介】

陈莹，女，1981 年 7 月生。现任武汉市常青树实验学校语文教师，曾被评为武汉市江汉区教坛新星、常青学区学科带头人、优秀青年教师。曾获得武汉市语文优质课一等奖、江汉区优质课二等奖、武汉市心理健康活动课一等奖。撰写的论文曾获省、市一等奖。

展现诗性潜质，演绎生命本真

——《如梦令》(小学语文五年级国学经典主题教学)

【教学实录】咀嚼语文意，走进人物魂

(截录第四部分思维拓展，想象画面，深入解读词的内涵)

师：……是啊，作者因陶醉才会误入藕花深处而惊飞鸥鹭。我们把词的意思读懂了，这样就行了吗？其实这是远远不够的，我们还得把词读宽读深读美。有人这样评价李清照的这首词——以寻常语，绘精美图。今天看谁能把这首词读成画。孩子们，闭上眼睛，听老师来朗读。听的时候，打开你身体的所有感官，进入这首词描绘的画面。(老师配乐深情范读)

生：(慢慢睁开眼睛)我看到了李清照与伙伴嬉戏在溪边的小亭子里，夕阳的余晖撒在亭子上，像撒上金粉一样，金光闪闪。

师：(惊喜地)你看到的画面真美！

生：我仿佛看到，李清照沉醉在这美景之中，忽然她不知道回家的路了。

师：都是用的眼睛，还有没有动用身体其他感官的？

生：我好像走到了荷花塘深处，闻到了荷花那股清新的气息(陶醉地深呼吸一口)。

生：(指着书中插图)我仿佛看到了白鸥和白鹭拍翅起飞的样子，还听到了白鹭起飞时扇动翅膀的声音。

师：你听到了，还闻到了，真好！

生：我好像触摸到了李清照划船时用的那双桨，好像我也在奋力地帮她划船。

师：李清照的那双桨带着你走进了词中的画面，好用心的感受。

生：(急切地)我仿佛体会到了李清照想要将船划出荷花丛的急切心情。

师：下面我们来做一个小练笔，看以下几个画面。

画面一：溪亭日暮

请你续写：靠近溪水边的亭子，淋浴在夕阳余晖中……

画面二：藕花深处

请你运用学过的诗词描写词人在藕花深处看到的景象。

画面三：一滩鸥鹭

请你想象，那会是怎样的一幅动态画面？

师：拿出笔，拿出便签贴，尽情地书写其中的一个画面吧。

师：现在各小组都写完了，小组内先交流一下，在小组长的带领下，每一个孩子都读一读、评一评！

师：各小组都交流完了，下面咱们来个小组间的互动，每个孩子将自己的小练笔贴在自己座位前的桌子上，然后小组开始互访。记下你觉得写得最好的同学，开始！

师：画面一，溪亭日暮，有没有自荐的孩子？

生：靠近溪水边的亭子，沐浴在夕阳的余晖中，星星点点的阳光，从亭子边的大树间透出来，映在了溪水上，散发着光亮，橙黄色的，温柔的。风从亭子边吹过，凉爽，有种心旷神怡的感觉，跃上心头。

师：一种心旷神怡的感觉，跃上心头。你笔下的溪亭日暮，真的是让人回味无穷啊！（继续自荐、推荐）

生：（自豪地）我推荐张西亚，她写得非常优美。

师：来，我们欣赏一下。

生：靠近溪水边的亭子，沐浴在夕阳的余晖中，伴随着夕阳隐隐退去，一缕缕残阳，早已染红了小溪。

师：为什么推荐她？

生：因为她写得很有意境，让人浮想联翩。

师：词人在藕花深处看到了这样的影像，你用诗的语言描述了词的画面，来，贴上去！

生：我想推荐胡一菲，因为她用了很多诗句，还用很多词语把诗句串联了起来。

生：我描写的是画面二，当词人误入藕花深处时，看到了“接天莲叶无穷碧，映日荷花别样红”的景象，还见到了“小荷才露尖尖角，才有蜻蜓立上头”的样子，也看到了“江南可采莲，采莲何田田”的美妙景象。

师：哎呀，真丰富、真饱满的画面啊！画面三呢，有自荐的吗？

生：我写的是画面三。李清照划船的同时，四周荷花摇摇晃晃，水花四溅，河滩栖息的白鸥、白鹭纷纷拍翅起飞，尖叫声不绝于耳，落下的羽毛纷纷飘落，成了河滩上一道靓丽的风景。

师：这个白鸥和白鹭的动作写得非常具体，来，贴上去！

生：我推荐万圣奇，因为他写得非常具体，让读者有一种身临其境的感觉。

生：我写的是画面三，水鸥和白鹭都在沙滩上嬉戏玩耍，享用着小虾小鱼，正在这时，忽然听见了水花溅起的声音，惊恐万分的水鸥和白鹭都赶紧拍动翅膀飞向天空。

师：动词用得很妙，真的是再现了当时的情景，让人仿佛身临其境。

师：你们用笔描绘了当时的景象，这三句话连起来就是一幅流动的画面。让我们像词人李清照一样，深深地陶醉一次，让我们再来美美地读词。

（学生捧书深情地朗读）

师：真投入啊，这幅画卷在你的眼前无尽地蔓延，让我们走进词人李清照的内心世界！

（学生很享受地闭眼背诵）

师：真美呀，那幅热闹的景象，让人流连忘返。还有吗？

（学生陶醉地看着课件背诵）

师：真的是回味无穷，孩子们，让我们一起把这幅画面永远珍藏在我们心里。一起背诵《如梦令》。

（配上画面，配上音乐，全班有感情地背诵）

师：是啊，你们和词人一起，陶醉在那溪亭日暮的美景中，陶醉在那藕花深处的清香里，陶醉在那一滩鸥鹭的惊飞中，此时，词人的感情，词人的心境，已跃然纸上，那是什么？

生：词人渴望自由的感情。

生：词人热爱自然的感情。

生：表达了作者热爱生活的感情。

师：是啊，这美丽的景色、美丽的意外、美好的生活，带给词人深深的醉意，她将这段真切的感受融入了细腻的笔端，带给我们一股生命的活力。就让这份美好的感觉永远流淌在我们的心间。

【教学反思】多维解读文本，绽放生命课堂

《如梦令》的作者李清照，用语生动流畅，风格清新自然。词作侧重写景，融情于景，通过景物的描画来抒发和表达作者对自然的赞美和对生活的热爱，故而意境含蓄而深沉。这一首词，只展现了李清照传奇人生的一角，更为清晰立体的李清照还需要学生自己去探究。所以希望这堂课能够成为一个窗口，激发学生探究的兴趣，走进李清照传奇的一生，去探究那些意境优美的古典诗词。

也许同学们还未完全理解这首词的含义，也未曾领悟古人评价这首词“无一字不精，无一字不妙”的含义，但我并不着急，为了让学生真正走进词中，我准备分解画面，动用感官，耐心引领，试图让学生把语言读成画面，身心走进画面，感受词人的那份心境，从而感悟词中充盈的内涵。我让学生在合作学习、小组交流后用自己的话说说整首词的意思，这是学生从靠近文本到走进文本的演练，是教学从部分到整体的提升。在此基础上，让学生找出“醉”“误”“惊”三个关键字，这就是文本的文脉，联系全词，学生很快领悟到作者因陶醉而误入、因误入而惊起的关系和联系，诗情画意、人生意趣跃然纸上。由于每个学生的经验背景不同，兴趣、爱好、性格也不一样，学生头脑里浮现的“溪亭日暮”、“藕花深处”和“一滩鸥鹭”图有可能大不一样，这是学生借助词的语言在头脑中唤起的形象，是掺和着不同主观体验的审美意向。

直到此时，我才在屏幕上出示了词中描绘的美丽画面，因为我不想先入为主地用固定的画面去束缚儿童的思维和想象力。伴随着悠扬、悦耳的乐曲，学生头脑中原有的画面和屏幕上出现的画面比较、叠合、重组，一个个更加美丽的画面浮现在他们的脑海里，使学生接受了一次难忘的审美教育。

最后想谈点不足，在教学中，如何将学生的即兴生成及时地转化成生成性的课程资源，仍然需要进一步研究，在有效指导学生品读、美读，培养学生的诵读能力方面也有待于改进。教学永远有遗憾，需要我们永不懈怠地探索、创新，也许，这正是语文教学的魅力之所在。

【教师简介】

李文燕，小学高级教师，曾获得全国诵读课比赛、阅读课比赛、读经典学写作课比赛以及武汉市优质课比赛一等奖；曾荣获“湖北省青年教学能手”、“武汉市学科带头人”、“武汉市优秀青年教师”、“武汉市百名优秀班主任”以及“武汉市教育系统先进女教职工”等荣誉称号；担任湖北省教育学会小学语文专业委员会会员、武汉市教育学会小学语文教学专业委员会会员。

专家点评——理清文脉，举纲张目

陈莹和李文燕两位老师的教学设计，充分体现了当前语文课程改革的理念，充分体现了常青树教育集团总校长万玉霞的生命发展教育理念。对于教师的教学具有引领作用，值得我们学习与进一步探究。

两位老师的教学设计站位高，把着眼点放在提高全体学生语文核心素养，提高学生综合素质上，放眼学生终身发展。精心的教学设计、精彩的课堂呈现，来自她们的课外功夫——认真解读文本。她们把文本看作课堂的一种凭借，看作指导学生学习语文知识、提高语文素养的一个载体。在解读文本时，凭借自己的感受和想象力融入情感，不但解读文本的字面意思，而且用心体会文本的字中意、字外意，让文本自己说话，从而带领学生走进文本。从她们的教学设计中不难看出教什么，怎样教。

陈莹老师在教学设计中，指导学生自主感知，自主发现，归纳出核心问题并贯穿整个课堂。她抓住"这个小伙子真棒"和"这些小伙子真棒"这两个关键句，充分调动学生的学习热情，学生运用已有的显性知识和隐性知识合作解决问题，达到了牵一发而动全身的效果。

李文燕老师在教学设计中，首先调动学生的学习兴趣，引导学生读懂文章意思，通过有层次的诵读理清文脉。使学生通过想象将文字读成画面，体会词语所表达的深层意思，抓住关键词感受语言文字的魅力，进而初步领悟词的意境。

两位老师从多维的视野解读文本。文章是作者传达精神世界的载体，从两位老师的教学设计可以看出，她们胸中有目标，眼中有学生，手中有方法。陈莹老师引导学生体会人物的内心活动和对人生的感悟。李文燕老师引导学生领悟词的意境，体会人物感情，抓住文本作者的灵魂，引领学生对文本主旨充分把握。两位老师自己的感悟和体会也跃然纸上。李老师的教学设计中显示了以下资料：1987 年，国际天文学会用 15 个世界名人的名字命名了水星上的 15 座环星山，其中就有李清照。使学生了解到这位著名的书香才女是我国一位传奇女性，进一步激发了学生学习古诗词的兴趣和积极性，在解读文本时可谓匠心独具！

两位老师在解读文本时关注学情，从学生视野解读文本。她们深知，文本的阅读对象是学生，必须以学生的视野观照教材，用学生的眼睛去寻找和发现文本特质，发现具有儿童文化的语言、思维和情感。陈莹老师引导学生自己绘制思维导图，培养了学生理清文本脉络的能力。李文燕老师引领学生在读中悟，悟中读，制定了适合学生认知水平的有效学习方法——读词想画面，使学生体会到文本中蕴涵的价值和意义。两位老师注意发挥文本的语言魅力，锻炼学生的表达能力和思维能力，提升学生潜在的生命意义。

两位老师让学生主动感知文本，主动发现问题并提出有价值的问题，学生的学习过程是主动参与、主动建构、主动拓展的过程。不难看出，两位老师从教育心理学角度、从学情角度、从文本作者及自身角度、从文学语言角度对文本的深入解读，以及对全面提升学生综合素质的高度关注。由此可见，认真解读教材是“优化文本”、提高课堂效率的前提和基础。

专家简介：朱虚一，湖北省特级教师。

第三章　问题生成，学习支架

在小学语文课堂教学中，真实而有价值的问题能有效激发学生的学习兴趣，让学生感受到学习的知识是有用的、是鲜活的。学习是为了解决实际问题，表达自己的情感，学而有用，学习的积极性自然就会提高。问题是学生学习的灵魂，在“知识问题化、问题情境化、情境多元化”的教学设计原则下，对生成问题的质量要求格外高。因为问题质量与课堂质量密切相关，问题质量越高，课堂学习的质量才会越高。因此我们从学生的预习开始，就要一直关注学生学习中的问题生成，使整个学习的过程变成学生自主提出问题和解决问题的过程。问题的生成，无疑为每位学生提供了有效的自主学习的支架。

幸福童年是一生温暖的眷恋

——《祖父的园子》(部编版《语文》五年级下册第2课)

【教学实录】幸福童年是一生温暖的眷恋

一、主动感知，导入新课

师：上课之前，老师想采访几个同学。请问你的童年是怎样的？

生：快乐的、痛苦的、难忘的。

师：对呀，无论是什么感受，孩提时代的故事都是最难忘的，今天就让我们走进作家萧红的童年生活，学习第2课。

师：看看谁是自学小能手，能够扫除文中的生字障碍。我请一个小组完成。

生：蚂蚱、樱桃、嗡嗡叫、蚌壳、瞎闹、毛嘟嘟、水瓢、倭瓜、明晃晃。

师：读得真好！“蚂蚱”在这个里“màzha”，“蚱”单独读时读第四声，在“蚂蚱”里则读轻声。请问你是怎么确定读音的？

生：查字典、使用百度搜索、看参考书。

师：自学生字的能力真不错！那么，有关“问题生成单”中的“简单概括课文主要内容”，谁能说一说？

生：……

师：这篇文章选自萧红的长篇小说《呼兰河传》。今天就让我们和她一起回到童年，来到这呼兰河小镇，走进她魂牵梦萦的——“祖父的园子”。(PPT 出示课题)

师：齐读课题。(生读课题)

二、主动发现，感知园子

师：课前预习了课文，请问你们有什么疑问吗？

(生在小组中交流各自的问题)

师提要求：

(1)小组合作扫清障碍。

(2)拿出问题生成单，提出最有价值的问题。

(3)简单的问题小组内解决，有价值的问题梳理在小白板上。

全班梳理：这是一个怎样的园子？在这么美丽的园子里又发生了什么事情呢？为什么要写祖父的园子？

三、主动参与，细品园子

(一)走进园子，感受美景

师：你们真是一群会思考的孩子。在接下来的课中，我们将一一解答这些问题。现在，请打开书本31页，默读课文第1～3自然段，思考并完成问题——这是一个怎样的园子？请用一个词语来形容，并说说你这样形容的原因。

师：这是一个怎样的园子？

生：……因为……

师：对呀，这确实是一个美丽的园子。(板书：美丽)

(二)走进园子，感受趣味

师：在这么美丽的园子里，又发生了什么呢？请同学们看看老师给出的“学路建议”。

(1)默读第4～15自然段，看看在这么美丽的园子里，又发生了什么事情呢？“我”在园子里的心情是怎样的？在文中勾画出描写得最有趣的句子。

(2)小组交流各自勾画的语句并做好记录，准备全班交流。

交流一：祖父戴一顶大草帽，我戴一顶小草帽；祖父栽花，我就栽花；祖父拔草，我就拔草。

师：你们小组认为有趣在哪里？

生：我们小组认为有趣在祖父做什么，我也做什么。

师：“我”好像是祖父的什么？

生：影子、小尾巴。

师：是呀！这一老一少，一顶大草帽，一顶小草帽，老的干什么，小的就跟着干什么，多有趣呀！

师：课文中还有相似的句子，再找找看。（PPT 出示）

祖父戴一顶大草帽，我戴一顶小草帽；

祖父栽花，我就栽花；祖父拔草，我就拔草。

祖父铲地，我也铲地。祖父浇菜，我也过来浇。

（师口述，生接话）

师/生：祖父喝口水，我也喝口水；

祖父坐下来休息一会儿，我也坐下来休息一会儿。

师：这样的写法多么有趣啊！如果把它们串起来，就成了——

生：一首小诗。

师：萧红喜欢用绕口令般的重复语言来叙述故事，这一语言风格充满着独特的“萧红味”。其实这是一种写法，叫复沓，作用是抒发强烈的感情。同学们，你们觉得这里抒发的是怎样的感情呢？

生：萧红对祖父的喜爱和依恋。

师：老师想请你们小组的一位男同学和一位女同学合作读一读这首小诗，记得把这份浓浓的感情读出来。同时请其他小组的两位同学扮演这祖孙俩。

（准备道具：草帽、锄头，生表演朗读）

师：真有意思，这一幕幕场景充满了祖孙俩的快乐。现在，请两大组合作朗读。

（引导学生读出节奏，读出“我”的淘气）

交流二：祖父发现我铲的那块地还留着一片狗尾草……很像狗尾巴。

师：你们小组觉得有趣在哪里？

生：我们小组觉得有趣在“我”把狗尾草当作谷子，把谷子当野草都除去了。

师：如果你们这样做，你猜你的祖父会怎样？

生：……

师：可是，小作者有被祖父责怪吗？

生：没有。

师：祖父怎么样？

生：祖父笑了，慢慢地讲给我听。

师：这里祖父笑了多少次？请把描写祖父笑的地方都找出来。

生：大笑、笑够了、还在笑。

师：这一次又一次笑容背后，你们读到的是祖父的什么？

生：祖父和蔼可亲、慈祥、对孙女充满了爱。

师：一问一答，多有爱啊！现在，就让我们就来合作读对话吧！我读祖父，你们小组就全做我的孙女吧！琢磨琢磨，怎样读才能体现萧红的那种快乐。

生：……

师：把“我”读得活泼些。（合作朗读）

师：哎，明明错了，还这么理直气壮，都是我给惯的呀！

交流三：玩腻了，我又跑到祖父那里乱闹一阵……“下雨啰！下雨啰！”

师：你们小组觉得有趣在哪里？

生：我们小组觉得有趣在“我”乱闹，把水扬上天空，认为是下雨。

师：想象一下，萧红大喊着“下雨啰！下雨啰！”时的心情是怎样的？请你们组的一位同学读一读这一部分。

师再指一生：你想从她的朗读中听出什么？

生：快乐。

师：通过刚才的学习，你们觉得园子中的“我”是怎样的？

生：快乐的。（板书：快乐）

师：我在浇菜时，我是……

生：快乐的。

师：我在拔草时，我是……

生：快乐的。

师：我在铲地时，我还是……

生：快乐的。

师：作者的“快乐”是通过一件又一件具体的事表现出来的，这种写法叫作——叙事抒情。（板书：叙事抒情）

（三）走进园子，感受自由

1. 归纳文段

师：接着，我们继续畅游这个既美丽又快乐的园子，看看还有什么不一样的体验。请同学们自由读 16、17 自然段。

（生自由读）

2. 找出中心句

师：你从哪些句子看出来的？

生：一切都活了，要做什么，就做什么。要怎么样，就怎么样，都是自由的。

师：这就是这一段的中心句。

3. 感受园子的“自由”

师：请问园子是如何自由的呢？

生：倭瓜愿意爬上架就爬上架……

（1）品读句子。

师：你喜欢这个句子吗？为什么？

生：喜欢，它把植物写得很自由。

师：你能不能读出自由的感觉？试一试吧！

（生读，小组合作读，全班齐读）

（2）仿写句子。

师：同学们读得太好了，让我也想到萧红的园子里自由游玩一番。其实，萧红在这里是借景物的自由来表达她向往自由的心境，这种写法叫作——借景抒情。（板书）

师：下面，我们也来学学萧红，做个自由的小作家。

（PPT 出示：我是甲虫，我愿意____就____；我是____，我愿意____就____。）

（学生完成后与同学分享）

四、主动建构，深入园子，体会萧红无法忘却的“精神家园”

（一）祖父的园子

师：从你们的一字一句中，我感受到了属于你们的那份自由。这真是个自由的园子。学到这，你们有没有什么要问的？

生：为什么不叫自由的园子，要叫祖父的园子？

师：对呀，为什么呢？

生：……

师：因为园子是祖父创造的，是祖父的爱和宽容给了萧红自由和快乐，同时“祖父的园子”这个标题也表达了萧红对祖父的怀念。

（二）萧红回忆录

师：同学们，学习了课文，你们觉得萧红的童年是什么样的？

生：幸福的、快乐的。

师：现在让我们走进萧红的回忆录，看看她口中的童年是怎样的。

（出示 PPT，音乐响起）

（三）走近萧红

师：萧红的一生是寂寞的，她只活了 31 岁，她短暂的一生受尽了来自家庭、社会的太多屈辱与磨难。父亲冷漠无情，继母恶言恶色，只有祖父给了她温暖和爱。祖父去世后，她对这个家庭已没有丝毫的眷恋，毅然离家出走。当她走投无路、孤独寂寞时，她想到了——

生：祖父的园子。

师：当她遭到丈夫抛弃，悲痛欲绝时，她想到了——

生：祖父的园子。

师：当她饱受疾病折磨、弥留之际，她想到的还是——

生：祖父的园子。

师：她多么想再回到园子，再开心地喊一声——

生：祖父！祖父！

师：多么熟悉的声音，多么熟悉的画面，就这样永远地消失了！在人生的最后时光，萧红想到了童年，想到了她和祖父的园子，想到了生她养她的呼兰河。

五、主动拓展

师：孩子们，读读《呼兰河传》吧，它一定会把你带进萧红真正的内心世界。把读后的感受写在习作本上。

【教学反思】学贵有疑，疑则进也

如何让学生学习过程中生成的问题真正成为学习的支架呢？结合部编版《语文》五年级下册第 2 课《祖父的园子》，我有以下思考：

一、课前问题生成的设计技巧

我把语文学习概括为几个环节：认生字、解新词、释难句、知内容、分层次、明中心、悟情感、探写法。这些环节中比较基础的部分可以让学生通过预习独立完成，如认生字、解新词；稍有难度的部分可以放在课堂上合作解决，如释难句、知内容、分层次；难度较大的部分，如明中心、悟情感、探写法，学生可以在预习的基础上形成问题。让学生在阅读文本的过程中与文本对话、与作者对话、与编者对话，吃透文本的真正内涵，并结合自己的生活体验生成情感性的问题。只有充分预习并生成问题，才会让学生对课堂充满期待，成为学习的主人。

二、课中问题生成的取舍技巧

问题的生成要以重点、难点为核心，要为学习重点、突破难点服务。与重难点关系不密切的问题尽量不要放在课堂解决。选择问题时要有主线，要由浅入深、层层递进，问题之间要有过渡、有联系。在教学《祖父的园子》一课时，我是这样设计问题的：

“主动感知，导入新课”中的问题是“简单概括文章的主要内容”，借此理清文章的脉络和人物关系。

“主动发现，感知园子”中，小组内交流各自在“问题生成单”中的质疑，筛选出各组认为最重要的问题，全班交流展示。最终，全班确定在课堂上需解决的问题：①这是一个怎样的园子？②在这么美丽的园子里，又发生了什么事情呢？③为什么要写祖父的园子？

“主动参与，细品园子”中的问题就是在此基础上提出来的，共三个问题：

①这是一个怎样的园子？请用一个词语来形容，并说说你这样形容的原因。

②默读第4～15自然段，看看在这么美丽的园子里，又发生了什么事情呢？“我”在园子里的心情是怎样的？在文中勾画出描写得最有趣的句子。小组交流各自勾画的相关语句（以朗读的形式与组员分享，记得朗读时配合适当的语气、神态、动作）并做好记录，准备全班交流。

③我们继续畅游这个既美丽又快乐的园子，看看还有什么不一样的体验。请同学们自由读16、17自然段，小组交流讨论。

解决好这三个问题，“标题为什么要叫祖父的园子”这个问题就在“主动建构，深入园子”中自然而然地出现了。学生能够在讲解、交流的过程中感受到因为园子是祖父创造的，是祖父的爱和宽容给了萧红自由和快乐，同时“祖父的园子”这个标题也表达了萧红对祖父的怀念。

在预习的过程中生成问题，不仅让学生做好了学习的心理准备，更让学生在自主探索的过程中获得了重要的知识与学习经验以及基本的思考方法和技能，给他们提供了切实有效的学习支架，让他们的学习能力大大提高，从而能走得更远。

【教师简介】

朱厚萍，女，1977年9月，现任党支部书记、年级校长。曾被授予“武汉市十佳班主任”“武汉市教育系统先进教职工”“江汉区语文学科带头人”等荣誉称号；曾获武汉市校本课程优质课评比一等奖，武汉市小学语文优质课评比二等奖及教法探索奖。多年来一直笔耕不辍，撰写的多篇教育教学文章在有关刊物上发表，并收录于书中。

问题意识激发个性阅读，让语文课堂灵动起来

——《穷人》（部编版《语文》六年级上册第 14 课）

【教学实录】问题意识激发个性化阅读

师：同学们，大家请看一个人（出示雨果头像）。他是法国大文豪维克多·雨果。大家了解他吗？

生：我知道他的代表作有《笑面人》《悲惨世界》《巴黎圣母院》。

师：哎哟，你太了不起了！是的，雨果擅长写底层劳动人民。这又是谁？（出示列夫·托尔斯泰头像）

生：他是列夫·托尔斯泰。

师：这两人有什么联系？（众多学生举手）

生：我知道我们今天要上的《穷人》这一课就是列夫·托尔斯泰根据雨果的一首诗改编的。

师：预习得很充分！是的，法国大文豪雨果写了一首叙事诗《可怜的人们》，列夫·托尔斯泰读到了这首诗，深受感动，于是把诗改编成了小说，题目为“穷人”。小说发表后，引起了很多人的共鸣，大家都被深深感动了。今天这堂课，我们就来研究两个问题：列夫·托尔斯泰为什么要把这首诗改写成小说？他是怎么把这首诗改写得那么精彩的？

师：大家都预习过课文，我来检查一下大家的自学情况。《穷人》这篇文章写了几个穷人？

生：西蒙、渔夫、桑娜。

师：同学，你把很重要的人给忘了呀！

生：桑娜家的五个孩子和西蒙家的两个孩子。

师：是啊，七个小生命，也是穷人啊！大家能把《穷人》这篇小说讲了什么事说出来吗？说的时候需要用到屏幕上这几个词语，自己说说看，开始！

（课件出示词语，学生自由说）

桑娜	渔夫	五个孩子
西蒙		两个孩子

生：桑娜和渔夫有五个孩子，有一次桑娜在等待出海打渔的时候去探望邻居，发现西蒙去世了，她抱回了西蒙留下的两个孩子，让他们和自己的孩子睡在一起，渔夫得知后同意领养。

师：同学们，都说《穷人》写得很精彩，可桂老师读完了整篇小说，字里行间找不到一个"穷"字，这些穷人真的很穷吗？（生点头）那你是从什么地方读到的？

（问题生成单展示）

师：请大家细读课文，从字里行间去捕捉"穷人"的"穷"。认真地想一想，哪些地方写出了穷人的"穷"？默读圈画，在找到的第一处地方标上 1，第二处标上 2，以此类推。标好了之后，选一处感悟最深的，做简单批注，然后小组分享，等会请人上台交流。好，开始静静地默读。

（生静读圈画）

师：（生细读 1 分钟后）也许这"穷"字藏在某个词语中，也许这"穷"字藏在一个标点中，也许这"穷"字藏在一组对话中，也许这"穷"字藏在对环境的描写中，也许这"穷"字藏在某一处细节里。细细阅读，才会发现更多的东西。阅读，就是发现。

（生继续默读、圈画、做批注，小组交流分享，大约 5 分钟）

师：好，现在谁愿意和大家分享，说一说从哪些地方读到了穷人的"穷"？接下来，我们请一个同学到讲台上来当老师。

（生拿书上台，师在其耳边说了几句悄悄话后，坐到该生位置上）

生（以下简称小老师）：请问同学们，大家从哪里读出来了"穷"？请这位同学来回答一下。

生：我从第二段的第二句看出他们很穷，因为课文中说"丈夫不顾惜身体，冒着寒冷和风暴出去打渔，她自己也从早到晚地干活，还只能勉强填饱肚子"。他们很辛苦，但是也只能勉强维持生活。

小老师：还有补充吗？

生：课文中说"只有"，说明只能吃鱼，没有其他的菜，天天都得吃鱼。

师：每天都吃鱼，都要吃吐了，而且只能吃那些卖不出去的小鱼，是不是？我想请教小老师，课文第一段说"冒着寒冷和风暴出去打渔"，我觉得可能只是偶尔出去吧？

生：谁来解答这位"同学"的问题？（全场爆笑）

小老师：据我小李老师的了解，在海上是经常起风暴的，而不是偶尔。

师：何以为证是经常起风暴的？你把课文原句找出来。

小老师：嗯，第一段就有。

师：我们回到第一段，好不好？你是继续上课还是把机会让给别的同学？（小老师示意让）好，谢谢小李老师！还有谁愿意当老师？

小老师：我是小刘老师，我希望下面找到的"穷"隐藏在环境描写中，而且要在那位沈老师提出的第一段的基础上面，能找到吗？

生：第一段第二句中的"寒风呼啸、汹涌澎湃"能体现出外面环境很恶劣。

小老师：我说的是穷，不是环境恶劣，再想一下吧！

生：可是环境恶劣就代表丈夫可能冒着生命危险，小刘老师，请你就这个地方讲解一下。

小老师：我要的就是这个答案。

师：好，小刘老师，我想和你一起做老师。同学们，关注一下，这段环境描写中有很多四个字的词语，你找到了吗？请你把它们圈起来。（生圈画）

小老师：找到了吗？

生：寒风呼啸、汹涌澎湃、又黑又冷、干干净净、心惊肉跳。

师：我把这些词语摘录到屏幕上。（课件出示）

寒风呼啸	又黑又冷
汹涌澎湃	波涛轰鸣
起着风暴	狂风怒吼

师：同学们，再一起读一读这些词语，一边读一边在脑子里想象这些词语所描写的画面。你分明看到了什么样的画面？你看到了——

生：天气非常恶劣，环境非常恶劣。

师：这不是画面，这是概括，你仿佛看到了怎样的具体画面？

生：海浪拍击着礁石，溅起的浪花非常寒冷。

生：我仿佛看到了海浪打在沙滩上，溅起的浪花比人还要高。

师：同学们，这样的天气随时都有生命危险，而渔夫此时此刻正驾着一叶小舟在这样的惊涛巨浪当中颠簸着，这不正写出了穷人的"穷"吗？带着这样的画面，带着这样的体会，我们一起读一读这段话。桂老师读黄色字体部分，同学们读环境描写的句子。

（师生深情朗读第一自然段）

师：今天的我们，读着这样的文字也会感到心惊肉跳。亲爱的同学们，"穷"字藏在环境描写中啊！"穷"字还藏在什么地方？

生:我找的是第 24 自然段,从渔夫说的“熬”字中可以看出他们的穷,富有的人家收养一个孩子是很简单的事,但是他们收养一个孩子却要“熬”过去。

师:对他们来说,这就是煎熬。真好!你从一个“熬”字读懂了穷人的“穷”。

生:在第 9 段就说到“五个孩子已经够她受的了”,再加两个孩子就更够她受的了。

师:也就是说,从一番心理描写中你感受到她的“穷”,是吧?(生点头)还有没有其他地方写出了穷人的穷?

(生继续交流文本中的“穷”,从室内陈设、孩子们的穿着、寡妇睡的稻草铺、孩子们没有鞋子和被子等角度发现穷人的“穷”,5 位学生发言略)

师:同学们,文中有一个句子,只有四个字,却能深刻地表现穷人的“穷”,这个句子很容易被我们忽略。你能找到吗?它在文章的前四个自然段中,谁找出来了?(生陆续举手)

生 1:睡觉还早。

师:你找到的是——

生 2:睡觉还早。

(师问,生不断重复)

师:找到“睡觉还早”这四个字的同学,举手!(众多学生举手)同学们,从“睡觉还早”中,你发现了什么?

生:第二段说“古老的钟发哑地敲了十下,十一下……”,证明已经十一点多钟了,睡觉其实不早了。

生:可能还会到十二点多,因为后面有一个省略号。

师:是啊,这一个个省略号仿佛就是一记记钟声在敲打着我们,表明时间至少在晚上十一点以后了。

生:这个时候,她还觉得“睡觉还早”,这就证明她可能每天都是在十一点以后睡觉的。

师:可能到凌晨才睡觉。“睡觉还早”还让你想到什么?

生:从第二段也可以看出他从早到晚地干活。

师:从早到晚?我说是“从早到早”,从今天早晨到第二天的凌晨,是不是“从早到早”?睡觉真的还早吗?(生摇头)好,我们一起读一读表示时间不早的句子。

(课件出示)

(1)五个孩子正在海风呼啸声中安静地睡着。(第 1 自然段)

(2)古老的钟发哑地敲了十下，十一下……始终不见丈夫回来。(第 2 自然段)

(3)我也不知道，大概是昨天。唉！她死得好惨啊……

师：请大家关注这三句话，分明睡觉已经"不早"了。你看，23 段分明写的"大概是昨天"，可见他们到凌晨才睡。同学们，桑娜只是这一天"睡觉还早"吗？(生摇头)她长年累月都是这样的！一起再读这四个字。(生读)"睡觉还早"，背后藏着多少意味深长的东西呀！这就是阅读，这就是发现！

(生齐读屏幕上的三句话)

师：同学们，我们总结一下这节课的收获。列夫·托尔斯泰改写雨果的叙事诗的时候，是通过对海上环境的描写，通过对人物忐忑心理的描写以及一些不经意间的细节描写进行的。通篇没有一个"穷"字，但是让我们感到"穷"无处不在，这就是大师经典作品的魅力！

【教学反思】问则思，思则辨，辨则通

我们在课堂里培养了学生思考和质疑的自觉性与敏感度，在合作学习方法上，我们非常重视问题生成单的使用。在组织小组合作学习时，我设计了一两个明确的、有价值的可供小组成员讨论与交流的问题，提供了"问题生成单"进行引领；要求小组讨论和代表展示时有任务驱动的内容、方式和时间的分配和设置。课堂教学主要呈现出以下几个显著效果。

一、精心设计问题生成单，实现长文短教

这篇文章篇幅较长，在有限的时间内实现"长文短教"，是阅读教学中的一个难点。如果像以往的教学那样，按文本顺序串讲串问，必然耗时低效。这就要求教师备课时要抓住开放的思维空间、牵一问而动全篇的核心问题，引导学生进行探究学习。

在反复研读教材的基础上，我在学生的问题生成单上设计了这样一个核心问题："作者从哪些方面写出了穷人的穷？"以此问题为基础，学生展开课前自学和课中研读。此时我及时抓住学生生成的资源，引导学生品味文字，进而在多种形式的朗读中，尤其是在把课文中相关语段重组朗读的过程中，引导学生将理解课文内容、感受人物品质、体会表达方法结合起来，真正做到了阅读教学所提倡的得意、得情、得法。

二、注重读中领悟，学习表达方法

在进行教学环节的设计时，我划分了这样几个层次：①借助问题生成单，在学生自学自悟的基础上引导他们体会桑娜当时的复杂心情，感受她的善良品质；②借助课件，从省略号句子的正确朗读中，体会省略号对表现桑娜复杂内心活动所起的作用；③结合上文对桑娜家庭环境与自然环境的描写，通过对相关句段的重组朗读，进一步感受人物的美好品质。这样的教学过程遵循了在联系中读懂文本的语文学习方法，把感受人物品质与学习表达方法紧密结合起来，使学生既“读进去”又“读出来”，阅读教学取得了一定的实效。

三、问题生成单融合教学重难点，提高教学实效性

要在自主学习的基础上让学生自己发现问题，再通过小组讨论形成小组的问题，最后生成班级的问题。桑娜的心理活动描写既是教学重点，也是教学难点，在教学这一环节时，我在学生自学自悟的基础上，引导学生揣摩渔夫的语言，重点体会“熬”字，并提出假设——收养了两个孤儿后，渔夫和桑娜会面临怎样的生活？他们原有的五个孩子又会面临怎样的生活？这些渔夫都考虑过吗？这些层层深入的问题的设计，可帮助学生结合全文内容体会渔夫一家的高尚，他们在自己最困难的时刻，宁可自己多吃苦，也要帮助别人。阅读教学是语文教学的一项重要内容。在课堂教学中，教师要引领学生钻研文本，只有走进文本的语言世界中，用心研读，体味情感，才能为文本而感动，进而获得体验，感受人文。

【教师简介】

桂芬，女，1980 年 9 月，现任党支部书记、年级校长。2011 年获武汉市优质课比赛一等奖，数年来在接待各省访学团时，多次执教展示课，得到专家一致好评。原创教学设计“海上日出”获武汉市教学设计与案例比赛一等奖。

专家点评——“学问之法”开启自主探究之门

在朱厚萍老师执教的《祖父的园子》和桂芬老师执教的《穷人》的课堂上，我们看到“问题生成单”作为有效的学习支架贯穿于整个课堂教学活动中。课堂上，教学环节设计精巧，师生之间高度融合，教与学高效而充满张力。不难看出，两位教师功底深厚，在学习支架的建构上可谓炉火纯青！

我们知道，“学习支架”是针对学生的“最近发展区”而提出的。支架式教学正是为了促进学习者对知识的意义建构而进行的，是根据学生的“最近发展区”，通过学习支架的支撑作用，不断地把学生的综合能力从一个水平提升到另一个新的水平。在诸多形式的学习支架中，“问题”是学习过程中最为常见的支架，高质量的“问题生成单”则是常青树实验学校主动教育模式中的一大特色。

我们看到，作为学生学习的监控者、指导者和促进者，两位教师针对学生的主体活动，运用“问题生成单”适时介入学习过程并提供学习支架，为学生提供主动和自主解决问题的机会，不断引导学生进入理解与能力发展的新领域。

一、分解学习任务，形成梯度支撑

两位教师在“问题生成单”的设计中关注对学习过程的多元、多层面的支持，注重不同方法的优化，是支持学生不断深入学习的重要支架。

在朱厚萍老师的设计中，学习任务被清晰地分解成了八个环节三大板块。“认生字、解新词”属于“接收支架”板块，让学生独立预习完成。“释难句、知内容、分层次”属于“转换支架”板块，放在课堂上合作研讨。而“明中心、悟情感、探写法”属于“输出支架”板块，让学生在预习的基础上形成问题，在与文本对话、与作者对话、与编者对话的过程中结合自己的生活体验生成情感性问题，最后帮助学生将学到的、理解到的、创建的东西转化为可见的事物。

整张“问题生成单”提供了清晰而明确的学习方向，明确阐述教师对学生学习的期望，引导学生获取有价值的信息，让学生主动关注学习任务并对课堂充满期待，真正成为学习的主人。

二、引入问题情境，注重问题生成

问题支架作为学生学习的重要支撑，设计的问题价值尤为重要，应能有效增加学生思维的长度、宽度和深度，且符合动态性和多元性原则。

我们不难发现，在“问题生成单”中，两位教师均设计了牵一发而动全篇的核心问题，营造问题情境，引导学生进行探究学习。她们对问题的取舍均以重点、难点为核心，为内化重点、突破难点服务。

桂芬老师在“问题生成单”上设计了这样一个核心问题：“作者从哪些方面写出了穷人的穷？”学生展开课前自学和课中研读，在全班交流汇报时自然把目光集中在桑娜和渔夫的表现上（即文中的重点段落），做到了长文短教，也为学生感受善良、生成善良起到了不可或缺的支撑作用。

此外，两位教师都非常注重课堂进程中的问题生成。如在“主动发现”环节，小组内交流各自在“问题生成单”中的质疑，筛选出各组认为最重要的问题，全班交流展示，最终生成班级问题，即确定一个共享目标，使之成为调动学生集体合作的纽带，培养学生的合作能力。在这个师生共同确定教学目标的过程中，问题的选择由浅入深、层层递进，问题之间有过渡、有联系，学习支架发生着动态变化，支架角色也不只是教师，更是同伴和学生自己，学习也变得更为有趣。

三、调控执行过程，完成知识建构

作为学习支架，“问题生成单”的使用策略决定了课堂教学的效果，所以，两位教师都非常注重“问题生成单”的执行技巧。首先，每位学生必须认真完成“问题生成单”，保证完整的自主学习过程和充分的独立思考时间，绝不急于求成。其次，课堂教学围绕“问题生成单”进行，小组成为学习的主要单位。我们知道，学习支架应在学生需要的时候出现，引导他们向更高水平发展，穿越最近发展区，从实际发展水平进入潜在发展水平，这其实也体现了因材施教的教学理念。所以问题的层次化就显得尤为重要，即在小组活动中根据问题的难易程度进行分工，让每个学生都得到锻炼的机会。两位教师的课堂呈现也正是如此，搭建在已知与未知、能够胜任与不能胜任之间的动态而多元的学习支架发挥了关键作用，管理学习的任务也逐渐由教师转移给学生自己，课堂上人人参与、个个动脑，不同水平的学生均实现了自我超越。

“问题生成单”经过两位教师的精心设计和娴熟运用，成为支架式教学策略实施的有效载体，使课堂进程得以高效推动，教学目标得以全面达成，学生的潜在发展空间得以充分挖掘。

专家简介：金敏，高级教师、武汉市优秀教师，市优质课竞赛、市五项技能竞赛一等奖获得者。深耕中高年段语文课堂近三十年，指导多位教师在赛课中获奖。

第四章　主动感知，先学后教

明代文学家谢榛谈及文章的开头时说:“起句当如爆竹,骤响易彻。”文章的开头如此,一堂课的序幕同样是一个不可忽视的环节。“主动感知”在“主动教学”模式课堂上起到的作用,如同普通教学模式中的教学导入环节,但又不同于教学导入环节。“主动感知”,一方面要求教师在一项新的教学内容或教学活动开始前,通过有效的方法引领学生明确学习目标或要求,为课文的学习做好准备;另一方面要求学生在课前通过“问题生成单”的引导,主动对教材进行分析、感受,通过老师的引导和同学之间的讨论,将已掌握的知识进行巩固,并延伸到课堂上。

《义务教育语文课程标准(2022年版)》中有一条鲜明的教学理论:以学定教。教学活动应牢牢定位于学,学生学先于教,即以学生的预习活动开启教师的教学活动。在“主动教学”模式的课堂上,“问题生成单”是前提,“主动感知”是学生自主学习和老师有效引导的过程,也是课堂教学的第一步,是检查学生预习情况的重要环节。在执教部编版《语文》五年级上册《太阳》一课时,教师在学生自学“问题生成单”的基础上因惑施教,在教学中以教材为本,紧扣说明文特点,采用丰富的形式让学生了解、熟悉、适应说明文,提高学生的语文素养。

于漪老师曾有譬喻:课的开始,好比提琴家上弦,歌唱家定调,第一个音定准了,就为演奏或歌唱奠定了良好的基础。《江畔独步寻花》一课的教学设计亦是如此,教师在课堂处于预热阶段时呈现与古诗相关的信息,并提炼诗中的精华,作为课前铺垫。正可谓“转轴拨弦三两声,未成曲调先有情”,让学生在“主动感知”板块能够先接触、感知课文内容,有了初步印象后再进入新课的学习,便会有水到渠成的收获。

开课即悟语文美

——《太阳》(部编版《语文》五年级上册第 16 课)

【教学实录】悟说明语言准确美

一、主动感知

师:上课之前,先请同学们自由、大声地读一读这个故事。

(手指电子屏,电子屏出示课文第一段前两句)

师:你知道这是个什么故事吗?

生:后羿射日的故事。

师:《后羿射日》是一个古老的神话故事,是古代人民对太阳的美丽想象,现在科学的进步让我们更加了解太阳。今天我们就来学习课文《太阳》。(板书课题)

师:现在请同学们拿出"问题生成单",在小组内进行字词的学习交流。

师:(PPT 出示重点词语)现在请同学们将"问题生成单"反扣,从这位同学开始开小火车带读词语。

生:(小火车带读)寸草不生、摄氏度、繁殖、粮食、煤炭、飘浮、地区、杀菌、治疗。

师:同学们的词语读得很准确,如果这样读,你还会区分吗?

(PPT 出示:摄—聂、殖—值、炭—碳)

生:摄,摄影,聂,姓聂;殖,繁殖,值,值日;炭,煤炭,碳,碳酸。

师:你区分得很准确,请同学们一起来读一读。

师:现在请组长带领你的组员读课文,讨论生成单中的"我会读",并归纳组员质疑内容写在小白板上。

师:(等每组坐好后,观察学生写的小白板)刚刚大家进行了讨论,请同学们快速默读课文,将每一自然段用一个词或一个短句进行概括,在课文上批注。

师:现在,请你们思考,这篇文章主要写了关于太阳哪几个方面的内容?

生:两个方面,一是太阳的特点,这是一到三自然段,二是太阳和人类的密切关系,这是四到八自然段。

（师板书：特点、密切关系）

二、主动发现

师：虽然每组表述的语言不一样，但是大家提出的问题都可以梳理成两个问题。（PPT 展示）

（1）太阳和我们的关系非常密切，体现在哪里？

（2）文章用说明的方式来写的好处是什么？

三、主动参与

师：接下来我们就这两个问题来进行学习。

（PPT 出示学路建议）

（1）默读课文 1～3 自然段，说说太阳和地球关系密切的原因，并勾画出使用了说明方法的句子。

（2）小组内交流，派代表汇报。

师：（等讨论结束后）请第三小组进行汇报。

生：我们小组找到的说明方法是列数字，我们找到的是这几句话，我们小组一起读给大家听一听。

（第一自然段）其实，太阳离我们约有一亿五千万千米远……就是坐飞机，也要飞二十几年。

（第二自然段）我们看到太阳……约一百三十万个地球的体积才能抵得上一个太阳。

（第三自然段）太阳的温度很高，表面温度有五千多摄氏度……

生：这些句子使用了列数字的说明方法。

师：你们找得很准，请组长上来把这个说明方法写在黑板上。（生写板书）

（PPT 出示句子：其实，太阳离我们约有一亿五千万千米远……也要飞很多年）

师：请男生读第一句，女生读第二句。

师：你感受到了什么？说一下这两个句子的区别。

生：我感受到使用了列数字的句子比没有使用列数字的句子更准确地说明了太阳“远”的特点。

（板书：写作指导）

师：请你来将太阳的特点写上。（师板书：准确；生板书：远）

师：是的，作者用了准确的数字把太阳“远”的特点写清楚了，这就告诉我们在说明某一事物特点的时候，列出具体的数字可以让读者更好地进行理解，但数字必须是准确的、有科学依据的。所以当我们写说明文时，查资料是十分重要的。（板书：查资料）

师：“差不多”可以去掉吗？

生：不能去掉，去掉后意思就太绝对了，会造成误解。

师：说明文的语言要准确，还要严谨（板书：严谨）。请全班齐读原句。

师：这个句子不仅用了列数字的方法，还使用了另一种说明方法——到太阳上去，如果步行，日夜不停地走，差不多要走三千五百年；就是坐飞机，也要飞二十几年。

生：举例子。

师：是的，作者列举了“步行”和“坐飞机”两个例子，让我们更清楚地知道太阳离我们真是太遥远了。那请你们帮老师算算，老师今年三十岁，如果我现在坐飞机到太阳上去，回来时多大年纪了？

生：五十岁。

师：那要是你们去呢？

生：三十岁、三十一岁。

师：这可真像贺知章说的那样，少小离家老大回——

生：乡音无改鬓毛衰。

师：哎，就算是坐飞机，也要飞二十几年，我不禁想问一问传说中的后羿，这么远，箭哪能射得到呢？（PPT 出示句子）

师：你能给句子换个说法，意思不变吗？

生 1：那么远，箭不可能射得到。

生 2：那么远，箭肯定射不到。

师：你们清楚地了解了传说和现实的区别。文章这里用了举例子，再次强调太阳离我们非常遥远。开头引用传说，不仅增强了文章的可读性，还能引出下文对太阳有关知识的介绍。大家也可以把这个好方法运用到自己的文章中，不仅可以引用传说，还可以引用典故、名言、成语、诗句等，来表达自己的思想感情，说明自己的见解。（板书：引用）请同学们齐读第一段。（生齐读）

（PPT 出示句子：我们看到太阳……约一百三十万个地球的体积才能抵得上一个太阳）

师：请同学们试着像老师那样从“特点”“说明方法”“写作指导”进行分析，请你上来试着讲解一下。

生：这句话介绍了太阳的特点是“大”，用了列数字和作比较的说明方法。当我们写文章的时候，要注意选一个我们熟悉的事物来写。

师：回答得比较简洁，请你将你的答案板书在黑板上。（生板书）

师：这里作者具体是将地球和太阳的体积进行比较。我们一起来看看“一百三十万个地球”和“一个太阳”的对比。（播放动画）

师：看完动画，再来读这句话，你有什么感受？

生：对我们而言，地球非常大，一个地球都这么大，一百三十万个更让人马上体会到太阳的“大”。

师：是的，因为我们对地球都很熟悉，而其他星球的情况，我们并不清楚。作者用我们熟悉的地球来和太阳进行比较，更突出地说明了太阳的大。我们写文章的时候，就要选择一个我们熟悉的事物来写。（指板书）

师：请大家一起将这句话中太阳“大”的特点读出来！（生齐读）

师：太阳离我们真的太远了，怪不得我们看见它只有盘子这么大，可它实际上有多大呢？这一段又进一步运用了打比方的说明方法说明了太阳离我们很“远”。请大家齐读第二段，在读中感受太阳的大、远。（生齐读）

师：（PPT 出示句子）太阳的温度很高，表面温度有五千多摄氏度，就是钢铁碰到它，也会变成气体。

师：请一位同学从“特点”“说明方法”“写作指导”等方面给我们详细分析这句话。

生：这句话是在介绍太阳“热”的特点，运用了列数字和举例子的说明方法。开水有 100 度，我就觉得很烫了，一碰就火辣辣的疼。如果被大面积烫伤，那是很恐怖的事情。而太阳表面温度有五千多摄氏度，钢铁碰到就会变成气体。可想而知，太阳有多热！

师：是的，举例子这种说明方法，可以让我们对作者所写的事物有具体的感受。（师板书：具体化）请你将板书补充完整。男生女生比赛读一读第三自然段，看谁能将太阳“热”的特点读出来。（生比赛读）

师：男生女生都将太阳“热”的特点读了出来！我们一起来读！

（生读第三自然段）

师：哪个小组讨论了太阳和地球关系密切的原因？

生 1：我们小组讨论了太阳和地球关系密切的原因，我们想先请大家把 1～3 自然段完整地读一读。

生 2：从这里我们可以看出太阳有离地球远、体积大、温度高的特点，正因为具有这些特点，太阳才能给地球送来光明和温暖。

师：（板书：因为、所以）这组同学分析得很好，正因为太阳具有这些特点，所以我们可以在地球上生存。请大家带着自己的理解，一起来读一读前三个自然段！

四、主动建构

师：说明文以“说明白了”为成功，这篇课文就抓住了太阳的主要特点，运用了举例子、打比方、列数字、作比较等说明方法进行了说明，并且都“说明白了”。

（PPT 出示：说明文以“说明白了”为成功。——叶圣陶）

师：我们今后在说明事物时要注意运用这些方法，让它们成为我们写作的助手，真正让读的人有所感悟和回味。

五、主动拓展

师：今天学了这么多说明方法，咱们也来试着写一写吧。（出示课件）

> 阅读资料，选择月亮的一个特点，利用今天课上学过的方法写一写。
>
> 资料：月球是地球的卫星。它与地球的平均距离约 38 万千米，是离地球最近的一颗星球。月球直径 3476 千米，它的体积是地球的 1/49，表面积大约是地球的 1/14，质量大约是地球的 1/80。月球上的引力只有地球的 1/6。

师：（巡视点评）大家都用上了今天所学的列数字、作比较、举例子的说明方法。

师总结：太阳是我们在地球生存的基础，我们生活的方方面面都离不开太阳，下节课我们再深入研究。

板书设计：

16. 太阳

	特点	说明方法	写作指导
密切关系	远	列数字 举例子	1. 准确、严谨
			2. 查资料
			3. 引用
	大	列数字 作比较	4. 熟悉、直观
	热	列数字 举例子	5. 具体化
	（所以）（因为）		

【教学反思】语文的美，有时是理性的

语文是一门实践性课程，故实践理当是语文课堂教学中的主旋律。本篇课文所在单元的主题是说明文。《义务教育语文课程标准(2022年版)》中，第三学段的阶段目标也提到："阅读说明性文章，能抓住要点，了解文章的基本说明方法。"说明文教学首先要让学生读懂说明的事物或事例，还要让学生学习表达内容时所采用的语言手段。只有把握了这个原则，我们才会把说明文教学真正还给"语文"。因此我将本课的教学重点放在初步了解列数字、作比较、举例子的说明方法上，并让学生试着用这些方法去说明一个生活中常见的事物。

一、发现特点，初步感受说明文

"主动教育"的阅读教学提倡尊重学生自己与文本的对话，任何一堂课都不应该从零开始。我在教学本课前利用"问题生成单"了解学生的学情。从课前反馈的情况来看，学生在预习这篇说明文时，都能初步了解太阳的特点以及太阳和人类的密切关系，对于一些基本的说明方法，学生们也能辨认出相应的句子。尽管他们无法言明什么是说明文，说明文有哪些特征，但在阅读课文、预习课文后，形成了对说明文的第一印象。

二、对比评析，感受说明语言的准确性

说明文以传授知识为目的，这就要求它必须使用准确的语言，即表示时间、空间、数量、范围、程度、特征、性质、程序等的词句，都要求准确无误。小学阶段，学生接触较多的是抒情类文体，尽管说明文在教材中占据着一定的地位，但学生接触仍然相对较少。在教学说明文时，我抓住太阳和地球"远"的特点，将列数字、举例子中所用的数字及表示准确性的词语进行咀嚼、对比，让学生充分感受说明文的用词艺术。接着利用课后习题中给出的句子进行比较学习，帮助学生建立文体概念。

三、从内容入手，感受说明文的表达方式

说明文是对事物做客观说明的一种文体，目的在于说明某一事物的形态、原理等。因此在教学设计中，在说明太阳"大"的特点时，我引导学生体会文章中太阳的"大"，再试着用自己的语言来说太阳"大"的特点，在这个过程中，学生能够逐渐熟悉说明文，并能初步运用说明文的表达方式进行写作。

四、学练结合，实现说明文的学科性

叶圣陶先生说，教材无非是个例子，凭借这个例子要使学生能够举一反三，练成阅读和作文的熟练技能。学习运用语言同样是说明文教学追求的更高层次的目标，以使学生在读中理解吸收，在写中迁移运用，加深对课文内容的理解和对表达方法的领悟。这篇文章就是说明文中很好的范例。因此，我在"主动拓展"环节设置了一个"介绍月球"的小练笔，让学生把习得的说明文知识活学活用到自己的写作中去。通过此项练习，激发学生热爱自然学科的情趣，使学生的表达能力得到提高，老师也可以检验出学生对说明方法的掌握和运用情况。

【教师简介】

代慕妮，女，1986 年 12 月出生。语文教师，年级组备课组长，被评为"武汉市优秀班主任"。所撰写的《现代教育技术在小学语文教学中的应用》发表于国家核心期刊《语文课内外》，所带学生多人多次获得"楚才杯"作文大赛奖项。

读经典，品诗意语文

——《江畔独步寻花》(《语文》三年级下册古诗诵读主题教学)

【教学实录】充满诗意的课堂

一、主动感知

师：诗词是古老的咏叹，等待我们去遇见、懂得和欢喜。走进今天的古诗诵读课堂，让诗词浸润我们的心灵。

(出示“春景图”，为赏画吟诗做铺垫)

师：(轻柔语气)古诗里的春天，有千万条犹如丝带一般随风飘摇的柳枝。

(出示图片，诗句“碧玉妆成一树高，万条垂下绿丝绦”，生诵读《咏柳》)

师：(活跃语气)古诗里的春天，有追逐春风、放起风筝的孩子。

(出示图片，诗句“儿童散学归来早，忙趁东风放纸鸢”，生诵读《村居》)

师：(翘首远望)古诗里的春天，有枝头啼鸣的黄鹂，排队飞翔的白鹭……

(出示图片，诗句“两个黄鹂鸣翠柳，一行白鹭上青天”，生诵读《绝句》)

师：(导入新课)今天的课堂，我们将要诵读的依然是描写春景的古诗。这首古诗里的春天有怎样的美景呢？谁来为大家读一读诗题？

(两名同学朗读诗题)

师：“畔”在字典中的注释为边界，在这里与“江”合起来表示江边的意思。

师：你从诗题中读懂了什么？谁来说一说？

生1：在江边寻花。

师：好的。有谁能说完整吗？你觉得是谁在江边寻花呢？

生2：杜甫在江边寻花。

师：谢谢你的补充。你能从“独步”看出作者是怎么在江边寻花的吗？

生3：杜甫独自散步时在江边寻花。

师：可以这样说：杜甫独自在江边边散步边寻花。谁再读来诗题？（生大声读诗题）

师：看来大家对古诗做了很充分的的预习准备，从诗题就知道了这么多内容，咱们一起叫出这个寻花人的名字。对！就是这位大诗人，我们应该对这位诗人比较熟悉了，谁来介绍一下这位诗人？

（生介绍诗人，包括名字、朝代、字、号、代表作，师出示诗人简介）

二、主动发现

师：请同学们翻开书，自由读一读古诗，注意做到字音准确、语句流畅。

（生自由朗读，小组内相互读给组员听，互助正音）

师：读好的小组可以在组内交流预习生成单内容。（课件出示预习生成单）

小组汇报预习：生 1 汇报，提示认读“畔、蹊、娇”；生 2 汇报，领读词组“时时舞，恰恰啼”。

师：这两个小组预习准备很充分，生字读准了，古诗可以读得更通顺。哪个小组有信心将字音都读准？（小组展示齐读古诗）

师：这一组同学吐词清晰、字音准确。

师：吟诵古诗时若能读出节奏感和韵律感，古诗就更有韵味了，哪个组想挑战一下？（小组合作朗读古诗）

师：不仅字音读得准，还做到了语句停顿自然且有章法。

师：其他同学一定可以和他们一样，读通顺，读出节奏。（全班齐读）

师：在问题生成单中，有些同学提出了自己的问题，小组内交流一下，选出最有价值的问题。

生 1：我们小组想提出的问题是杜甫寻到花了吗？

生 2：我们想要了解，江边那么大，他在哪里寻花呢？

生 3：我们想要讨论的问题是，杜甫在江边散步寻花，他看到了些什么？

师：刚刚大家说到的问题，都是想要了解这首古诗中描绘了一幅怎样的春日画面。那么就让我们在朗读诗句的同时，从文字描绘的意境中想象画面吧！

三、主动参与

课件出示学路建议：

个人学习：反复诵读这首诗，这首诗中写了些什么景物？用铅笔轻轻勾画出来，并想象诗人看到的画面。（约1分钟）

小组学习：组内交流勾画的语句，并说一说你想象到的画面。推荐发言人，准备全班交流。（约2分钟）

（生读学路建议）

师：好的，请大家先开始独立学习，个人学习完毕后进行小组交流。

（一）品读一、二行诗句

师：诗中描写了哪些景物？

生：诗中描写了花、蝴蝶、娇莺。（板书：春赏 花 蝶 莺）

师：一首诗，就如同一幅美丽的画，读着读着，眼前就会出现一幅美丽的图画。哪个小组愿意分享一下？

生：我来朗读第一句诗，“黄四娘家花满蹊，千朵万朵压枝低”。从这一句诗我想象到，杜甫在江边散步，路过黄四娘家时看到门口有很多花，把树枝都压低了。

师评价：是啊！用心在读，用心在想，画面自然就出现了！

师：现在可以解决刚才提出的质疑，你觉得诗人寻到花了吗？能用一个字或词形容一下吗？

生：他寻到花了，我是从“黄四娘家花满蹊”看出来的。

师追问：你想象到什么样的画面呢？是从哪里读出来的？

生：我看到了好多好多的花。（师板书：多）

师：你们是从哪里品读出来“花很多”的？

生：满、千朵万朵、压枝低。

师：（出示“蹊”的注释）从注释中我们知道“蹊”是小路的意思，那“满蹊”指的是什么？谁能读读看？看能不能读出“花满蹊”的感觉。

生朗读：黄四娘家花满蹊。

师评价：小路都被花盖得严严实实的，我看到了花竞相开放的样子。

师：还从哪里感受到了花多？

生：千朵万朵压枝低。

师评价：太多了，又大又多的花把枝条都压弯了！再请一位同学来诵读。

（生诵读）

师：你们猜想一下，诗人在邻居家门口可能看到了哪些花呀？

（生猜想花名）

师：说了这么多种类的花，老师带大家去看看吧。（出示图片，感受花的种类多：粉红的桃花、黄灿灿的迎春花、火红的杜鹃、白里透红的杏花、五颜六色的风信子、雪白的樱花、娇艳的海棠）

师：真是让人心醉，这么多种花开在了黄四娘家门前，再来读读一、二行诗，看谁能读得更美。

（四名学生朗读第一句诗）

师（在四名学生朗读后评价）：我看到满园五颜六色的花堆满枝头，我喜欢这繁花似锦的春景图，在我眼前出现了娇嫩的海棠，抬头还看到了洁白的玉兰，肩上有飘落的樱花瓣儿呢！

师：你瞧，黄四娘家的花真多啊！各种各样的花儿竞相开放，花香扑鼻，这幅景象多美啊！请前三排的同学一起读。（生齐读此句）

师：你瞧，黄四娘家的花真多啊！这么多的花儿都挤在黄四娘家的花园里，整个花园成了花的海洋，好美啊！齐读第一句。

（二）品读三、四行诗句

师：除了看到花多而美这样的情景外，诗人还看到了什么样的画面呢？哪一组同学继续交流一下你们想象到的画面？

小组反馈学习成果：诗人还在这里看到蝴蝶跳舞、黄莺唱歌。（师板书：舞 歌）

师：谁能把你想到的画面说得更具体一些？

生：诗人看到在这么美丽的花朵间，有一些蝴蝶飞来飞去，像是在花园里跳舞一样。

师：请一位同学做一做美丽的小蝴蝶，上来观赏一下这些花。（生动作表演）

师：看，你在花园里穿梭在花丛间，都舍不得离去啊！诗中用一个词描写了这样的情景，那就是——

生：留连。

师：谁来读一读这一行？（生朗读）

师评价：是呀！因为他舍不得那五彩缤纷的花，散发着阵阵香气的花呀！

师：（贴图片）蝴蝶在花丛中时而起，时而落，时而左，时而右，正是“留连戏蝶”——

生:“时时舞”。(生做动作朗读)

师:(贴图片)黄莺也被吸引来了,立在枝头唱歌呢。请你读——

生:自在娇莺恰恰啼。

师评价:多么惬意,多么和谐,多么动听的歌声呀,多柔美的歌声啊。你这个小黄莺真是自得其乐,感受到了黄莺的自由自在。

师:是呀,蝴蝶和黄莺为春天增添了无穷的情趣与生机,你的脑海里一定出现了蝴蝶和黄莺的身影,下面分男女生合作读这两行。

(男女生合作读)

师:这些景物中你最喜欢什么?能不能结合诗句,发挥想象,把仿佛出现在你眼前的情景说一说。

生1:啊!黄四娘家门口的花儿可真多啊!你看,路边的那棵高大的树上,一朵朵洁白的玉兰好像是挂在树上的风铃,树下是红艳艳的杜鹃花,像小喇叭一样堆在草丛间。

生2:花园里粉粉的桃花都开了,散发着一阵阵香味,吸引了大大小小的蝴蝶在花朵间飞舞,有的上,有的下,还有的停在花瓣上。这里的花又多又美,她们舍不得离开。

生3:花园里开满了五颜六色的花,有红的、黄的、粉的、白的。蝴蝶在花丛中飞舞,不舍得离去,黄莺鸟飞到树梢,叽叽喳喳地唱起歌来。

师:想象力真丰富,语言真美。

四、主动建构

师:除了诗中提到的蝴蝶和黄莺不想离去,诗人也被这生机勃勃的春景图所吸引,他的心情是怎么样的?

生:他应该很高兴,出来散步看到了这么美的花,会很喜欢这些花,停下来欣赏。(师板书:欢悦)

师总结:他感觉到花儿为他开放,蝴蝶为他舞蹈,鸟儿为他歌唱,他太喜欢这幅美景了,我们一起来读读整首古诗。

(大屏幕出示:喜爱春天　赞美春天)

师:大家能试着背一背吗?自己试一试。(生自由尝试背诵)

师:还不太熟练的同学可以看着板书上的关键词来背诵。(指名背诵)

师评价:漂亮的蝴蝶在翩翩起舞,可爱的小黄莺在唱着动听的歌。我听出了那份恋恋不舍,我感受到了他热爱这么美的春天。

师：让我们和诗人一起再次走进这如诗如画的美景中吧！（生齐读古诗）

师评价：我仿佛看到了繁花盛开、百鸟争鸣的热闹景象。

五、主动拓展

师：杜甫沿着江畔散步时看到了美景，一连成诗七首，这一首是其中的第六首，老师还推荐大家读一读第五首。另外，还有一首描写春景的诗，是朱熹的《春日》，老师也想推荐给大家，你喜欢哪一首就读哪一首。

（生自由选择朗读古诗）

师：读完后在小组内交流一下你感受到的美景。

生：我从《江畔独步寻花》这首诗中感受到桃花都开了，颜色有深有浅。

师：这一首诗与我们刚才学的不同，重点写了桃花。请你带着大家读一读。

生：我从《春日》想象到在水滨有很美丽的风景，五颜六色的花朵开放，春风轻轻吹。

师：春天是踏青赏花的好时节，诗人朱熹在风和日丽的春天来到泗水之滨，无边无际的风光焕然一新。任谁都能看出春天的面貌，轻柔的春风吹得百花齐放、万紫千红，到处都是春意盎然的景致。一起来读这首诗。（生齐读《春日》）

师总结：这两首古诗同样都是写春天中美丽的花朵。杜甫的这首重点写桃花争妍斗艳的美景；朱熹的这首更大气一些，他写的是春天里百花盛开的无限春光。

师：春天的美景还有太多太多，说也说不完，（滚动播放春日图片）我们学过的与春景有关的词语也很多，一起来读一读。

（生分组朗读与春景有关的四字词语）

师：结合刚才看到的图片、读过的词语，课后我们也来写几句描写春日美景的句子吧！最后我们再一起读一读这首《江畔独步寻花》。

（生齐诵《江畔独步寻花》）

【教学反思】走进经典诗文，感悟语文美

经典诗文是文化艺苑中经久不衰的瑰宝。在小学低中年级的古诗教学中，到底该教些什么，老师们却各有自己的见解，难以达成统一。经过反复的探讨、思考和实践研究，个人认为在中年级教学中应抓住古诗这一特定内容，通过诵读、想象、感悟进行美的教育，引导学生从中获得美的熏陶，提高感受美和创造美的能力。

那么我们到底应该在中年级古诗教学的“主动感知”板块中怎么做，才能使学生“先感知再细品”“先学习再交流”，点拨学生理解诗中的精华呢？我尝试了以下几种方式。

一、反复诵读，品味古诗的语言美

古诗是用最精粹的语言写成的，在古诗教学中引导学生品味语言美意义重大。在品读之前，我们可以在诗文与相关知识之间建立链接，使学生在预热阶段就感受到蕴含在诗句中的语言美。

因此，在教学《江畔独步寻花》一诗时，我首先用与“春”相关的散文引导学生进入课堂，用优美的语言引出相关的图片，使学生感受“春”的气息。随后诵读的诗句都与此诗一样，平仄交错，能充分显示语言的音韵美。春景中的静态描写，抓住了景物的关键点；诗句中的动态描写，更是让画面活了起来。将这种动静结合的语言铺垫于此，能够让学生在之后的课堂学习中有所参考借鉴，于无声处引导学生感受诗人对用字的精心选择和设计。这对于学生来说，无论是在阅读理解、语句感悟上，还是语言文字的运用方面，都无疑有很大帮助和启迪。

二、读、看、想，感受古诗的画面美

都说“诗中有画，画中有诗”，因为两者有相似的审美特性。那怎样让学生感受到古诗中的画面美呢？

首先，应善于运用辅助手段，即该用的时候大量地进行视觉冲击，刺激学生从不同角度进行想象并补充诗文留白；不该用的时候，坚决以诵读为主。“主动感知”时的图片展示就是用色彩的视觉冲击力让学生更直观地体会花的娇艳、开得热闹。之后再诵读古诗，学生便能够以生活所见、图片所见为依据，帮助自己展开想象描述的情景，进而达到将文字变成画面、将画面表述成语言的目的。其次，应善于引导学生通过多种感官去感受，在“感知”中关注感官的调动。如果能引导学生运用眼、耳、鼻、皮肤等多种感官去体验，学生就能感受到诗中有声有色、有静有动的画面美，直观地体会到春的那份宁静美、艳丽美和那种包容万物、生机盎然的活力美。

三、提炼词句，领悟古诗的意境美

意境是美学思想中的一个重要范畴。就古诗而言，诗人往往将自己的感情、愿望寄托在所描写的客观事物之中，使自然事物好像也有了人的感情，从而创造出情景交融的艺术境界。诗人总是用比喻、夸张等方式来表现和诠释自己眼中的画面，我抓住这一特点，选取相似诗文来进入“主动感知”。无论是“万条垂下”与“千朵万朵”，还是“鸣翠柳”与“恰恰啼”，抑或是“上青天”与“时时舞”，都有异曲同工之妙，将不同状态下的春天的不同姿态呈现。整首诗情景交融，意在言外，构成了独特的意境美。

【教师简介】

喻璇，女，1986 年 4 月出生，多次获得“区优秀班主任”称号；参与多项学校课题研究，所申报的武汉市第四批教师个人课题成功结题并获得二等奖，撰写的各类论文获省、市级奖项；所执教的《江畔独步寻花》一课在“一师一优课，一课一名师”活动中分别获 2017 年度省级、部级优课。

专家点评——语文课就是训练学生读懂文字

相较于传统教学方式而言，“主动教育”教学模式最大的变革就在于：以学生为学习主体，充分发挥每一位学生自主学习的能动性，换言之，就是变老师的教为学生主动的学。

在《太阳》一课的教学中，老师充分认识到五年级的学生已经具备了一定的语言文字运用能力，在基于“问题生成单”的交流、小组学习和反馈之后，老师的教学重点迅速调整到了本次课堂教学的突破点之上，即了解基本的说明方法，体会这些说明方法的表达效果。整个教学过程中，老师都扮演着参与者的角色，让学生通过小组合作解决问题，真正把学习的主动权交给了学生。

而古诗《江畔独步寻花》的教学过程中，学生由旧知款款走入新知，教师在课前展示的一组描写春天的古诗就已经营造出了良好的课堂学习氛围。“你从诗题中读懂了什么”这一问题的提出，既是为了激发学生的已知，也是为了摸清学生的未知，起到了一石多鸟的作用。自由讨论的过程中，学生开始走进古诗深处。

“学生是语文学习的主体，教师是学习活动的组织者和引导者。”“主动教育”模式的“主动感知”环节基于以下两点教学策略构想：

(1)以问题为驱动导向。只有教师善于引导学生由浅入深、有顺序、有层次地逐步构筑问题网络，即引导学生搭建自主习得知识的路径，学生的主动学习能力才能够不断发展。“问题生成单”便是学生主动学习的有效途径。

(2)培养学生课前主动学习的意识。学生只有在课前主动学习的过程中有了收效之后，课中的感知才会是“有源之水，有本之木”。两节课上，老师们已经牢固形成了这样的“提前”意识，因此，学生的自主学习效果才会显现出来。

专家简介：徐辉，高级教师，武汉市教育局“20＋20 亲近母语行动”先进个人，湖北省中小学教师传统文化义务讲师团讲师，国家语委“语文教改实践”先进个人。

第五章　主动发现，学会质疑

新课程倡导自主、合作、探究的学习方式，培养孩子的思维能力和独立提出问题、分析问题和解决问题的能力。“发现”是在阅读教学中实施素质教育的重要途径和方法，核心是学生在教师引导下能够自主发现问题。教师要利用“质疑问难”环节教给学生质疑和表达的方法，促进学生自主学习、自主发现、自主探索，提升学生的探究能力和创新能力。

从小学阅读教学中的主动发现，到初中阅读教学中引导学生进行的自能发现，都强调学生从兴趣和能力出发，在自主感知的基础上发现感兴趣的地方，使学生能够根据学习内容进行有效质疑，并尽可能用文字和语言表达出来。我们希望以文本学习为载体，让学生在不同情境下发现、探究、解决问题，最终实现个人语文素养的提升。

欲要看究竟，处处细观察

——《乌鸦喝水》(部编版《语文》一年级上册第 13 课)

【教学实录】办法总比困难多　处处留心皆智慧

(课前三分钟——看图说话)

师:在上课之前我们来看图说话,看谁能当好老师的复读机。

师:第一句,乌鸦妈妈老了,飞不动。

生:乌鸦妈妈老了,飞不动。

师:第二句,小乌鸦找来虫子喂给妈妈吃。

生:小乌鸦找来虫子喂给妈妈吃。

师:两句合一句,乌鸦妈妈老了,飞不动。小乌鸦找来虫子喂给妈妈吃。

生:乌鸦妈妈老了,飞不动。小乌鸦找来虫子喂给妈妈吃。

师:同学们,你们觉得这是一只怎样的乌鸦呢?

生:很善良、有爱心、有孝心、很孝顺……

师:这就是家喻户晓的“乌鸦反哺”的故事。

一、主动感知

1. 揭示课题,提出质疑

师:大家请看,这就是那只有孝心的小乌鸦。(出示图片)他长什么样啊?

生:黑黑的。

师:乌鸦长满了乌黑的羽毛,“乌”是黑的意思,比“鸟”字少一点。乌鸦是一种鸟,所以“鸦”是鸟字旁。(板书“乌鸦”)谁来读一读课题?

生:乌鸦喝水。

师:课题知道了,那这节课你们最想了解什么呢?(学生提出质疑)

生 1:乌鸦是怎么喝水的?

生 2:乌鸦为什么要喝水?

生 3:乌鸦到底喝到水没?

师：下面我们就带着大家的疑问一起来学习《乌鸦喝水》。

2. 初读课文，整体感知

师：请大家把课文读两遍，第一遍读完标好自然段，第二遍读完端正坐好。

师：这篇课文有几个自然段？

生：3 个自然段。

3. 小组学习生字，全班正音

(1)出示生字学习要求：①读一读预习中圈画的生字。②在小组长的带领下选择一种识字方法进行学习。

(2)学生通过小组检查、个人挑战、全班开火车来巩固生字。

4. 生字归类，发现识字方法

课件出示生字归类：

鸦	找	许	法	放
只	旁	高	多	
乌	办	石	出	见
进				

师：为什么要按照这样的顺序来排列？

生：第一排是左右结构生字，第二排是上下结构生字，第三排是独体字，第四排是半包围结构生字。

师：我们是按照结构分类的方法来排列生字的。(将"结构分类"贴在黑板表格中)

二、主动发现

1. 细读课文，解答疑问

师：我们将这些生字再带回课文中，带着疑问来读——乌鸦为什么要喝水？(学生一边读一边思考)

生：因为口渴了。(师板书：口渴了)

2. "喝"字的发现

师：文中"喝"出现了几次？

生：3 次。

师：把文中带有"喝"字的词语画下来。

生 1：找水喝。

生2：喝不着。

生3：喝着了。

师：（师板书：找水喝 喝不着 喝着了）大家一起读。

（全班齐读）

3.发现“喝”与“渴”的区别

师：喝和渴有什么异同点？

生：两个字的右半部分是一样的。

师：两个字都有“曷”但偏旁不同。那你们有好的方法来区分它们吗？

生：喝水要用嘴巴，所以喝是“口字旁”，口渴了就要喝水，所以渴字是“三点水旁”。

4.语境中发现“找”和“到处”

师：此刻乌鸦一定很难受，老师决定帮他去找一找水，我们一起帮乌鸦找水吧。

师：都没找到。刚刚找的时候我们都用到了手，所以“找”字是提手旁。

（生学习“找”字）

师：刚刚我们在找的时候前看、后看、左看、右看，这是文中的哪个词呀？

生：到处。

5.发现宝贝——瓶子

师：口干舌燥的小乌鸦到处找水喝，他找到了什么？

生：瓶子。

师：他看到了一个瓶子，瓶子里有水。（出示课件：乌鸦看见一个瓶子，瓶子里有水）

6.发现瓶子的特点

师：大家观察一下瓶子，看它有什么特点。

生：瓶口小。

生：水不多。

师：你们觉得乌鸦喝得着吗？（板书：水不多 瓶口小）

生：喝不着。

（课件出示句子：怎么办呢？）

三、主动参与

师：乌鸦有没有想出办法呢？他到底有没有喝着水呢？请同学们自己接着往下学习，请看学路建议。

1. 出示学路建议

个人学习：

自由阅读第2～3自然段，看乌鸦是否想出了喝水的办法，并用横线勾画出相关语句。

小组学习：

在小组长的带领下读一读乌鸦喝水的方法。

2. 展开小组讨论、小组汇报，教师指导

师：乌鸦想出办法了吗？请各小组来和大家分享一下吧！

小组分享：乌鸦想出办法了。乌鸦把小石子一颗一颗地放进瓶子里，水渐渐升高了，乌鸦就喝着水了。

师：（板书：想出办法）乌鸦看到小石子后想出了办法，文中“看见”这个词出现了两次，说明乌鸦很善于观察，我们要学习他这种精神，一起读一读这个词。

生：看见。

师：这个叼着小石子的乌鸦也来到了我们身边，谁能读一读他想出的办法？（课件出示句子：乌鸦把小石子一颗一颗地放到瓶子里。瓶子里的水渐渐升高，乌鸦就喝着水了）

生：（带上头饰）乌鸦把小石子一颗一颗地放到瓶子里。瓶子里的水渐渐升高，乌鸦就喝着水了。

师：乌鸦终于喝着水了，想出这个办法一点也不容易，真为乌鸦感到高兴。

课件出示：

乌鸦把小石子__________地放进瓶子里。瓶子里的__________，乌鸦就__________。

（生看图补充句子）

3. 做小实验

师：我们来做个小实验，现在你们的手就是小乌鸦的嘴巴，把这个小石子一颗颗地叼进瓶子里，看能喝着水吗？（请部分同学上台，完成实验）

师：大家体会“一颗一颗”往瓶子里放石子的状态，文中有一个词是形容这种状态的，是哪个词？

生：渐渐。

师：大家看，瓶子里的水慢慢升高了，“渐渐”就是“慢慢”的意思。乌鸦喝着水了！

4. 讲故事，回顾课文

师：接下来我们进行故事接龙，有趣故事你来讲。

生1：一只乌鸦口渴了，到处找水喝。

生2：乌鸦看见一个瓶子，瓶子里有水。

生3：可是，瓶子里水不多，瓶口又小，乌鸦喝不着水。怎么办呢？

生4：乌鸦看见旁边有许多小石子，想出办法来了。

生5：乌鸦把小石子一颗一颗地放进瓶子里。

生6：瓶子里的水渐渐升高，乌鸦就喝着水了。

四、主动建构

师：故事讲完了，小乌鸦给你留下了怎样的印象？

生1：聪明。

生2：爱动脑筋。

生3：遇到困难不放弃。

师：我们懂得了细心观察、爱动脑筋是智慧的表现，希望在今后的学习生活中，同学们能向这只小乌鸦学习，开动脑筋想办法，通过自己的努力获得成功。

五、主动拓展

1. 故事拓展

师：在历史上也有许多了不起的孩子，他们和小乌鸦一样爱动脑筋，如曹冲、文彦博，课下大家也读一读他们的故事。

2. 书写生字

师：先来复习下本课学过的生字。

（课件出示只、石、多、出、见，生齐读生字）

师：我们要学写两个生字。（出示见、石）

生："见"字和"贝"字很像，只是"贝"最后一笔是点，"见"最后一笔是竖弯钩。

师：还要注意竖弯钩要写得舒展。我们来看"石"字。

生：石是一个独体字，那一撇要写得舒展。

师：接下来我们一起来写"见、石"。在写"见"的时候，要注意竖撇和竖弯钩这两个笔画的位置要正确，起笔都落在竖中线上，竖弯钩要写得舒展。

你们来书写一遍。

（生书写“见”字）

师：在写“石”字时要注意，石字第一笔横不要过长，撇要舒展，从竖中线起笔，下面的“口”要写得略扁。

（生书写“石”字）

师：在书写时要做到头正、身直、臂开、足安，做到三个“一”。

（生伴随音乐书写生字）

【教学反思】从发现中找到乐趣　从细节中找寻答案

阅读是语文教学的重要内容。针对一、二年级的学生开展阅读教学时，教师应践行人文关怀的理念，引导学生成为阅读过程的主角，培养学生自主学习、自主阅读的能力，提高阅读能力。以《乌鸦喝水》这一课的教学为例，在课堂上要做到以下几点：

一、质疑与探索相融合，培养阅读习惯

在阅读教学中引导学生学会质疑，培养探究能力。课前就让学生在预习单上写下自己的疑问，特别要注重在教材的重难点处进行启发式提问，培养学生的思维能力和创造能力。比如，学生提出质疑——乌鸦为什么要喝水？因为口渴了。从“喝”字入手，感悟“乌鸦找水喝—喝不着—喝着水”这一系列变化过程。随着课文推向高潮，学生最感兴趣的问题是“瓶子里的水为什么会渐渐升高”，老师引导学生合作学习，学生通过亲手实验的方式解决问题，探知答案。

二、兴趣与方法相贯通，激发阅读动力

在这节课的学习中重点进行归类识字，比如从字的构造入手，有左右结构、上下结构等；从字的形义入手，“乌”是象形文字，“鸦”是形声字等。在教学过程中，采用猜一猜、说一说等方法了解汉字发展的进程，就能激发学生的学习兴趣。

三、引导与发现相结合，提高阅读能力

寓言是一种能够激发学生阅读兴趣的文学样式。教学中应引导学生自我发现，首先可以让孩子们提出自己感兴趣的问题，再借助教具让学生自己扮演乌鸦，开展往瓶子里放石子的实验，让学生在实验中去观察、思考。同

时，通过各种各样的鼓励性评价，充分调动学生的积极性、主动性。

开展阅读教学时，要采用多样式教学方法，培育学生独立思考和合理分析的能力，在互动中引导学生掌握阅读技能，做到润物无声，久久为功。总之，教师在教学中要善于捕捉学生的智慧火花，培养他们自主阅读的能力。

【教师简介】

沈莹，女，1985 年 3 月生，武汉市常青树实验学校语文教师、年级校长。曾荣获市优秀青年教师、市优秀团支部书记、市优秀班主任等称号，参与人教社统编教材微课教学设计、课例的编写与讲授工作，参加市第二届教师语文素养大赛并荣获一等奖。

一表传世，千古丹心

——《出师表》（部编版《语文》九年级下册第22课）

【教学实录】以读品言　问答之间鉴忠志

一、激趣导入

师：同学们，大家说说诸葛亮在自己心目中是一个什么样的人物。

生1：足智多谋。

生2：知识渊博，上知天文，下知地理。

生3：他是神一般的存在。

（学生听到这句发言时，纷纷点头，眼中充满了赞同和钦佩的眼神，在学生心中，诸葛亮宛若他们的偶像）

……

师（笑）：不仅同学们对诸葛亮崇拜不已，古人也把他视作德才兼备的典范，同一时代的古人对他的才能羡慕不已——（屏幕显示）

孙权：诸葛亮具异人之略，若效于江东，吾不愁大事不成也。

刘晔：诸葛亮明於治而为相，实为国之栋梁也！

傅干：诸葛亮达治知变，正而有谋，而为之相。

刘备：君才十倍曹丕，必能安国，终定大事。

司马懿：天下奇才也！

师：后代文人竞相用诗歌来赞美他——（屏幕显示）

杜甫：出师未捷身先死，长使英雄泪满襟。

陆游：出师一表真名世，千载谁堪伯仲间。

师：世上德才兼备者众多，为何不同时代、不同身份的人都如此推崇诸葛亮？就让我们走进《出师表》来了解诸葛亮。

（师板书课题）

（九年级的学生在面对问题时，往往开始拥有自己的独立见解，针对他

们习以为常的现象多问几个问题，可以让他们有更全面、更深入的思考）

二、自能发现，确立目标

师：请大家齐读课题。（生齐读）

师：同学们在预习环节已经对这篇课文的基本内容有所了解，下面就请相濡组的代表为我们总结一下各组的预习成果。

生（相濡组代表）：通过对各组同学的预习情况进行检测，我们发现有一些同学对词类活用掌握得还不够熟练，在判断虚词词性这方面也要加强。在所有小组中致和组做得比较好，最后希望大家下一次检测取得更好的成绩，我们待会会下发答案。

（同学们都非常专注地听取评价意见，也很关注自己小组的综合表现情况。每次课前由各小组轮流进行预习情况的检测，从出题到反馈由小组自主完成，不仅巩固了学生的基础知识，更能激发学生的主动学习意识）

师：非常感谢相濡组的点评！同学们可以借助他们组整理的知识点，对基础知识以及本文的主要内容有更为完整和详细的一个把握。今天我们将在大家的预习基础之上，解决你们的疑惑。首先请熟虑组的同学展示你们从大家的预习学案中搜集到的疑难点。

生（熟虑组代表）：我们通过了解大家的预习学案，整理出了以下问题，请同学们看大屏幕——（屏幕显示）：

1. 写第八段的意义何在？
2. 诸葛亮多次在文中表达忠心的目的是什么？
3. 最后一段中“不知所言”与前文看似矛盾，如何理解？

师：非常感谢熟虑组的归纳，从他们的归纳中我们可以看到，大家的问题都集中在全文的后半部分，主要是对作者思想情感的理解。我们可以发现，主问题为“最后一段中‘不知所言’与前文看似矛盾，如何理解？”

（指导学生梳理疑问，找到核心问题。诸葛亮的“不知所言”，并不是指说话内容不清晰，而是内心的情感极为复杂，所以解决这些问题的关键是弄清作者在每一部分表达的情感）

师：接下来，我们通过设计朗读方案帮助大家解决难题。在设计过程中，请注意结合写作背景、写作意图来探寻文中所蕴含的思想情感，并尝试将你们分析出的情感朗读出来。下面小组活动开始。

（学生豁然开朗，纷纷商议本组的朗读内容）

三、自能参与，解决问题

（各组自选片段设计朗读方案，生活动，师巡视）

师：下面请同学们分组展示朗读方案，并说一说你们领会到了哪些情感。

生1：大家好，我们小组想为大家朗读的是第一、二段。请大家欣赏我们的朗读。

（作为第一个上台的小组，组长的领读非常重要。当“先帝创业未半而中道崩殂”以低沉的男声、缓慢的节奏出现时，全班同学瞬间进入课文情境中）

生2：我们感受到作者的伤感与悲哀，用了低沉的语调来读；而形势的危急会引发人们的担心和焦虑，所以我们的语速会变快。同时因为说话双方的身份不同，应体现君臣之间的礼节。

（台下学生纷纷点头赞同，并及时做好旁批）

生3：他们的分析非常细致，朗读也很到位，我们小组很有压力，不过也想展示一下。

（学生纷纷鼓掌，鼓励他们小组上台）

师：大胆展示学习成果，细心聆听同伴评价。这是我们学习的法宝啊！没关系，请带着你的组员上台展示吧。

生4：我们展示第五段的朗读设计，我们想读出长辈对晚辈的告诫及担忧的情感。

师：刚才这个小组分享了自己对课文的理解和朗读设计，入情入境！接下来我们一起欣赏一位表演艺术家的朗读，感受一下他对本文的理解和我们有什么不一样的地方。

（不同的朗读方式展示的是对文章的不同理解，引导学生更深入地理解文本）

（播放焦晃先生的朗读视频）

生5：我们感觉对最后一句的处理不一样，我们是激昂的，焦晃先生却处理为较长的停顿，我们感受到的是“无奈”。

生6：我们也有同样的理解，当时先帝已逝去，刘禅又能力不足，开篇介绍的“益州疲弊”也说明了当时还不是最佳出征状态，所以现在要出征，有些无奈。

生7：我不同意这两个小组的意见，我们感觉这是一种艰难处境之下的担忧与决心的表达。结合背景就知道，与魏国和吴国相比较，蜀国的实力不是最强的，出师有难度，先帝创业未半就已逝去。另外，根据雅和组对刘禅的介绍，我们发现，刘禅也成了诸葛亮担忧的对象，所以这里表达的是作者纠结、担忧的情感。

（鞭辟入里的分析带来了精彩的发言，同学们自发地鼓掌，表示认同）

四、自能建构，深入领悟

师：接下来请同学们归纳出作者的思想情感。

生1：有对先帝知遇之恩的报答之情，也有北定中原、兴复汉室的决心。在决心和忠心之后我们看到了那一份纠结，看到了那一份担忧。

生2：诸葛亮面对艰难的局面，最后还是决定出师北伐。在诸葛亮身上我们能够看到鞠躬尽瘁死而后已的精神，

师："鞠躬尽瘁死而后已"正是诸葛亮精神的核心。

（教师在学生发言时及时将重点信息进行板书）

五、自能拓展，实现迁移

师：在历史的长河中，很多事情并不能如人们所愿。面对诸葛亮表达的真挚情感和决心，如果你是后主，你当时听完了内心会有什么感受？

生1：我会非常开心，有这么忠心和充满智慧的人辅佐自己！我会落实他的建议。

生2：我会觉得有这样的臣子是自己的运气，但我了解过相关背景，感觉诸葛亮的陈述并没有打动刘禅，他依旧"乐不思蜀"。

师：但是诸葛亮在世世代代中国人的心中留下了深刻的印象。请大家阅读拓展资料——《武侯祠：一千五百年的沉思》，并思考：作者的思想让你对诸葛亮有了哪些新的认识。（先独立阅读并思考，再进行讨论活动）

生3：第四自然段的后半部分强调诸葛亮是一个德才兼备的人。

生4：第四段的前面介绍了杜甫、岳飞，将诸葛亮和这两人放在一起，可以看到他们有一个共通点，他们都是有理想的人，而且愿意为理想付出一切。

师：的确，虽然他们生活的年代有几百年的间隔，但对理想的追求将他们联系在了一起。

（在老师的启发下，学生对文章的理解逐步加深，自由说出对人物精神的理解）

生5：文中提及"一种庄严的召唤"，我想应该是来源于后文提到的——凛然正气、忠义之举、淡泊之志，以及为天下兴利的崇高理想。

生6：这样看来，诸葛亮在大家心目中有着崇高的地位，不仅是因为他的才能，更因为他努力去实现自己的理想，为了理想而奋斗！

师：请大家带着新的认识齐读拓展资料第四段“人人都为他……有功也不自傲”。

六、课堂小结，深化主题

师：《出师表》成为经典文章流传至今，让我们看到了中华民族的精神，这是本文最重要的价值。下面请大家带着这一份崇敬，一起朗读全文。

（学生配乐朗读课文）

师：在今天的这节课上，我们看到了人们不以成败论英雄，而是看重民族精神的展现。请大家齐读——（屏幕出示）

“在悲剧的人生中我们看到了一个大写的人——为理想而生，鞠躬尽瘁，死而后已的人，这是民族的脊梁。”

（板书：民族的脊梁）

师：好，下课，起立。同学们再见。

【教学反思】探寻文言经典中的人文精神

“学贵有疑。”“疑是思之始，学之端。”学会质疑是让学生进行有意义的学习活动的起点。以《出师表》这篇课文的教学为例，我们希望让学生学会质疑，学会探究，在同伴的协作下完成知识的获得。在本课的教学过程中，我有以下思考。

一、教师的独立思考是阅读教学的起点

学生的质疑不是漫无目的的怀疑，需要老师的有效引导，那么我们在备课时就要重视对文本的独立思考，重视自己在解读文本时的困惑点、模糊处，这些地方往往也是学生产生质疑的关键点，更是我们教学最有价值的地方。

在反复阅读的过程中，我发现在这篇情感真挚的文章里反复提及“先帝”二字，每一次表达了什么不同的情感呢？这些情感产生的原因是什么？这成了我备课的起点。

二、教学流程的层次性

从学生针对基础知识相互提问，利用工具书解决问题，到后面对文本内

容的理解，都在教师设计的情境和提供的助学资源中不断深化，都在积极实践《义务教育语文课程标准(2022 年版)》的要求——对课文的内容和表达要有自己的心得，能提出自己的看法和疑问。

三、创设情境，激发学生个人潜能

纷繁的疑问本身就是一种资源，可以让孩子们在对立中进行思辨，学会辩证地看待事物。所以我创设情境，让学生有思维碰撞的机会。教学过程中有两次主要的学生活动：①朗读方案的设计；②转换不同视角进行阅读。这两次活动改变了以前逐段分析、碎片化理解的状态，为学生提供空间产生多元化的思考，学生还给课堂的是不同凡响的精彩。

四、大胆质疑，合理分析

“有意义的学习”要求学生的质疑是有价值的，是需要结合理性思考的。在开课前，让学生结合自己的阅读体验提出问题。课堂上，我带着学生静心读文本，结合背景审视自己问题的价值。在授课过程中，学生面对“尝试从后主角度思考阅读感受”这一问题时，意见非常丰富，其中有一个小组能主动结合开课前老师和其他小组提供的背景，精读文章，使事实、逻辑和情理达成一致，从而能准确地点评课堂上的不同意见。我想，这样的学习过程不仅是一篇文章的学习，更是学生学习方法的获得，是我们让学生学会质疑的目的所在。

当然，我也有一些遗憾，在本课学习即将结束，谈到在诸葛亮身上所感受到的民族精神时，我应该将学生的关注点引到本单元的学习上，让他们在单元整体阅读的基础上拓展对民族精神的理解。

【教师简介】

万妮，女，1979 年 8 月出生，现任武汉市常青树实验学校语文教研组组长，被评为武汉市学科带头人，武汉市“百优”班主任。曾获湖北省优质课一等奖、武汉市优质课一等奖，个人撰写的论文多次发表于国家核心期刊，并参与编写《语文读本》。

专家点评——学患无疑，疑则有进

古人云，学贵有疑，小疑则小进，大疑则大进。在语文教学中，理想的状态莫过于此。教师鼓励学生主动去发现问题，勇敢提出问题，在探索过程中质疑与创造，学会如何思考后，能自己独立解决问题。

在“主动自能”课堂教学模式中，“主动发现，学会质疑”贯穿了从小学到初中的语文课堂教学。沈莹老师执教的《乌鸦喝水》，教学设计的核心理念就是紧扣“发现”一词，她将“发现”作为阅读教学中实施素质教育的重要途径。首先引导学生发现乌鸦，让学生说一说对乌鸦的印象，学生通过对乌鸦这个词的识记，对其有了初步的感知和了解。其次通过小组学习合作去发现识字的方法，让学生主动发现结构分类法，再得出识记生字最有效的方式。最后针对学生的疑惑，引导学生发现“喝”字和“渴”字之间的差异，由渴的语境让学生发现找和到处的词义。一层一层地引导学生主动发现的设计，既培养了学生细致阅读的基本功，又激发了学生参与课堂学习的热情和主动性。

而万妮老师执教的《出师表》，在精彩的引导中让学生学会质疑。通过培养学生的质疑能力，让学生在探究中发现新问题并解决，让学生自觉主动地投入课堂，真正成为课堂的主角。对于文言基础知识，学生借助课本和工具书自行梳理，主动整理自己的疑难点，将发现的问题再放入小组交流中，达成对文意的理解。在文章思路的理解上，教师又引导学生通过绘制思维导图来理清文章脉络，在朗读与展示的反复交流中，体会到诸葛亮三项举措的意义。教学目标的达成，都是通过学生的质疑实现的，体现了主动自能课堂赋予学生自我成长的力量。

专家简介：杨雪，中学语文教师。语文教学中，注重引导学生主动思考，大胆表达，求知向善，享受文字世界的美与真。辅导学生参加楚才作文竞赛、“圣陶杯”作文竞赛等，多人次获得特等奖及一、二等奖。参与编辑出版的作品有优秀作文集《榕树下》等。

第六章　主动参与，合作学习

《义务教育语文课程标准(2022年版)》倡导学生自主、自发地投入学习，淡化教师在课堂上的主导地位，把更多的主导权交给学生，把课堂还给学生。作为教师，我们时刻以学生为本，在课堂上为学生创设思考的空间，充分发挥学生的能动性，采取一切方法与手段，发展学生的思维，最终做到“一切为了学生的发展”。

在设计部编版语文教材二年级下册《狐假虎威》一课时，教师充分调动学生的积极性，让学生站在课堂的中央。在“主动参与”板块，教师先从整体入手，找到三次较量，然后带着学生一起学习第一次较量，引导学生提炼出学习方法。接着让学生用所学的方法自主学习后面两次较量，并开展小组合作学习，在小组里面交流分享自己的学习成果，组内成员互相补充完善，推选一名中心发言人，将组员们的发言进行整合，通过小组汇报的方式展示学习成果，全班同学仔细聆听，进行思维碰撞。最终提升学生自主探究和合作学习的能力。

部编版语文教材第七册第四单元课文《精卫填海》是一篇文言文。在本课的教学中，教师引领学生感受神话中神奇的想象和鲜明的人物形象，使学生对神话这种文学体裁形成初步认识。《精卫填海》教学设计的“主动参与”板块，教师特别注重培养学生的自学能力，给予充足的时间个人自学、小组讨论、全员汇报、组与组之间相互补充、学生归纳总结等，整个教学过程学生充分参与、自主探究，达到了“主动学习”之效。

在语境中感悟语文美

——《狐假虎威》(部编版《语文》二年级上册第 22 课)

【教学实录】言语的博弈　智慧的较量

师：今天咱们接着学习第 22 课《狐假虎威》。(生齐读课题)

师：上节课我们知道了这个故事的起因是老虎把狐狸逮住了，故事的结果是老虎受骗了。

师：学到这儿，你们有什么疑问吗？

生 1：狐狸是怎么欺骗老虎的？

生 2：老虎是怎么受骗的？

师：这节课我们就来研究这个问题。

师：自由读 2～6 自然段，思考狐狸和老虎有几次较量。

生：有三次。(PPT 出示三次较量的文字)

师：我们先来学习第一次较量的内容。

师：这位同学读，其余的同学认真听，听完说一说你明白了什么。

生：我从"狐狸眼珠子骨碌碌一转"读出了狐狸很狡猾。

师：她关注到了狐狸的表情，真好！(贴板书：表情)

生：他转动眼珠在想办法。

师：对！你看"眼珠子骨碌碌一转"用得多妙，一个词就把狐狸想办法的样子写得活灵活现。

师：谁能读好这个词？

(生读"眼珠子骨碌碌一转"，边读边做动作)

师：你读出了狐狸想办法时的狡猾样子。还有谁会读？

(生读"眼珠子骨碌碌一转"，读得很快)

师：你读出了狐狸很快就想出了一个办法。齐读。

生：我从"扯着嗓子问老虎：'你敢吃我？'"读出了狐狸说这话的时候声音很大。

师：你很会学习，你关注到了狐狸的动作。(贴板书：动作)请你教大家读。

生：我还读出来狐狸的意思是老虎不敢吃它。

师：她抓住了狐狸的语言。（贴板书：语言）谁会读？（生读）

师：你的朗读让老师明白了狐狸在说这句话时很有气势。（男生、女生比赛读）

师：如果你就是那只被老虎逮住的狐狸，此刻你在想些什么？

生：想要保住性命，我得先从气势上压倒他，让他弄不明白情况。

师：说得好！来，让我们一起把读懂的含义通过朗读展现出来。（全班齐读）

生：我从"一愣"明白了，听了狐狸的话，老虎很惊讶，吓住了。

师：我们把狐狸和老虎的第一次较量连起来读。（PPT 出示第一次较量的内容）

（全班齐读）

师：刚才我们抓住狐狸和老虎的语言、动作、表情，读懂了他们内心的想法，也读懂了狐狸和老虎的第一次较量。接着，我们就按这种方法，学习第二次、第三次较量。

PPT 出示学路建议：

(1)个人学习：默读 4～6 自然段，用相应的符号勾画狐狸和老虎的动作、表情、语言，试着用所学的方法读懂第二次、第三次较量。

(2)小组讨论：在小组长的带领下，选一个自然段进行分享交流，准备汇报。

第二次较量的汇报：

（第四组上台汇报，两人举白板，小组成员齐读第二次较量中关于狐狸的句子，中心发言人引导全班学习）

第四组中心发言人：我就是那只狐狸，在第二次较量里，我说了两句话，请大家跟我一起来读一读。（全班齐读）

第四组中心发言人：同学们，你们对我说的话，有什么不明白的？

生：你为什么把老天爷搬出来啊？

第四组中心发言人：因为老天爷是世界上最厉害的人，我故意吓唬老虎的。

生：百兽之王明明是老虎，你为什么说是你？

第四组中心发言人：当然是老虎啊！我是骗他的。

生：如果老虎不相信你的话，你该怎么办？

第四组中心发言人：如果他不上当，我还有其他的套路，还有，在说这些话的时候，我一定会说得有气势一些，不让他看出破绽。（学生笑）

生：你真厉害。（生竖起大拇指）

第四组中心发言人：现在你们明白我说这一番话的含义了吧？

全班：明白了。（全班掌声）

师：原来狐狸说的话都是经过深思熟虑的啊！谁来当狐狸读一读？

（生读得特别有气势，全班大笑）

师：我们都来当这只狡猾的狐狸，来读一读。（全班带动作读，效果非常好）

师：狐狸对老虎又是欺骗，又是威胁，不知道老虎是什么反应？有请老虎组上台汇报。

第六组中心发言人：我们小组找到的关键词是“蒙住了”“松开”，我们从老虎的表情和动作明白了狐狸想的办法很有效，老虎开始相信了，同学们有没有补充的？（生摇头）

第六组中心发言人：请跟我们小组齐读这句话。（生齐读，读得很有感情）

第三次较量的汇报：

第三组中心发言人：我们找到的关键词是“摇了摇”，我们从这个动作明白了，看到老虎上当了，狐狸很得意，同学们有没有补充的？

生：我觉得还有逃过一劫的喜悦。

生：我觉得还有对自己聪明机智的夸赞。

第三组中心发言人：同学们说得都很好，我提议咱们带上动作，通过朗读把我们的理解展示出来。（全班起立带动作读，效果特别好）

师小结：狐狸就是这样一步步地骗老虎的，老虎就是这样一步步地上当的。

师：你们猜后面会发生什么事？快读一读吧。（生自由读 7、8 自然段）

师：瞧，有些调皮的成语宝宝从书里跳到了我的手上，你会读吗？

（出示词卡：神气活现、半信半疑、摇头摆尾、大摇大摆、东张西望）

师：你知道这些词分别是写谁的吗？（生说，并上台贴一贴）

师：读一读 7、8 自然段的内容，然后在组内分角色演一演，老师会从你们当中选出优秀的小演员，上台表演。（生练习，师巡视，给演得好的学生戴上头饰）

（生上台表演，师采访演员）

师：原来，事情的真相是——（生齐读文章的最后一句话）

师：用一个成语来说就是——

生：狐假虎威。

师：狐假虎威这个成语现在用来比喻倚仗别人的势力来欺压人。

师：你们这么会学习！我们的生字宝宝等不及要和大家见面了！仔细观察生字“神、猪、活”的结构、比例、关键笔画，看有什么相同之处。

生：“神、猪、活”都是左右结构、左窄右宽的字。

生：神，示字旁，与神灵有关，不要写成“衣字旁”了。

师：如果关注了它们的结构、比例、关键笔画，就一定能把它们写好。

（师示范写生字，生自己描红、临写）

（投影仪投影生字，生评）

师：早在两千多年前，有人写了一本书叫《战国策·楚策一》，里面就有《狐假虎威》这篇故事，来听听《狐假虎威》的原文吧，看看有什么不同。

生：我发现这个故事跟我们的课文不一样。

师：是啊，这就是文言文，咱们三年级就会学到这样的文体了。

【教学反思】合作学习中教师的角色定位

《狐假虎威》是部编版《语文》二年级上册第八单元的课文，是根据《战国策·楚策一》改写的。课文讲述了一只狐狸如何狡猾地骗过老虎，不仅使自己逃脱危险，还借着老虎的威风吓跑其他动物的故事。接下来我就以下几个方面进行反思。

一、尊重需求，趣味游戏，促低段学生核心素养的提升

尊重学生的学习需要，激发学生的学习兴趣是实现“学生积极主动学习，提高教学效率”的前提。所以我在课堂上采用了多种形式的朗读，例如学习第一次较量的时候采用分角色朗读，学习第二次较量时采用男女赛读，学习第三次较量时采用配动作读、表演读等手段来激发学生学习的热情，让每个孩子都有展示自己的机会，让课堂洋溢情趣、生趣，并充满活力。此外，我还设计了“小组合作学习”“贴一贴”“演一演”“采访演员”等学生们喜欢的教学活动，让学生在课堂上自主、自发地参与、投入学习，淡化教师课堂的主导地位，把更多的主导权交给学生，把课堂还给学生。

二、指导方法，合作探究，促低段学生核心素养的提升

在“主动参与”板块，让学生们先从整体入手，自由读2～6自然段，找到三次较量。在学习第一次较量时，先引导学生学习狐狸语段的内容，然后提炼出学习方法——抓“语言、动作、表情”来体会狐狸的内心，最后让学生尝试用学狐狸语段的方法，自主学习老虎的语段。学完第一次较量后，学生很快就掌握了这种学习方法。接下来，在小组长的带领下，小组合作学习剩余的两次较量，我以“学路建议”的形式再次细化了学习方法与步骤，并让组长组织成员学习。课堂上，各组长组织有法，成员积极踊跃参与，通过小组汇报的方式展示学习成果，全班同学互相补充，进行思维碰撞，最终提升学生自主探究与合作学习的能力。其中有一个组让人印象深刻，他们选择的是第二次较量里面的狐狸语段，选择的学习方法是创设情境（中心发言人当狐狸，带领同学们将狐狸说的话读清楚，然后让全班同学对狐狸说出的话提出疑问），一下子就勾起了全班同学的兴趣，大家围绕文本踊跃提问。有的同学问：“你为什么把老天爷搬出来啊？”中心发言人回答：“因为老天爷是世界上最厉害的人，我故意吓唬老虎的。”有的同学问：“百兽之王明明是老虎，你为什么说是你？”中心发言人回答：“当然是老虎啊！我是骗他的。”有的同学问：“如果老虎不相信你的话，你该怎么办？”中心发言人回答：“如果他不上当，我还有其他的套路，还有，在说这些话的时候，我一定会说得有气势一些，不让他看出破绽。”最后全班同学都对这只狡猾的“狐狸”竖起了大拇指，下面听课的老师也给予了热烈的掌声。这个小组的展示为本课的教学掀起了一股小高潮。让学生成为课堂的主人，你会发现不一样的精彩！

三、角色代入，研文悟情，促低段学生核心素养的提升

小学低年级阅读教学的支柱就是朗读，学生是否读懂了课文，通过他的朗读就能明白。所以，本节课的教学中我特别注重朗读的指导。首先是读通，通过预习和第一课时的学习，扫清字词障碍，读通课文。然后是读懂，在学习第一次较量时，学生们自由读文，我引导学生抓住“眼珠子骨碌碌一转”“扯着嗓子问”“你敢吃我”这些语句，帮助学生读懂文本的内容，体会狐狸的狡猾，再把自己的感受带进去读。接着是读好，读好要“悟情”，没学课文之前，学生们就知道狐狸很狡猾，这是他们从小读故事的积累。通过狐狸的语言、表情，我们对狐狸的狡猾又有了更加具体的认识，但这还不够，还需要通过语言文字，读出狐狸内心的想法，狐狸的狡猾形象才会更加立体。所以在

教学第一次较量时，我采取了“角色代入法”，让学生把自己当成狐狸来说一说内心的想法。学生在说的过程中，通过狐狸的动作、语言、表情来揣摩狐狸的内心。我记得有一个学生是这样说的：“要想保住性命，我得先从气势上压倒他，让他弄不明白情况。”还有一个学生说：“怎么办？被老虎逮住了，我不想死，先来个出其不意稳住他再说。”此刻的狐狸不再是故事中的一个动物，而是变得有血有肉有灵魂。学生们理解到了这一层，朗读时更加入情入境，有滋有味了！

四、不足与反思

这节课的不足之处在于，课堂节奏还可以更加紧凑。在主动参与环节，小组与小组汇报之间的衔接不够紧密。另外，学习第一次较量时教师指导过于细致、琐碎，可以放手让学生自己读、自己悟，然后教师进行提炼，会更加省时。

【教师简介】

徐科，女，1985 年 12 月出生，现担任常青树实验学校年级校长一职，多次被评为区优秀班主任。撰写的《识字一》说课稿获省级一等奖；撰写的作业设计获区级一等奖，被编入《江岸区体验式作业设计集》；撰写的《班主任文化建设的思考与实践》获第十届中国班级文化论坛优秀论文一等奖。在第 27 届楚才作文竞赛中获特等奖作文辅导奖。

在情境中亲近文言

——《精卫填海》（部编版《语文》四年级上册第13课）

【教学实录】情境创设　读中滲思

师：（课件出示大海图片）你见过的大海是什么样的？

生：大海是波澜壮阔的，一眼望不到尽头，非常辽阔。

师：（师面带微笑，称赞）同学们说得都很好，大海辽阔无边！在东海上空，有这样一只小鸟（课件出示精卫鸟图片），它的形状像乌鸦，头上有花纹，嘴是白色的，还有一双红色的脚。

师：这节课我们就来一起学习第13课——精卫填海。

师：谁来读课题？（师板书课题：精卫填海）

生：第13课，精卫填海。

全体生：第13课，精卫填海。

师：（故作疑问状，看着课件出示的精卫鸟图片）谁来说一说你对精卫鸟的理解？

生1：精卫鸟是一种神鸟，它的长相很奇怪。

师：不错，从外形特点入手，对它有所了解。

生2：神话故事中的精卫鸟有不死之身。

师：神话故事的主人公有“神奇”之处，点赞！

师总结：这篇文言文出自《山海经·北山经》。（课件出示资料）

《山海经》是我国第一部描绘山川与物产、风俗与民情的地理著作，具有非凡的文献价值。其中有关矿物的记录，是世界上这一类文献中最古老的类似记录。

师：读过课题之后，你都想知道些什么呢？请同学们拿出预习生成单，以小组为单位交流。（教师巡视各小组的情况，了解学生动态，并及时给予评价、帮扶）

生1：它为什么要填平大海呢？精卫用什么填海呀？

生 2:大海如此辽阔,一只小小的鸟怎能把它填平?

生 3:发生了怎样的故事?最后结果如何?

师:学贵有疑,我们就带着这些问题读一读课文吧!把书翻到 50 页,自读课文。

师:以小组为单位,在组长的带领下学习生字。

生:我们小组是用扩词的方法来识记生字的,还采用开火车的方式轮读生字词。

师:(课件出示文中词语)老师这里也有一些词语,请一个小组来展示读。

(生齐读)

师:文言文读好停顿,才能提高语感。请听老师的范读。

(师范读全文)

师:请同学们借助标点,自己尝试读好句子的停顿。

师:他的停顿读得很好,按照他的停顿,我们一起来齐读课文。

(全班齐读课文)

师:读通了课文,还要读懂课文。下面我们带着问题学课文。(课件出示学习指导:读文—了解字意—明确句意—理解内容)了解字义可以有效帮助我们读懂全文。你积累了哪些了解字义的方法?

生 1:借助注释、联系上下文可以了解字义。

生 2:预习时的批注,在小组里与同学交流也可以了解字义。

生 3:查工具书可以了解字义。

师:依据这些方法,在小组里逐句说句子的意思。

师:(课件出示"学路建议一")谁来读学路建议?

生:(大声读)学路建议一:个人学习,自由读课文,借助注释,联系上下文理解课文每句话的意思,了解课文主要内容;小组学习,组内逐句交流句意,在小白板上记录关键字的意思,推荐发言人准备汇报。

生 1:我们小组汇报课文第一句话。"之"的意思是"的"。"名曰"是"名字叫作"。

生 2:结合课文注释,我知道了这句话的意思是"炎帝的小女儿,名字叫作女娃"。

生 3:从这句话中,我们知道了故事主人公的身份、名字。

(在预设中,教师要考虑到当一个小组的回答不够完整、细致时,要相机请其他小组进行补充发言。给予充分的时间让学生自主参与进来,在交流

中碰撞出思维的火花）

师：你们小组连字成句，准确把握了第一句话的内容。（师板书：女娃）

师：这句话中有我们今天要学习的生字“曰”，谁来当小老师提示书写要点？

生：“曰”字扁而宽，与“日”字很像，大家一定要有所区分，要把曰字写扁平。

师：还有哪个小组接着汇报？

生1：我们小组汇报课文第二句话。“游”的意思是游玩。“于”是“在”的意思。

生2：“返”是返回，“为”指化作，“常”是经常，“以”的意思是用来。

生3：结合书上的注释，我们小组知道了这句话的意思是：有一次，女娃去东海游玩，溺水身亡，再也没有回来，所以化为精卫鸟，经常叼着西山上的树枝和石块，用来填塞东海。

生4：我们知道了故事起因是游于东海，经过是溺而不返，结果是常衔西山之木石，以堙于东海。

师：（相机追问）课文题目是精卫填海，精卫与女娃是什么关系？

生：精卫和女娃是指同一个人。（相机出示课件）

师：大海广阔无垠，小小的精卫能把大海填平吗？大海会怎么说？精卫又会怎么回答呢？（课件出示：填空）

生：（用夸张的表情演绎）大海奔腾着，咆哮着，嘲笑她：“你这只小鸟，想把我这大海填平，不可能的，哈哈哈。”精卫在高空答复大海：“你不要嘲笑我，我会循环往复，铁杵成针，一定会成功的。”

师：一只小鸟想用这种办法填平大海，真是谈何容易啊！全班齐读课文第二句。

师：我们依据字义理解了每句话的意思，谁能说说课文的主要内容呢？

生：这篇课文讲的是炎帝的小女儿在东海游玩时不小心溺水而亡，她的灵魂化成了一只精卫鸟，常常从西山衔来树木和石头，把它们填进东海里。

师：你说得很完整，把握了课文的主要内容，请你展开想象，用自己的话讲一讲精卫填海的故事，注意说清楚故事的起因、经过、结果。

生：炎帝有一个小女儿，名字叫女娃，是他最钟爱的孩子。有一天，女娃驾着小船去东海游玩，不幸海上起了风浪，把女娃淹死了。女娃不甘心就这么死去，于是灵魂变成了一只小鸟，名字叫精卫。她恨无情的大海夺去了自己的生命，因此每天飞到西山去衔树枝、石头，再飞到东海投下去，想把东海填平。

师:你说得真好,故事插上了想象的翅膀,听起来更加生动了呢!(师伸出大拇指表示称赞)而我们还可以借助插图来帮助自己讲述,同桌间说一说。

师总结:是啊!文言文语言精练,课文用短短两句话给我们带来了精卫填海的故事。而女娃的样子、性格,她游海时的心情以及东海的景象,文中都没有叙述。下面我们就展开想象的翅膀,依文而思。(出示学路建议二)

依据课文想象女娃的样子、性格,她游海时的心情,她化作精卫鸟后填海的情节。与同桌说一说。

生1:炎帝的小女儿长相可爱,性格活泼,她的父亲非常喜欢她。女娃那天在东海上驾船游玩,心情快乐极了。

生2:此时女娃眼中的东海是波澜壮阔、美丽、辽阔无边的,她很喜欢在船上欣赏美丽的风景。当东海波浪滔天时,与刚刚的美景截然相反,这时海上十分凶险。

生3:女娃死后化作精卫鸟,恨这无情的大海夺去了自己年轻的生命,她决定用自己的行动来报复这大海。她常衔西山的木头、石块,说明她填海的时间非常漫长。

师:同学们说得真好,发挥想象,补白课文情节。抓关键词,提供表达支架,化字为词,变词为场景,真会学习。再把课文读一读,连起来说一说课文的大意。

师:把课文中的文言文词语转化成现代汉语,同桌之间讲一讲。

师:精卫在填海过程中可能会遇到哪些困难?面对这些困难,它是怎么做的?(课件出示)

面对狂风巨浪,精卫(　　　　)。面对他人的不解和质疑,精卫(　　　　)。面对(　　　　),精卫(　　　　)。

生:面对狂风巨浪,精卫被淋湿了羽毛,飞行起来越发吃力了,但她仍在坚持。面对他人的不解和质疑,精卫一言不发,因为她心中有目标,要把东海填平。面对辽阔的大海,精卫不为所动,坚韧不拔,循环往复,誓要填平东海。

师:这只小小的精卫鸟给你留下了怎样的印象?联系课文谈谈你的感受。

生1:精卫常衔西山的树枝和石块去填东海,从这里能够看出精卫的坚韧不拔。

生2:我从“溺而不返，故为精卫”感受到精卫不屈服于命运，勇于挑战的精神。

师:(相机板书:锲而不舍、坚韧不拔)浓浓的人情味，表达了古代人民的理想和愿望，是我们民族文化的瑰宝。我们再读全文，尝试背诵。

师:许多国家和地区也有神话故事，如希腊神话、北欧神话，有兴趣的同学可以去阅读，感受神话中神奇的想象和鲜明的人物形象。今天的作业是完成课末检测题。下课!

【教学反思】循序渐进　读文习法

《精卫填海》的教学重难点是学习生字词，正确、流利地朗读课文，背诵课文;能够准确地翻译课文，说出课文的主要内容，初步懂得精卫不畏艰难、锲而不舍的精神。我在教学中结合学古诗的方法给学生总结出学习文言文的三部曲，即读通课文、读懂内容、读出感受。引导学生利用已知的知识生成新的知识，在小组合作学习中先消化，解决基本问题，再集中解决文本难处，教学过程由易到难，学生参与度较高。采用以读代讲的方式，一步步引导孩子去感悟、去实践。灵活运用多媒体手段，让传统文化与自然等学科相互交叉、渗透和整合，营造了和谐、富有童趣的学习气氛，激发了孩子们阅读神话故事的积极性，让孩子们能自觉地去接受传统文化的熏陶。

课后我也进行了反思，在这节课中我没有及时关注“不同的声音”，压制了一些学生的质疑，没能留更多的时间让学生思考。

【教师简介】

黄晔，女，生于1985年8月，就职于武汉市常青树实验学校，多次被评为区优秀班主任，所带班级荣获武汉市先进班集体称号。在语文教学工作中能做到深入钻研，求实创新，撰写的语文教育教学论文荣获市级课题研究论文评比一等奖，多次荣获武汉楚才作文竞赛教师辅导奖。

专家点评——参与合作中悟语言精妙

徐科、黄晔两位老师的教学设计充分体现了新课程改革所倡导的三大学习方式之一——合作学习，展现了基于常青树教育集团总校长提出的生命发展教育理念所创建的主动教育教学模式。两位老师运用了主动教育教学模式的五大板块，即主动感知、主动发现、主动参与、主动建构、主动拓展。学生合作学习积极性高，参与面广，把课堂真正还给了学生，课堂上充满生命的活力。

两位老师在设计“主动参与”板块时，明确了学生合作学习的目标，她们把合作学习作为一种导向性活动，强调课堂上全员的互动交流，每一个学生都在合作学习中展示自我、发展自我、互学互动，以提高自己的语言及思维能力。

徐科老师在《狐假虎威》的教学中，引导学生完成问题生成单，让学生自主合作朗读课文，勾画出与三次较量有关的语句，尊重学生学习需求，指导学生领悟第一次较量中狐狸的语言、动作、表情，体会狐狸的心理活动，进而引导学生归纳学法，为合作学习其他两次较量的内容进行有效点拨。黄晔老师在《精卫填海》的教学中，首先让学生用无边无际、宽广等词语描述大海，感受大海与小鸟的悬殊，激发学生阅读神话故事的强烈欲望，让学生在发挥自我的过程中享受成功的喜悦，分享同学们成功的快乐，为合作学习奠定了良好的基础。

两位老师在“主动参与”这一板块中，提出有目标有方法的学路建议，使同学们在合作学习中可操作、可运用，同学们自主合作、主动参与，团队意识不断增强。

徐科老师针对低年段学生特点，有扶有放，学生在合作学习时畅所欲言，互相帮助，互为补充，互为评价，全员参与，学习主动性、积极性高，通过组际间的互评，全班同学共享合作学习的成功与喜悦。

黄晔老师鼓励学生自主发现、大胆质疑，通过合作学习归纳有价值的问题，并与小组成员共同探究。学生根据学路建议，自主读通文言文，读好停顿，培养语感。在合作学习时，学生根据课文注释、插图，抓关键词，联系生活，疏通文义，感悟形象。每一个环节学生都经历了自主感知、互相交流、互为评价，学生参与度百分之百，学习效果良好。老师在各小组间点拨，也成了参与者、合作者。

在合作学习的过程中，两位老师坚持面向全体学生，追求人人进步，使学生掌握了合作的方法与技巧，营造了一种可持续发展的合作氛围。学生在合作学习中，学会学习，学会共处，学会欣赏，综合素质得到提高，落实了合作学习的目标！

专家简介：朱虚一，湖北省特级教师。

第七章　主动建构，发展素养

《荷花》是一篇写景抒情的文章，语言生动优美，全文不到400字，却把一池的荷花写活了。而《司马光》是一篇不足50字的文言文，生动有趣地展现了机智、善良、乐于助人的主人公形象。

《义务教育语文课程标准(2022年版)》明确指出："阅读是学生的个性化行为，应引导学生钻研文本，在主动积极的思维和情感活动中，加深理解和体验，有所感悟和思考，受到情感熏陶，获得思想启迪，享受审美乐趣。要珍视学生独特的感受、体验和理解。"

因此，在进行以上两篇课文的教学设计时，应注意引导学生反复品读欣赏，使学生的情感素养、语文素养得到提升，不仅要加深学生对课文语言文字美的品味，而且要促进学生对优美词汇的积累和内化，从而更好地抒发情感。所以，在主动建构环节中，无论是学习现代文《荷花》，还是学习文言文《司马光》，都应让学生在自读自悟中掌握自主学习的方法，发挥自主能动性，在不断的语言实践中，初步掌握赏析现代美文和学习文言文的方法。通过诵读，让学生感受文质兼美的现代文和文言文的语言表达特色，把握文章脉络，掌握学习方法；借助插图、注释、工具书等，理解课文基本内容；对于相同类型的课文，能举一反三，从而提升语文素养。

悠悠荷花情，亭亭文中出

——《荷花》(部编版《语文》三年级下册第3课)

【教学实录】荷风送香气，情景共交融

(课前播放乐曲《荷》，学生闭上眼睛欣赏，在音乐中想象画面)

师：同学们，请你们用一个词来形容自己见过的荷花。

生：亭亭玉立的荷花！

生：洁白无瑕的荷花！

师：从古至今，荷花就是文人喜爱描写的对象，赞美荷花的诗篇数不胜数。人们之所以喜爱荷花，不仅是因为荷花的美丽与清香，还因为它有“出淤泥而不染，濯清涟而不妖”的品质。这样的荷花，大家想看吗？那就乘着音乐的翅膀，跟我到荷花池边去看一看吧！不过，看之前我有个小小的建议，那就是，待会儿你们在看荷花时可以指指点点，可以和你身边的伙伴交流、议论。

(课件出示荷花图)

师：今天，我们一起学习一篇有关荷花的文章。这篇文章是我国现代著名文学家、教育家叶圣陶爷爷写的。

(板书课题：3.荷花)

(生齐读课题)

师：你与叶圣陶爷爷来到美丽的荷花池边，又看见了什么呢？

(学生按照一定的顺序仔细观察后，展开了积极的讨论)

生：我与叶圣陶爷爷在一个晴空万里的早晨来到美丽的荷花池边，看见了近处盛开的荷花，有的含苞怒放，有的花瓣全都展开了，像天使的翅膀……

师：那他又是怎样来写这些荷花的呢？自由朗读课文，你觉得哪儿写得美，就多读一读那里，要求读得正确、流利，并把你觉得最美的地方读给大家听。(学生热情朗读)

师：叶圣陶爷爷又是怎样具体地写这些荷花的呢？请同学们以自己喜

欢的方式读第二自然段，可以朗读、默读、小组读，边读边想，你觉得这段话中哪个句子最美，并说说你的理由。

生：我觉得这一句最美，“荷叶挨挨挤挤的，像一个个碧绿的大圆盘”。“挨挨挤挤”说明荷叶很多，“碧绿”不是一般的绿，是清澈、通透的绿色，说明荷叶颜色很美，“大圆盘”是写荷叶形状像个圆盘，而且很大，也很美。

师：你真会读书，体会得很好，也很会说话！还有哪位同学也喜欢这一句？也来读一读！

生1：老师，我觉得这一句最美，“有的花瓣儿全展开了，露出嫩黄色的小莲蓬”。我很喜欢小莲蓬，所以我觉得很美！

生2：我觉得第二句美，它使用了比喻的方法，将荷叶比作大圆盘，还讲了荷叶的多。

生3：荷花从大圆盘中冒了出来。

师：按照自己的想象做“冒”的动作，体会“冒”的感觉。你觉得怎样的长叫“冒”？

生：快速地长！

师：那你能读出快速的感觉吗？

（生读）

师：同学们，如果这篇文章让你来写，你准备在这里用什么字呢？

生1：我可以用“跳”！

师：（竖大拇指）把“跳”字带到原句中读一遍！

生1：白荷花在这些大圆盘之间跳出来！

生2：我可以用“探”！

师：带到句子中读！

生2：白荷花在这些大圆盘之间探出来！

生3：我想用“蹦”！白荷花在这些大圆盘之间蹦出来！

生4：我用“伸”！白荷花在这些大圆盘之间伸出来！

生5：老师，我用的是“钻”！白荷花在这些大圆盘之间钻出来！

师：好一个“跳出来”“探出来”“蹦出来”“伸出来”“钻出来”！同学们，我要为你们喝彩，我想如果今天叶圣陶爷爷也在现场的话，他也一定会为你们骄傲的！描绘某些事物动作的词语，这里却用来形容荷花钻出水面的样子，不仅把荷花写活了，更写出了荷花顽强的生命力。

师：除了课文中写到的这几种荷花的姿态，你还能想象出荷花的其他不同姿态吗？

学生演示：这些冒出的荷花是什么样子的呢？

（学生边指，全班学生边用双手做出动作，并用一句话说出这朵花的姿态，以及它像什么）

生：荷花的花瓣全都展开了，像天使的翅膀。

生：荷花还是花骨朵，像人们在祈祷。

（教师画三种荷花的简笔画，板书：有的……有的……有的……）

师：请同学们用“有的……有的……有的……”描述荷花的三种姿态。

师：叶圣陶爷爷又是怎样描写这些荷花的姿态的呢？请一位同学有感情地朗读第二自然段，其他同学边听边想，勾画相应的句子。

师：大家看，这就是从挨挨挤挤的荷叶之间生机勃勃、喜气洋洋地冒出的白荷花。同学们想象一下，如果你们就是白荷花，冒出来以后，仿佛想干些什么呢？

（课件出示：白荷花在这些大圆盘之间冒出来，仿佛……）

生 1：白荷花在这些大圆盘之间冒出来，仿佛想看看外面这个精彩的世界。

生 2：白荷花在这些大圆盘之间冒出来，仿佛想深深地吸一口新鲜的空气。

师：多么可爱的白荷花呀！大家看，一个“冒”字，不但把白荷花写活了，而且使白荷花变得更美了。正像同学们说的那样，这是一种生机勃勃、喜气洋洋的美。请同学们听音乐自由读第二自然段，我们比一比，看看谁能把这荷花的美、对荷花的喜爱之情读出来。

（自由读、指名读）

师：荷花的形象是那么美丽动人，荷花的清香是那么清幽迷人，荷花的魅力是那么令人难忘，于是，面对这满池的荷花，作者不由发出这样的感叹——如果把眼前的一池荷花看作一大幅活的画，那画家的本领可真了不起。同学们，你们知道这位画家是谁吗？

生 1：叶圣陶！

生 2：大自然！

师：正是神奇的大自然为我们造就了这么美丽的画卷，是神奇的大自然让我们感受到荷花那充满向上精神的力量！多么了不起的大自然啊，不由得你不去热爱她！不去赞颂她！让我们一起与大自然对话，夸夸这位了不起的画家！

【教学反思】多层对话无穷尽，映日荷花别样红

一、与作者对话中学会观察、想象

用音乐、画面激起学生的丰富想象，让语言在想象的天空中飞驰。课程开始时，我借助音乐、画面，把学生带进蓝天白云、青山绿水、鸟语花香的情境之中，使学生心旷神怡。音乐、画面具有感染情绪的功能，学生听着、看着，情绪就兴奋起来了。

音乐、画面拓展了学生的精神空间，有的学生头脑中出现了“荷塘月色”的画面，有的学生头脑里出现了“小荷才露尖尖角，早有蜻蜓立上头”的画面，一个个都处于高度亢奋之中。我接着引入：“你与叶圣陶爷爷来到美丽的荷花池边，又看见了什么呢?”让学生、作者、文本在同一个平台上对话，学生身临其境，描绘起来生动形象。学生在描述中相互补充、相互启发，心理空间在此过程中不断扩大，语言的施展领域同时也得到扩展。

二、与文本对话中内化语言

期待，在学习中表现为一种迫切求知的心理状态。只有产生与文本对话的期待后，学生才会主动走进文本，与作者进行心理对话，从而进入真正的“读书境界”。

《荷花》一文虽然语言生动优美，但距离学生较远，很难想象出那一池荷花。因此，只有创设情境，让学生在一定的语言环境中进行自由朗读，才能够缩短空间差距，将语言文字还原成具体形象，从而激发学生体验、对话的欲望。

在教学本文时，我充分调动学生的原始积累，并与新的知识进行同构、重组，与学生的语言、情感产生碰撞而产生新的形象，从而使句子的内涵变成具体的形象在眼前浮现，化作真切的情感在心中涌动，变成生动的文字在心中流淌——荷叶、挨挨挤挤、大圆盘、荷花、嫩黄色、小莲蓬、花骨朵。

三、与情感对话时激活思维

要引导学生“读进去”，教者先得有情。教者的情感对于学生的内心体验、情感的产生，是非常重要的外部条件，它是连接教材和学生情感的桥梁。教者富有情感的言语渲染，最能打动孩子的心，最能使他们与教者、读者产生共鸣。

在《荷花》一课的教学中，从备课到上课，我都怀着一股对大自然的热爱之情。我带着兴奋、欣喜的心情对同学们说："大家看，这就是从挨挨挤挤的荷叶之间生机勃勃、喜气洋洋地冒出的白荷花。多么可爱的白荷花呀！一个'冒'字，不但把白荷花写活了，而且使白荷花变得更美了。正像同学们所讲的那样，这是一种喜气洋洋的美！这是一种生机勃勃的美！"

有感情的朗读，应该是发自内心的，当学生全身心地投入朗读时，便激活了自身的灵性，能读出真情实感。

教师应该接纳和珍视教学中的"意外"，并从学生的兴趣爱好和个性化选择出发，拓深、拓宽语文课程的内涵和外延。

【教师简介】

杨琼，女，出生于1981年9月18日。现任五年级语文教师，兼任教学组长。曾荣获区优秀青年教师、教坛新星、师德先进个人、优秀班主任等荣誉称号，先后辅导多名学生参加楚才作文比赛，荣获一、二、三等奖。致力于在语文教学中"积累与运用并重，想象与诗意齐飞"，使学生品味语言文字的精妙，提升学生的语文综合素养！

文言初尝，破句立字中玩味

——《司马光》（部编版《语文》三年级上册第24课）

【教学实录】字斟句酌　译句立字

师：同学们，你们知道吗？在中华民族悠久的历史长河里，有一些少年，他们智慧的光芒点亮了我们的童年，想认识他们吗？

（依次出示图片：①孔融让梨；②曹冲称象；③司马光破瓮救友）

师：（出示司马光图片）这个故事的主人公是谁？

生：司马光。

（板书：司马光）

师：司马是姓，光是名。大家大声喊喊他。

（生依据自己的喜好，认读“司马光”三个字）

师：像这样由两个字组成的姓，你还知道有哪些吗？

生：诸葛（孔明）、司马（迁）、欧阳（修）、司马（相如）……

一、主动感知

师：听说过“司马光砸缸”这个故事吗？哪位同学来给我们讲一讲？

（请一名学生讲述自己所了解的司马光砸缸的故事，学生绘声绘色地讲述）

师：如果把刚才同学讲的原原本本地写下来，就是白话文。而我们今天要学的是一篇“文言文”。

二、主动质疑

师：通过昨天的预习，你们是不是有许多问题在脑海中盘旋？请提问！

生1：这是叫文言文吧？该怎么学呢？

师：想找到学习的方法，很好！

生2：“没（méi）水中”是什么意思？

师：在疏通课文内容时有字词不理解，有办法解决吗？待会注意听。

生3：我可以先解答，这里应该读作“没（mò）水中”，是淹没在水中的意思。我的问题是，为什么只有司马光敢砸瓮，其他小朋友都去哪儿了？

师：（哈哈大笑）欣赏你的学习能力，很强，已经关注到了人物形象和环境的变化。

师：那我们就去看看课文是怎么写“司马光救人”这个故事的吧！翻开课本102页，自己大声地读一读。（生读）

师：读好了吗？和平时的课文有什么不同？（生自由说）

生1：文言文篇幅较短，一下子就读完了。

生2：文章旁边还有注释，像古诗一样。

生3：只有一个自然段。

生4：……

师小结：你们说得真好，这是古人写的文章，我们把它叫作——文言文（板书：文言文）。那什么是文言文呢？让我们简单了解下。

（生观看微视频“认识文言文”，初步了解文言文）

师：今天我们就来学习小学阶段的第一篇文言文，齐读课题——

三、主动参与

1. 扫清障碍，基础通关

（1）朗读生字，小老师带读。

sī	tíng	dēng	diē	zhòng	qì	chí	jiē
司	庭	登	跌	众	弃	持	皆

（自由读，指名读，开火车读）

师正音：注意读准平舌音“司”，翘舌音“众、持”，后鼻音“庭、登”。

（去掉拼音读，齐读）

（2）强调“瓮”字的读音为后鼻音。

师：“瓮”长什么样子？

（图片出示瓮和缸，让学生来猜，要求说出理由）

生1：缸一般体型较大，缸壁呈坡形，底部到缸口逐渐张开。

生2：瓮一般是大肚子，口比底略大，瓮壁有一定弧度。

教师补充：用途不同、观赏性不同。

（3）一读，意在正音。

要求：两分钟时间，用自己的速度朗读课文，能读几遍就读几遍。读准字音，读通、读顺句子。

（学生自由读课文，师相机引导正音）

（4）二读，重在停顿。

师：读古文讲究“断句”，有标点的地方当然要停顿，但在没有标点的地方，根据意思也要适当停顿。这样读，你自己比较好理解，听的人也容易听懂。

课件出示：

群儿/戏于庭，一儿/登瓮，足跌/没/水中。众/皆弃去，光/持石/击瓮/破之，水迸，儿/得活。

师：请大家拿出笔来，听老师读一遍，就像学习古诗一样画节奏。

（板书画斜线“/”，提示学习方法）

师：按照这样的停顿方法，自己再试着读一读课文，不但要读正确，更要注意句子的停顿。

（学生开始摇头晃脑地读，甚至站起来读，也可以男、女生比赛读）

2.语句品析，提升素养

师：课文读通、读顺了，那读懂了吗？我来考一考大家吧。刚才刘老师读了课文内容，发现没有司马光这个名字，这是怎么回事呀？

生：光就是司马光。

师追问：你是怎么知道的？

生：（窃笑）旁边有注释啊！

师：（板书“注释”）这是学习文言文的好方法，借助注释，我们还理解了这些字的意思。

（感谢学生的帮助，并请学生关注书上其他汉字的注释）

师：文中就只有司马光一个孩子吗？还有哪些人？用横线画一画。

生1：群儿——一群孩子。

生2：一儿——一个孩子。

生3：众——群众，众人。

生4：儿——掉进“瓮”的那个孩子。

师（故作疑惑）：这么多孩子在干什么？怎么都不去上课呀？同学们请用笔圈出文中人物的动作（戏、登、跌、去、持、破）。下面请几位同学说一下这些动作的意思，一人说两个动作。

生1：戏——戏耍、玩乐。登——攀登，爬。

生2：跌——跌倒。去——离开。

生3：持——拿着。破——打破、击破。

（1）品读句一：群儿戏于庭，一儿登瓮，足跌没水中。

师："戏"是什么意思？

生：玩耍、嬉戏。

师：一群孩子在庭院里嬉戏、玩耍，用古文来写就是——

生：群儿戏于庭。

师：语序有点不同。那么，如果一群孩子在园中玩耍呢？就叫——

生：群儿戏于园。

师：在树林中嬉戏呢？叫——

生：戏于林。

师：原来，"戏于什么地方"就是在什么地方嬉戏、玩耍。一群孩子在庭院里嬉戏、玩耍，玩得多开心啊！读——

生齐读：群儿戏于庭。

师："足跌没水中"，一不小心，脚下一滑，"呼"的一声，掉进了瓮中，水很深，一下子没过了头顶。这一切发生得太快了，只是一眨眼的工夫！所以，"跌没/水中"——

生：要读得快、急。（生比赛读，读出急切的心情）

（2）品读句二：众皆弃去，光持石击瓮破之，水迸，儿得活。

师：糟糕，接下来会发生什么事情呢？

生：许多人都抛弃掉进瓮中的孩子离开了，司马光举起一块大石头把瓮打破，水快速地涌出，小孩儿得救，活了下来。

师：当看见有人掉进瓮中时，其他小孩有怎样的反应？能想象一下当时的情景吗？

生1：（脸涨得通红大喊）救命啊，小孩掉瓮里啦！救命啊——

生2：（小声地说）有的孩子吓得一动也不敢动。

生3：有的孩子跑了，去喊其他人来帮忙。

……

师：哪些同学愿意把刚才同学们说的"众弃去"的情景，给大家演一演？

（请不同的学生表演刚才所叙述的内容，学生的表演入情入境、生动形象）

师：当小伙伴们惊慌失措的时候，司马光在干什么？

生：司马光拿起石头打破了瓮。

师：这"持石击瓮"要读得迅速有力，才能显得司马光做事果断、利落！

(点生读)

师:“破之”呢?

生:可以读慢一些。

师:为什么?前后大反转啊?

生:因为这时故事情节发生了变化,司马光应该会长舒一口气,紧张的气氛一扫而光,所以要读得慢一些。

师:哎呀,你怎么那么会揣摩司马光的心理啊!你们看图,(出示课文插图)此时的司马光,举全身之力打破瓮。你能用朗读的方式表现出来吗?

生:破——之——

(请4、5名同学模仿读,全班齐读)

师:结局皆大欢喜,所以语速要缓,语气上扬,儿——得活——

(点读,小组挑战读此句,全班齐读此句)

(3)整体回归。师生合作读,带着语气读课文。师读人物,生接后文。

(4)小组交流讨论:情节的合理性,人物形象的确立。

师:咦,如果当时你也在场,你会怎么做?小组内说说自己的想法,小组其他成员讨论他这个办法是否可行,为什么?

(小组交流讨论,引发思考,互相启发,相互辩驳,提升思辨力)

(5)讨论人物形象。

师:从司马光破瓮救友这件事上,你觉得司马光是一个怎样的孩子?

生1:司马光是一个机灵的孩子,知道就地取材,知道石头可以击破瓮。

生2:司马光是一个勇敢的孩子,其他孩子都走了,他却敢于伸出援救之手。

……

(6)了解人物。

师:同学们的评述有理有据,你们可知道这位从小机智过人的司马光,有多么了不起吗?

生:他编写了《资治通鉴》,是个了不起的文学家。

师:何以了不起?

生:据说这本书有个“第一”,好像是记录了很长一段时间的历史。

师:还有同学补充吗?(环顾四周,无人举手)那行,现在轮到刘老师出马了。

(教师播放微视频,介绍司马光及其主持编撰的《资治通鉴》)

师:司马光之所以有后来的成就,与他小时候的成长经历有很大关系。

四、主动建构

师：司马光真了不起，想记住这个故事吗？自己先试着背一背。

（生自由背诵、填空背诵、配乐全文背诵）

师：同学们，今天我们学了《司马光》这篇课文，从司马光破瓮救友这个故事中，我们看出司马光是一个机智勇敢、沉着冷静的孩子。这也是我们第一次学习文言文，你们能总结出学习方法吗？小组交流讨论。

组1：我们组总结出学习文言文最直接、有效的方法，就是借助注释、插图进行学习。

组2：我们组认为，在学习的过程中要多读几遍，所谓“读书百遍其义自见”。

组3：我们小组认为，可以查找工具书，有一种叫《古汉语词典》的工具书，古文中每个字的意思都有，我家就有一本。

师：小组讨论的结果真是棒极了！每组方法各不相同，如果融合在一起，就是一部学习文言文的“武林秘籍”了！刘老师这有一首关于学习文言文的小诗，希望能给同学们学习文言文带来帮助。

（同学们个个坐端正，聚精会神地听。课件出示学习文言文的方法）

一看二联三查找，难句多读少不了。
实在不懂做批注，文言古诗有妙招！

师：有没有同学能结合自己的学习，试着解释一下这首小诗？

生1：我知道“一看”就是看注释，也包括看插图。

生2：我来说“二联”——就是联系上下文，联系当时的时代背景。

师：看来知道得还真不少！你还扩充了刘老师的想法，点赞！

生3：查找——就是查找相关的资料，了解写作背景，要与“二联”结合。

生4：还有一点最重要，多读，这是学习语文最重要的手段，所谓“读书百遍其义自见”。

师：总结到位，读书百遍其义自见！还有同学说吗？

生5：“实在不懂做批注”，我猜测就是上面的方法都用遍了，还是不会，就把查找到的资料和信息抄写在书上，以后总有一天会明白的。

师：为你们点赞，一个个都是小老师啊！解释得非常清楚，甚至还补充了老师的方法，真好！希望同学们学以致用，在以后的学习中，运用这些方法，去读懂其他的古文，让先贤们的文字，成为滋养我们生命的沃土！

五、主动拓展

师：要不要再来挑战一次，用刚才总结的方法读另一个聪明小男孩的故事？

生：（跃跃欲试）要！

（课件出示《曹冲称象》）

师：用刚才学会的方法去读一读吧！

【教学反思】习得方法　方得始终

部编版《语文》三年级上册第 24 课《司马光》，讲述的就是我们很熟悉的“司马光砸缸”的故事。这是小学阶段安排的第一篇文言文，文章篇幅虽短小，但对于三年级学生来说有一定的难度，因为这是他们与文言文的第一次正式相遇。

一、关注学情

在做这篇课文的教学设计的时候，第一个立足点便是立足三年级学生的学习能力。学生对“司马光砸缸”这个故事的内容很熟悉，因此上课前，我让学生先回忆小时候听过的这个故事，再讲一讲，唤起回忆。这样，学生就对文言文的内容有了初步的认知，也能够激发起学生学习文言文的兴趣。

二、关注学法

其一，在指导朗读时，特别关注文言文的节奏，通过自读、师读、同桌互读、小组读等多种方式去感受朗读的魅力。划分节奏、断句而判意，由浅入深地走进课文。其二，让孩子针对课文提出自己的问题，然后分小组去寻找问题的答案。在学生自主学习与全班交流的方式中，完成了这节课的学习任务。其三，同伴启发。我在课堂结尾处设计了讨论环节：如果当时你也在场，你会怎么做？由于时间仓促，我对学生的回答没有给予很正确的评定。只是让他们在小组内交流，互相启发，大胆想象。孩子们想象力非常丰富，有说找梯子的，也有说几个小朋友像“猴子捞月亮”那样，把落水的小朋友扯上来的……听了他们的回答，我和孩子们共同推敲这些办法的可行性，有的说，要是找梯子的话，那还不如喊大人快；还有的说，几个小朋友叠在一起，下面的那个孩子能承受得住吗？孩子们的发散思维，让语文学习有滋有味。

三、关注建构

透过这节课的教学，我发现宽松的教学氛围、师生平等交流的课堂，才是孩子们成长的沃土。有了良好的课堂氛围，在“主动建构”环节才会有充分的讨论和有分量的结论。我深深地感悟到交流讨论应丰富多彩，应在学生现有的生活经验积累的基础上引导他们用心思考，展开想象，大胆创新，展示个性，这样的课堂才更有生命力。

“主动建构”包括以下几项：

构建课文内容——司马光用石头砸瓮，聪明而机智地救出掉在瓮中的小孩儿。

构建学习方法——初步接触文言文，掌握方法，学以致用。

构建情感态度与价值观——认识小时候的司马光，以小见大，为感知中国文化打开一扇窗。

此外，本节课注意培养学生的口语表达能力，注意引导学生把句子说通顺，把意思表达清楚，进而体会司马光的机智、勇敢。学生通过自己的学习体会，总结学习方法，我适时地进行补充和归纳，提升学生学习文言文的能力和语文学习能力，同时注重培养学生听、说、读、写的能力。透过这节课的实践，我再一次感受到孩子们身上所蕴藏的不可估量的学习力和创造力。

【教师简介】

刘世佳，女，1983 年 1 月生，现任武汉市常青实验小学年级组长，曾获“武汉市百优班主任”“江汉区优秀青年教师”“师德先进个人”等荣誉称号；所撰写的教学论文获市级一、二等奖；具有较强的教科研能力，多次参与国家级、省级、市级课题，均已成功立项并结题。

专家点评——读品之间提升素养

教育的根本问题直指“培养什么样的人”和“怎样培养人”。“主动教育”课堂教学模式正是聚焦于培养学生的核心素养，其理论依据之一为建构主义学习理论，该理论强调学习者的主动性，认为学习是学习者基于原有的知识经验，在文化交往活动中生成意义、建构理解的过程。其中“意义建构”是学习过程的高阶目标，是“素养提升”的重要台阶。

“主动建构”是“主动教育”课堂教学模式五个板块中的重要部分，它绝不仅限于课堂上总结提升的那几分钟，而是在课堂上利用情境创设唤醒学生，激发学生的探究兴趣，通过会话和协作活动为他们提供丰富的体验，使其在通过这些体验所获得的经验之上，顺势自然地主动建构新知识，梳理新方法，形成新思维。

刘世佳老师执教的《司马光》一课正是对以上观点的最好注解。

作为小学阶段文言文学习的开篇，在学习本课时重在初步感受文言文特点，产生学习文言文的兴趣。

开课时，教师用中华历史上的智慧少年的故事串联起课内外阅读的记忆；讲述“司马光砸缸”的故事不仅降低了学习坡度，还在白话文和文言文的比较中为初步了解文言文特点做好了铺垫。这样的情境中，学生顺势关注到文言文篇幅的特点，对如何读懂这既熟悉又陌生的文字产生了主动探究的兴趣。在师生、生生协作中，“三读”层层推进，进一步感受文言文的节奏、韵律；分句品读，聚焦人物，借助插图、注释等理解课文的意思；在小组讨论、全班交流中共享思维成果，确立人物形象。至此，学生建构课文内容，建构学习方法，建构精神生长水到渠成！

杨琼老师执教的《荷花》是一节将学生的语文素养发展放在核心地位的阅读课堂，呈现的是主动的、独特的、充满生趣的精彩。

杨老师紧扣“边读边想象画面，体会优美生动的语句”这一语文要素，引导学生聚焦语言文字，感受美，发现美，用多种形式激发学生的阅读兴趣。为了呈现叶圣陶先生笔下那池美丽的荷花，孩子们耳眼口脑手并用，全方位感受荷花的美丽，细致想象荷花的形态、颜色，甚至赋予荷花自己的体验与情感，最后紧扣“冒”字，想象自己就是那朵白荷花……孩子们读着，想象着，品味着，述说着，精彩迭出。这样在语言文字中徜徉着，孩子们的审美情趣、思维品质、语言积累等都充分融合，这正是语文素养培养与形成的过程，更是一个人的情感态度和价值观、思维方法和品质、知识和能力等综合素养发展提升的过程。

专家简介：钱艳玲，湖北省特级教师，武汉市学科带头人，武汉市高效课堂建设先进个人。赴全国多地送教并做课改专题讲座。指导多位教师获得省、市优质课大赛一等奖。

第八章　主动拓展，再度引发

语文课程是开放而有活力的母语教育课程，学习资源和实践机会无处不在，学生文化的积累和建构更多的还要依靠课外拓展与再度引发。

首先，《义务教育语文课程标准(2022年版)》指出："学生是学习的主体。应鼓励学生自主阅读、自由表达，积极倡导自主、合作、探究的学习方式。"同时还提出："语文学习应注重听说读写的相互联系，注重知识与能力、过程与方法、情感态度与价值观的整体发展。"基于"大语文观"的教学改革，对学生学习方式的转变、思想情感的熏陶提出了更高的要求，使得课堂拓展环节的作用显得尤为突出。课堂拓展对教学目标的达成起着非常关键的作用，已然成为重要的教学手段。如何设计贴合文本的课堂拓展？如何设计立足于学生的课堂拓展？如何达到良好的拓展效果，提高课堂效率？以上问题应该成为当下语文教师积极思考的方向。

其次，随着部编版语文教材的全面推行，我们不难看出其重视古典文化的渗透，注意立德树人的教学理念。从小学一年级开始就有古诗文，整个小学阶段，6个年级12册教材共选录了优秀古诗文124篇，占所有选篇的30%，和之前的人教版相比增幅达80%。古代名诗名句等一路伴随着孩子们的成长，散落在讲读课和各单元日积月累中，整个小学阶段要熟背129篇古诗文，相比旧版语文增加了60篇。古诗文体裁更加多样，从古风、民歌、律诗、绝句到词曲，从诸子散文到历史散文，从两汉论文到唐宋古文、明清小品，均有收录。古典文化的渗透，一方面注重传统美德的启蒙，一方面注重古诗文的音韵美感。重点在于，一方面要让小学生们体会古诗文的韵律美，一方面要让其汲取代代相传的民族精神。我们如何选择适合孩子的古典文化篇章进行课外拓展？怎样让孩子带着兴趣去诵读这些经典诗文？如何设计课堂的阅读环节才能引发学生对古诗文的音律和思想的探讨？以上问题应该成为当下语文教师创新实践的指南。

想象赋予诗意的文字

——《秋天的雨》(部编版《语文》三年级上册第 6 课)

【教学实录】想象赋予诗意的文字

一、主动感知

师：同学们，俗话说“一场秋雨一场寒”，夏日已然悄悄离去，初秋的第一场雨如期而至。同学们感受如何呢？那么在作者笔下，这秋天的雨又会是怎样的呢？这节课，我们一起来学习《秋天的雨》。

师：你们已经预习了课文，生字都会读了吗？自由读一读，看谁认得准。

(指名读第一行)扇子　扇哪扇哪　一曲丰收的歌

师：你的多音字读得真准！这里的“扇”和“曲”都是多音字，作为动词时，“扇”读一声，“曲”用作量词及表示“歌曲”的意思时，读三声。

(指名读第二行)钥匙　柿子　喇叭　粮食　衣裳

师：注意这里轻声要读好哦！

(指名读第三行)五彩缤纷　颜料　邮票　勾住　频频点头

师：你们真了不起，读得真棒！全班一起来齐读这些词语吧！

师：词语都读好了，接下来请同学们一边自由朗读课文，一边思考，课文从哪三个方面写了秋天的雨？

生：有一盒五彩缤纷的颜料(颜色)。

生：藏着非常好闻的气味(气味)。

生：吹起了金色的小喇叭(声音)。

师：你们真聪明。课文就是从颜色、气味、声音这三个方面来写秋天的雨的。(板书：颜色、气味、声音)

二、主动发现

师：文章读到这里，同学们，通过课前预习，你们还有什么疑问呢？

生：秋天的雨明明是透明的，为什么说有一盒五彩缤纷的颜料？

生:秋天的雨,有哪些气味呢?

师:你们真是善于思考、会质疑的孩子,接下来我们就带着这些疑问,一起继续今天的学习。

三、主动参与

师:这节课,就让我们重点领略这幅五彩缤纷的画面吧!(出示学路建议)请一位同学来读一读这则学路建议。

(生自主学习,教师巡视指导)

生:你看,它把黄色给了银杏树,黄黄的叶子像一把把小扇子,扇哪扇哪,扇走了夏天的炎热。

师:你们为什么喜欢这一句呢?(出示银杏树叶图片)

生:这银杏树叶就像一把把小扇子一样,作者把叶子想象成一把把小扇子,十分形象生动。

师:是啊,"扇"这个动词,把黄色的银杏叶当作人来写,让银杏叶动起来了。(拿出扇子,扇一扇)

师:再读一次,把你们的这份喜爱读出来!(小组齐读)

师:能否将"扇哪扇哪"改成"扇一扇"?

生:不能,如果改成"扇一扇",就不能体现出树叶缓缓飘落下来的状态,也就失去了动感。

师:你们不仅读得好,文字也运用得好,理解很贴切。"扇哪扇哪"仿佛让我们看到了银杏叶在阵阵秋风中快乐地飞舞着。(老师做飞舞状)让我们一起美美地读一读这句话吧!(全班齐读)

生:它把红色给了枫树,红红的枫叶像一枚枚邮票,飘哇飘哇,邮来了秋天的凉爽。

师:你们为什么喜欢这一句呢?生活中见过枫叶吗?(出示枫叶图片)

生:图片上的枫叶像一个个小巴掌一样,文中把枫叶想象成一张张邮票,我觉得也很形象贴切。

师:你能再读读这句话吗?尽量把"飘哇飘哇"读得缓慢一些。(生读)

师:嗯,老师眼前仿佛出现了枫叶飘落的美景。(拿出枫叶)

(出示"飘"字)

师:看看"飘"这个字的写法,注意"飘"与风有关,所以右边是"风"。

(生书写"飘"字)

生:金黄色是给田野的,看,田野像金色的海洋。

师：秋风拂来，金色的田野稻浪翻滚，美极了！能把这种美读出来吗？

（指名读，齐读）

师：读得太好了，给自己一点掌声吧！

生：橙红色是给果树的，橘子、柿子你挤我碰，争着要人们去摘呢！

（出示橘子、柿子树的图片）

师：看到这些图片，你眼前出现了什么样的画面？

生：我眼前出现了橙红色的果树，果树上的橘子、柿子多得数不清。

生：我仿佛看到这些果实都成熟了。

师：说得真好！下面请四名同学上来分别扮演橘子、柿子，大家看看“你挤我碰”是怎样的场景。

师：老师已经从刚才同学们的笑声中感受到了你们的快乐！你挤着我，我碰碰你，多快乐啊！让我们带着快乐的心情甜甜地读一读吧！

生：菊花仙子得到的颜色就更多了，紫红的、淡黄的、雪白的……美丽的菊花在秋雨里频频点头。

师：看看这些菊花仙子吧！（出示图片）

师：你看到了什么？有什么感受呢？

生：菊花仙子的颜色很多，五颜六色的。

生：这些菊花太美了！颜色绚丽多彩！

生：每一朵菊花的姿态都不同，十分好看！

师：是啊，菊花仙子的颜色有很多，显然不止这三种，所以作者用了省略号来表示。同时，你们都有一双发现美的眼睛，给你们点赞！

师：下面，我想请一位同学上来表演一下“频频点头”是什么样子的。（生表演）

师：感谢这位同学的精彩表演，宛若一位仙子在秋风秋雨中摇曳，真美！你能带着这种感受美美地读一读吗？（生读）

师：嗯，你读得真好，老师也忍不住对你们“频频点头”了！

师：看来，秋天的雨真是一位神奇的魔术师，难怪作者说“秋天的雨，有一盒五彩缤纷的颜料”。（出示第二自然段第一句）通过刚才的学习，我们现在可以理解“五彩缤纷”的意思了吗？

生：五彩缤纷的意思就是颜色繁多、色彩绚丽。

四、主动建构

师：接下来，就让我们一起用最美的朗读赞美这美丽的画卷吧！（全班

齐读）

（出示段落填空）

师：下面，老师只提供一些关键信息，看你们能不能依据这些关键词语试着背一背！

（生尝试背诵）

师：现在升级难度，再减去一些信息，应该也难不倒你们吧？

师：看来你们早已欣然享受着这秋天的雨带来的美好，接下来老师给你们加上音乐，让我们在美妙的乐曲声中一起来背一背！

（配乐，师生齐背）

五、主动拓展

师：作者通过观察，用了许多不同的表达方式写了秋天的雨带给景物们的快乐。其实在大自然中，还有很多东西都在分享着秋雨的快乐。那么，秋天的雨还会把颜色分给谁呢？

（出示例句，学生仿照例句写一写）

师：谁能用这样的句式说出自己精彩的句子？秋天的雨把____色给了____，____像____。（生交流练习）。

学生自由发言：红色给了苹果，红红的苹果像小姑娘的脸蛋……

师：在你们的帮助下，秋天变得更美丽了，秋天的雨真有一盒五彩缤纷的颜料啊！秋天的雨还有香甜的气味和好听的声音呢，分别藏在课文的三、四自然段，我们下一节课继续学习。

【教学反思】秋雨本该润物无声，滋润心田

在进行教学设计时，我以“读”为主线贯穿整个课堂，让学生在读中感悟、读中想象，把抽象的、文学性的语言转化为具体的想象，让一幅幅秋天的图画呈现在孩子们的眼前。

一、创设情境感悟美

在教学过程中，尽可能地给学生创造环境、营造气氛，以图片去感染熏陶学生，潜移默化地影响学生的情感、情趣。比如，在“主动参与”这个板块，当学生交流喜爱的句子“你看，它把黄色给了银杏树，黄黄的叶子像一把把小扇子，扇哪扇哪，扇走了夏天的炎热”时，会呈现句子中所描绘的银杏树、银杏叶的图片，让学生第一时间从画面中直观地感受美，这个时候学生会感受到把叶子想象成一把把小扇子是多么形象生动。

此外，在课堂中尽量多鼓励学生在想象中体验。在精读时，要求学生画出每个自然段中自己喜欢的句子，并展开想象，体会秋雨的神奇和美丽，再让学生进行朗读。这样一来，他们与文本的距离又更近一步了。抓住表现动态的词语，如“扇哪扇哪”“飘啊飘啊”等，让学生做动作谈感受，引导学生通过比较读体会其中的轻柔美与动感美，达到读一遍有一遍的效果。让学生在富有诗意的情境中，去学习凝聚着作家灵感、激情的文字，去品悟文章的语言美，去感悟秋天的美好。

二、文字拓展创造美

这篇课文中的生字有很多是读轻声的，教学中，我将这些词语进行了归类，并让学生通过朗读去体会，让学生自己发现词语的规律，提高教学效率，做到有的放矢。在教学多音字“扇”字时，则采用动手做一做的方法，体会它词性不同、读音不同的特点。

课文中还有许多优美的词句，在教学中，我注重引导学生去自主发现，迁移积累。这节课重点讲了第二自然段：看到了什么？让学生在读中抓住两个重点句子：“黄黄的叶子像一把把小扇子，扇哪扇哪，扇走了夏天的炎热”，“红红的枫叶像像一枚枚邮票，飘哇飘哇，邮来了秋天的凉爽。”读中让学生观察这两个句子并与同桌讨论，再说说自己发现了什么，然后拓展训练“________像________”的句式。在让学生欣赏优美句子的同时，让学生发挥想象，能说能写。通过学习比喻和拟人的修辞手法，让学生感受秋天的色彩美，引导学生观察画面、发挥想象，进行说话的迁移训练。同时，通过让学生说说秋天有哪些颜色，理解“五彩缤纷”的意思，通过找近义词的方法体会词语的意思，培养学生积累和运用的能力。

上完这节课，我发现学生有无数种可能，他们对文本的体会是多元的，有些感受是无法用语言来表述的。这节课中也有遗憾，纵使课前教学设计做得再好，可那也只是我个人的预设，而学生的表现总是会让人出乎意料的，课堂也是多变的。在今后的教学过程中，我应该多多注重细节，灵活应变，争取进步，多设计贴合文本的课堂拓展，提高课堂效率，这也应该成为当下语文教师积极思考的方向。

【教师简介】

党宁蔚，女，从事语文教学及班主任工作近 10 年。多次获各级赛课一、二等奖。有多篇论文发表于湖北省核心期刊，并收录于知网、维普、万方等学术网站。

古今联通 悦读经典

——《桃花源的故事》班级读书会

【教学实录】吟文话世外

一、回顾共情，导入新书

师：上学期，我们在班级读书活动中一起读了由《庄子·逍遥游》改编的绘本《北冥有鱼》。在读书会上，我们通过绘本与原文的比较阅读，理解了生涩的经典古文，领悟了国学大家庄子的思想精髓，更获得了美的熏陶。这节课我们将继续以这样的方式走近经典，一起去阅读一本新的绘本——《桃花源的故事》。

二、介绍作者，了解背景

师：《桃花源的故事》由中国画家蔡皋绘制，日本作家松居直配文。谁来说说这是一个怎样的故事？

生：这个故事讲的是武陵有个渔翁，驾船意外进入一个世外桃源，遇见了一群在那里安居乐业的男女老少。渔翁在那里度过了一段时日，后来回家了。回家之前，那里的人嘱咐他不要泄露这里的秘密，可是他没有做到，返回的时候沿路做了记号。后来他的事情被郡太守知道了，派人跟随渔翁去找，但是再也找不到进入桃花源的路了。

师：渔翁因为迷路而发现了意外的美好。来，打开书，咱们一起去看看那里到底是个怎样的地方吧！请大家看环衬（板书：环衬），说说你看到了什么。

生1：我看到了画面上有失火的房屋，有一位倒地的母亲，旁边是哭泣的孩子。

生2：画面上到处是凶狠的士兵、可怜的服役的青年，还有几个死去的百姓。

生3：我还看到了逃难的农民，他们破衣烂衫，很可怜。

生4：我发现画面中的这些人物都没有画上眼睛。

师：同学们，其实绘本的每一个画面都值得我们回味，都充满了作者的巧思！环衬上的图案不仅起装饰作用，也与正文故事息息相关，有时还是正文的补充和提升。这幅环衬所展现的其实是渔翁当时所处的真实世界，是一个苦难的、黑暗的社会，他们看不到光明。生活这么苦，前路一片漆黑，会有奇迹吗？来吧，咱们一起翻开书本，去见证奇迹吧！

三、对比阅读，畅聊感悟

（四名学生读前四页）

师：瞧，沿路景色逐渐变得美丽，画面也开始变化了（渐渐明朗）。这就是画家蔡皋在创作中的高明之处，他利用画面明暗的变化，让我们渐渐随着渔翁远离尘世，进入桃源。（板书：画面）这也是绘本读物给我们带来的不一样的阅读体验。

（教师读5～8页）

师：是怎样美妙的风景呢？

（指名学生接着读9～10页）

师：你们喜欢这里吗？绘本的创作者和给我们呈现的只是一种美好的意境，但是我们能感受到的其实远比这只言片语和一幅图画更丰富，因为我们可以有无尽的联想和想象。能想象出这里人们的生活情境吗？

生1：这里的人们不用担心战争，每天可以日出而作，日落而息，过着安定的生活。

生2：他们在不用劳作的时候，可以钓钓鱼，可以聚在一起喝喝茶、聊聊天，很快活。

生3：这里的孩子可以上学，放学以后可以去田野上打滚，可以去山坡上放风筝。

师：哦，原来桃花源不仅环境美好，更是一个能让人们过上自由自在、平静安乐生活的地方。瞧，文字和画面完美地融合与延伸，这也是绘本阅读带给我们的独特体验。（板书：文字　想象）

（学生配乐齐读这两页，读出美好）

师：看到此情此景，渔翁当然会觉得自己在做梦了，因为……

生：这与他的生活有着天壤之别。

师：为什么会这样？咱们接着看，你会知道答案。

（教师接着读11～16页）

生1：我知道了，这里没有皇帝和官员的压迫。

生2：我来补充，这里不参与各种纷争，没有战争，所以平和幸福。

师：是的，这里无剥削、无纷争，自然自由喜乐。只是“天下无不散之筵席”，渔翁虽然留恋不舍，但还是启程回家了。后面的故事，老师想让同学们在小组内合作阅读，读完后在小组内演一演。

（学生小组活动，请一组学生演一演）

师：故事读完了，渔翁出了桃花源，就再也没有人找到那里了。为什么会找不到呢？

（学生小组讨论后回答）

生1：肯定是渔夫做的记号被桃花源里的人发现了，他们就把记号给毁掉了，所以找不到。

生2：桃花源的人会障眼法，所以外面的人找不到。

师：你们的想象力还真丰富，观察也很仔细。但是要真正了解故事背后的秘密，我们得请出原作者和原文来为我们解密哦！

四、古今对照，深化积累

师：有人知道这个故事来自谁的作品吗？

生：老师，我知道，这是陶渊明的《桃花源记》改编的。

师：你是怎么知道的？

生：我在课外读到过这个原文。

师：你的课外阅读储备真棒！其实啊，大家舍近求远了，这些知识其实就在这本书的后记里。每本书的后记都是由编者对书籍的相关内容进行的补充，比如书籍的写作经过、出版历程或对内容的评价等。大家赶快读一读吧！

（学生自由阅读后记）

师：现在你们明白为什么找不到了吗？

生1：从后记里面我知道了，原来这是陶渊明想象中的一片净土，根本不是真的。

生2：这是因为陶渊明生活的时代太不幸福了，所以他就用文字创作了一个与现实截然相反的世外桃源。

师：是的，陶渊明在文中写到的是一个理想中的地方，那里是一个与世隔绝、阡陌交通、鸡犬相闻、没有战争、没有压迫的理想天地——“世外桃源”。

师：想知道陶渊明笔下的理想社会是怎样的吗？来读一读原文节选吧！

学生自由读：林尽水源，便得一山，山有小口，仿佛若有光。便舍船，从口入。初极狭，才通人。复行数十步，豁然开朗。土地平旷，屋舍俨然，有良田、美池、桑竹之属。阡陌交通，鸡犬相闻。其中往来种作，男女衣着，悉如外人。黄发垂髫，并怡然自乐。

师：能读懂吗？我们来玩一个游戏，检查一下你们是不是真懂了。我来读原文，你们翻到相应的绘本画面，看看咱们能不能配合得天衣无缝。

（请一位同学上来操作 PPT）

师：看来真懂了，既然懂了，咱们一起来诵读一下吧！

（学生齐读原文节选）

师：陶渊明的这篇散文被一代又一代人传颂、谈论，因为他文字中写的一草一木、一人一屋都是那么真实，但又让人感受到一种虚幻的美好。这样虚实结合，彰显理想与现实的对立，给人无穷的震撼。也因为《桃花源记》是一个多棱镜，能折射出每一个人心中的桃花源，而每一个桃花源里都有陶渊明的影子，一处桃源一陶翁。此时，你的脑海里浮现的是什么情景？你曾寻觅到平和安乐、自由自在的桃花源吗？大家说一说自己心中的桃花源。

生 1：我的桃花源就是我小小的房间，里面有我最爱的书和玩具，我在那里学习和休息，爸爸妈妈很尊重我，不会随便进去打扰我。

生 2：我的桃花源是我小时候生活过的老家，在那里我很快乐，很自由，小时候无忧无虑的。

生 3：我觉得现在我们生活的地方就是桃花源，因为我们不用担心安全，我们有爸爸妈妈的疼爱，有学校老师教我们知识，还有很多好朋友，我觉得很开心、很幸福。

师：看来，我们都是幸运儿，因为我们身处在和平安宁的中国，置身于现代化的社会，还有呵护我们的父母亲人，这不就是陶渊明曾深深向往的桃花源吗？绘本的最后，环衬为我们营造了一个梦境，在梦中，未曾见过桃花源的人能撑着飞落桃花中的这叶扁舟去寻找，直寻到弯月出山尖，直觅到桃落缤纷尽，直到夜深人静……而我们这群身处桃花源中的幸福人儿，也能撑着这叶小舟去梦中告诉陶渊明，他所希冀的世界，我们正生活其中……

全班配乐齐读：林尽水源，便得一山，山有小口，仿佛若有光。便舍船，从口入。初极狭，才通人。复行数十步，豁然开朗。土地平旷，屋舍俨然，有良田、美池、桑竹之属。阡陌交通，鸡犬相闻。其中往来种作，男女衣着，悉如外人。黄发垂髫，并怡然自乐。

【教学反思】通古今，实课堂

部编版的小学语文教材与旧版教材相比，最大的变化就是增加了大量的国学经典文段，其目的就是促进传统文化代代传承，从娃娃开始建立文化自信。所以，我就在想，除了课堂上对教材内的经典诗文进行教学外，在开展课外阅读指导课和班级读书会时，是不是也可以做一些新的尝试呢？鉴于此，利用我校重点打造的平台——读书工程系列活动，我尝试举办了一次绘本与古文相结合的班级读书会。

做第一个吃螃蟹的人，真不容易，我翻阅了大量的资料，一直在思考如何指导四年级的孩子深入地读绘本，如何将生涩的古文深入浅出地展示给孩子。在开展班级读书会之前，说实在的，心里是没有底的，毕竟不是一堂语文课，效果会是怎样的呢？我怀着忐忑不安的心情进了教室。最后效果出奇的好，讨论氛围热烈但又井然有序，孩子们不时迸发出星星点点的思维火花，下课了，孩子们还意犹未尽。

因此在读书会结束以后的反思中，我侧重从组织形式的角度总结出一些“实践经验”，以延续到下一次读书交流会中。

一、美文美读

在《桃花源的故事》班级读书会中，我没有刻意地设计“层层推进、步步为营、环环相扣、起承转合、一唱三叹”的过度推敲的课堂结构。课堂上的大部分时间都是和孩子们一起读绘本里优美的句子，或一人吟诵，或教师范读，或配乐齐读，静静地、缓缓地走入书中，体会故事的温度。

二、图文互见

在开始设计读书会时，我就在考虑该怎样带着四年级的孩子来挖掘绘本的阅读价值，在反复斟酌后，我觉得绘本不同于普通书籍的最大特点就是它有配图，而这些图与其说是文字的补充，不如说是为学生创设的思想意境。在图文互见的推敲中，我们可以引导孩子进入更为广阔的想象空间，让他们在图文的意境中根据自身的经验和理解，对故事进行补充。于是，我在课堂上设计了对桃花源的生活情景进行想象的环节。孩子们在课堂上想象着桃源中儿童牧牛、男耕女织的生活场景，美好恬静的生活状态一步步地绘于孩子们的脑海中。

三、形式丰富

优秀的儿童文学之所以“让人愉快”，就在于它趣味盎然，引人入胜，是一种有趣的文学。同样，班级读书会也要让孩子感到有趣。例如这节课中，我们让孩子表演书中的情节，让孩子围绕书中的一个话题展开讨论，而讨论也不需要有结论，没有正确答案，也就是说，这次班级读书会我让孩子们在一种“有趣”“好玩”的感觉中获得人生体验。

当然，读书会的形式可以多样，但无论是哪种形式，“书”仍然是根本，围绕书的“讨论”始终是主体，否则本末就倒置了。

四、古今结合

班级读书会就是“聊”书，这是一种不周严但又切入本质的说法。

这次选择的绘本故事源自陶渊明的《桃花源记》一文，所以在读书会的后半段我将原文的片段引入，对照绘本理解生涩的古文，又通过指导孩子们读后记，让他们了解作者陶渊明其人。而对于陶渊明写文的初衷和意义，不点破不深究，深入浅出。整个教学围绕“重激发兴趣与积累，轻理解”的宗旨开展，适合孩子们目前年龄段的特点和知识吸收能力。

思考是无止境的。这次的班级读书会给我留下了很多的思索。微观方面，教学设计上仍有很多值得再斟酌的地方。比如，在提升主旨时，要是再强调一下希冀、向往，学生的阅读会更有深度。此外，课堂上缺少整体感知，课本剧的表演设计有些突兀，需要再次修改教学设计。宏观上来说，如果希望将这类班级读书会做成系列，更好地进行课内教学的拓展延伸，进一步推进学生对传统经典篇目的阅读积累，那么我们还要进一步筛选相关的书籍，编辑相应的阅读材料，安排合适的阅读时间，创新阅读形式……这些都是下一步需要解决和落实的问题。

曾子曰：“士不可以不弘毅，任重而道远。仁以为己任，不亦重乎？”在部编版语文教材的指引下，作为语文教师能做的还有很多。在推进中华经典文化传承的这条路上，作为语文教师要走的路还很远。唯有脚踏实地，不断求索！

【教师简介】

郑玥辉，区“语文学科带头人”，两次荣获“武汉市优秀班主任”称号。曾参加武汉市心理健康优质课比赛并获一等奖，武汉市语文优质课比赛获二等奖。参与教育精准扶贫，送教大凉山工作。

专家点评——连通课内外，拓展读写力

《义务教育语文课程标准(2022年版)》指出："教学中努力体现语文课程的实践性和综合性。"这鲜明地告诉我们：语文教师应该善于通过多种方式，让学生在各种语文实践中去学习语文，学会学习。善于沟通课堂内外，沟通听说读写。

两位老师的案例，课型截然不同，但是对于深刻理解和践行课程标准，灵活运用教材进行语文教学活动，特别是语文实践活动，都进行了极为有益的探索。他们在课堂教学过程中无一例外都进行了基于教材和教学内容的拓展。

《秋天的雨》一课，老师引导学生抓住重点句，抓关键词，品读课文，并且在学生熟读成诵，对课文段式、句式特点以及色彩绚丽的静态美和摇曳多姿的动态美有了感性认识之后，以出例句的形式让学生仿写，从读到写，读写结合，相机拓展。拓展时机适当，拓展深度合理。

《桃花源的故事》班级读书会，老师和学生一起，以图带文，图文结合，文白相应成趣。老师整节课的"大部分时间都是和孩子们一起读绘本里优美的句子，或一人吟诵，或教师范读，或配乐齐读，静静地、缓缓地走入书中，体会故事的温度"。不经意之间，学生对经典文言文魅力的向往已经悄然萌发。从浅显、形象的绘本故事逆向拓展到文质兼美的经典文言文，水到渠成，浑然天成。

"生命发展教育"理念下的"主动教育"教学模式的核心要义就在于：我们追求的课堂是生命成长的课堂，是关注生成和发展的课堂。我们必须运用教材，挖掘语言文字的深层魅力，给学生以成长的空间和力量。

由此，给我们三点启发：

课堂拓展的时机非常重要，应该在学生充分领悟教材内容，初步掌握语言文字运用方法的基础之上，顺势而为地进行拓展。否则，拓展只会流于形式。

课堂拓展的途径是丰富多样的，《秋天的雨》一课是从读到写，《桃花源的故事》一课则是从课内阅读到课外阅读。要抓住课堂拓展延伸的切入点，需要我们教师善于把握教材特点，灵活运用。

课堂拓展的深度需要我们教师充分关注每一个学生的成长，正如《秋天的雨》一课中的迁移仿写，教师给了学生例句，先以填空形式写，再逐步过渡到整句，为每一位学生留足了成长的空间。而《桃花源的故事》拓展的意义在于：在润物无声中将课外阅读的种子播撒到学生的心田，这种力量正是生命成长的动力。

专家简介：徐辉，高级教师、区语文学科带头人。武汉市"20+20亲近母语行动"先进个人，湖北省中小学教师传统文化义务讲师团讲师，国家语委"语文教改实践"先进个人。

第九章　以读促写，读写相长

读写结合能力是语文教学中重点培养的能力。教师以教材、课外阅读资料为蓝本，将阅读和写作有机融合，要求学生经过自我认知和深入理解之后，将文本内化为自己的思想情感，并能适时输出，生成建构与运用、鉴赏与创造的语文核心素养。

叶圣陶先生说过："阅读是吸收，写作是倾吐。"《义务教育语文课程标准（2022年版）》也明确指出："在作文教学中，要引导学生把从阅读中学到的基本功，运用到自己的作文中去。"可见，"以读促写，读写相长"是语文能力训练的必由之路。学生在教师的指导下，通过阅读感受与认知文本，在此基础上进行语言运用实践，由感悟理解到内化于心，提升学生的文学鉴赏能力及语言运用能力。

课本中有一些经典文章，在遣词造句、题材选取、布局谋篇、写作技巧等方面，无不独具匠心，是学生模仿习作的典范。还有一些蕴含深厚情感和独特思想的文章，能引发学生的情感共鸣，激发富有个性的审美想象。教师整合应用教材资源，适时进行拓展，能为学生读写能力的发展与提升开辟一方广阔的空间。接下来以莫怀戚的散文《散步》和老舍的散文《猫》为案例，呈现我校老师探索读写结合的语文教学实践。

心灵的“散步”，涵咏人间情

——《散步》(部编版《语文》七年级上册第 6 课)

【教学实录】品味情景理，涵咏人间情

一、导入

师：同学们，亲情是甘泉，给我们枯干的心灵以滋润；家庭是港湾，为我们遮蔽一生的风雨。朱自清因为有了家的温馨而忘记了冬城的冷寂，杨绛先生因为有了家而视苦难为人生曼妙的风景。今天就让我们走进莫怀戚先生的家，陪同他们一家三代去散步，分享他们之间那浓浓的亲情。

师：昨天，大家对这篇文章进行了初步的预习，那么今天有请我们的学习小导师带领大家一起来感知课文。好，有请小馨同学！

二、初步感受亲情，理清故事情节

生 1：同学们，这篇文章中讲述的事件发生的时间是什么时候？地点在哪里？有哪些人物呢？

生 2：初春，田野。

生 3：人物有“我”、妈妈、儿子和妻子。

生 1：那这篇文章的中心事件是什么呢？

生 4：一家人去郊外散步，发生了分歧。

生 1：事件的开端是什么？

生 5：母亲不愿意出去走走，我劝她出去，于是一家人去郊外散步。

生 1：事件的经过是什么？

生 6：母亲想走大路，因为大路比较平坦；儿子想走小路，因为小路比较有意思。

生 1：那么事件的结果是什么呢？

生 7：母亲顺从了孙儿，走小路。

师：非常好。小馨带着大家梳理了故事的情节。大家在预习时觉得这篇文章讲的不仅仅是亲情,似乎还有其他的东西一直萦绕着我们,那么今天我们就这个问题来探讨一下这篇文章的深层意蕴。

师:这篇文章取名为"散步",如果换一个角度,另拟一个题目,你会以什么为题? 说说你的理由。请同学们一起大声朗读学路指南(出示 PPT),给大家 2 分钟时间讨论。

师:好,现在请云痕组给大家说说他们的想法。

生 1:我们所讲的主题是"温馨和谐",我们起的标题是"无声的爱",文中的一家人对彼此的爱都很深厚,但是从未说出口,都在行动中自然流淌。"我"的性格是孝顺、体贴、温和、稳重的。(板书:"我"——孝顺 温和)

生 2:从文中也可以看出他们是互敬互爱、相互依赖的。

生 3:"母亲本不愿出来的……就像我小时候很听她的话一样。"说明"我"为母亲的身体着想,体贴关心。

生 4:文中的妻子非常温柔贤惠,在外面尊重"我"的意见。

生 5:母亲为了孙子,放弃了走大路的想法。"还是走小路吧"说明母亲理解孙子的心思,决定自己克服困难,满足小孙子的心愿,体现出中华民族"爱幼"的传统美德。

生 1:总之,这一家人是温馨和谐、互敬互爱、互相依赖,彼此为对方付出的一家人…………

师:还有没有其他的同学读出了不同的味道呢? 好,请溪峪组上台发言。

生 1:我们要说的主题是"孝顺",文章标题为"三代"。

生 2:从第一自然段中可以看出,课文写的是三代人去散步,"我们在田野上散步:我,我的母亲,我的妻子和儿子"。"我"是一家之主,当然排在最前面。母亲被排在第二位,放在我的妻子和儿子之前,说明儿子很敬重母亲,老母亲在家里是有地位的,这是"孝"的体现。

生 3:"太迟,太迟了"体现了"我"对母亲身体的担心,盼望母亲能熬过严冬。

生 4:"我"最后决定委屈儿子,走大路,因为"我"认为自己伴随母亲的日子不长了,想多珍惜和母亲共处的时光,俗话说"子欲养而亲不待","我"不想留下这样的遗憾。

生 5:最后,我背起了母亲,妻子也背起了儿子,这幅画面让我们感受到尊老爱幼的中华民族的优良传统。

师:很好! 看法独到。还有哪些小组要发表自己的见解呢?

生 1：请大家一起朗读第六段！我们的主题是“责任与使命”，我们拟的标题是“肩上的责任”。

生 2：母亲早已习惯依从她那高大的儿子，儿子才习惯依从他那高大的父亲，早已习惯和才习惯体现了上一代的母子关系和下一代的父子关系，而“我”就是中间的桥梁，背负着很重大的责任。

生 1：“我”在家是“领袖人物”，这里是大词小用，体现了我在家里的重要地位。

生 3：“但我和妻子都是慢慢地，稳稳地，走得很仔细，好像我背上的同她背上的加起来，就是整个世界。”以轻衬重，我们的小家是轻，整个世界是重。对于作者而言，他们的家就是整个世界。

师：是啊，对于作者而言，家庭的快乐、健康、和谐就是整个世界。

生 1：我来补充一下，这里体现了家庭在我心里的分量之重，比自己的分量都还要重，这也是一代人的责任和使命。

师：很好，大家把这里的背上的世界、责任和使命感分析得非常透彻。这里的世界，不仅是爱的世界，也是一个生命传承的世界，更是一个社会责任的世界。让我们一起把这一段再读一遍。（全体朗诵）

师：这个世界需要我们去传承，需要我们去共同打造。

三、品味文题，悟景物描写妙用

师：大家再思考一下，课文标题为“散步”，云淡风轻的标题却含有如此深沉的意蕴，那么大家觉得作者为什么取题为“散步”呢？

生 1：“散步”直接点明了本文叙述的主要事件，也传达出舒缓从容、娓娓道来的感情基调。

生 2：这篇散文以小写大，折射出家庭的温馨和人性的光辉。

生 3：虽然这篇文章写的事件很简单，内涵却非常丰富，让我们体会到一家人的快乐、幸福。虽然语言很朴实，但能感受到透心的温暖。

师：是的，最朴实的语言其实就是最感人、最有张力的。

师：文章以叙事为主，其中穿插了一些写景的句子，请把它们读出来，品味这些景物描写的作用。（全班朗读）

> 这南方初春的田野！大块儿小块儿的新绿随意地铺着，有的浓，有的淡；树上的嫩芽儿也密了；田里的冬水也咕咕地起着水泡儿。这一切都使人想着一样东西——生命。

生1:"新绿随意地铺着""嫩芽儿也密了""冬水也咕咕地起着水泡儿",都给人们渲染着一种生命的活力,尤其是"铺""密"这两个动词,充分表现了春天草木萌发的朝气。

生2:传达出万物复苏的情景,还展现了一家人散步的美好情景和幸福心情,让人觉得温馨和谐。

师:景物描写还有什么作用呢?

生3:在结构上推动着故事情节的发展。

师:是的,景物描写拉开了散步的序曲,同样也让结尾更加意蕴无穷。(全班齐读)

她的眼睛顺小路望过去:那里有金色的菜花,两行整齐的桑树,尽头一口水波粼粼的鱼塘。

我们就在阳光下,向着那菜花、桑树和鱼塘走去了。

师:这些句子点染了春天的美丽和生机,预示着全家人沐浴着亲情,如阳光般温暖和煦,其乐融融,向着温馨美好的未来走去。

四、以读促写,即兴创作诗歌

师:同学们,在"散步"中,我们感受了文章丰富而又深厚的内涵,美妙而富有情趣的诗意化语言,请即兴创作一首诗歌,表达内心的感受。(现场写作,3分钟)

展示学生作品:

生1:

落霞的余晖洒下一地的温馨
小道上拉长了两个瘦削的背影
点点光圈
缀连成一串串幸福的表情
前面也是妈妈和儿子
后面也是妈妈和儿子
一头是开始
一头是延续
多少次生命的轮回
都在时间的河流里走走停停

生2：
初春的田野上
生命在阳光的沐浴下闪烁着金色的光芒
大地上一行行桑树青翠葱茏
踩一下，地上的桑叶簌簌作响
是阳光的歌之声
你可嗅到油菜花的方向
你可听到泉水叮咚的回响
来吧，我们一起去田野上散散步吧

师总结：来吧，我们一起去散散步吧，希望我们今天带来的不仅是田野上的散步，还有一次次心灵的散步！好，今天的课就上到这里，下课！

【教学反思】石火光中见此身——生命的感悟

《散步》是一篇清新优美的散文。其构思之精巧，遣词之精巧，内涵之丰富，令人叹服。尤其在情理交融上，浑然一体。

这堂课主要有以下特色和亮点：

(1)课堂设计新颖别致。整个课堂由一个主问题贯穿始终。和传统的课堂不同，这节课的设计没有按部就班地分析故事情节，赏析文中温情脉脉的语言，而是直接从散文所体现的主题入手，具有很深的文化内涵和思想空间。

(2)注重学生立体思维的构建。从拟定新的标题，到从文中找出对应的语句来阐释所拟的标题，到最后的读写结合，都体现了围绕一个观点支撑语意的表达和思维能力，对学生整合信息、提炼观点、有理有据地阐明观点的能力有很高的要求。

(3)课堂呈现出开放的态势。本节课的学习目标是让学生感受亲情，探究文章的思想内涵。学生情感的触发点有很多，有对文中家庭关系的解构，有对人到中年时责任和担当精神的感慨，呈现出孩子们情感的流露和思想火花的绽放。

当然，一堂课对于老师而言，在收获过程的丰富和愉悦感之外，也会有些许遗憾。有的小组在发言时没有进行细致的分工、协调，前后衔接有时也缺乏连贯性，所以在分析一些重点句子时不够出彩。最后的读写结合也应该留给学生足够的空间，以展示他们的精思妙想。

【教师简介】

冯春年，初三语文备课组组长。执教的《闻一多先生的说和做》入选“中国好课堂”，曾获湖北省“三新”作文教学研讨论文一等奖，江汉区“三优课”评比二等奖，楚才作文辅导教师一等奖，以及武汉市“百优班主任”、江汉区“教书育人先进个人”等荣誉称号，现任江汉区语文中心组成员。

着眼于生活，情动而文生

——《猫》（部编版《语文》四年级下册第13课）

【教学实录】以读促写，教学相长

课前导入“你说我猜”的游戏，老师出示卡片，请学生比动作加声音，其他人猜动物名称。

师：很多同学都很喜欢小猫，今天我们一起去学习老舍的一篇写猫的文章。请大家拿出右手食指，跟老师一起板书课题。（齐读课题）

一、主动感知（初读，扫清生字障碍，整体感知文章脉络）

师：经过预习，我们认识了一些新的生字和词语，请小老师带着大家读一读。

师：注意多音字，你会组词吗？

生：屏 bǐng（屏息凝视）píng（屏障），折 zhé（曲折）shé（枝折花落）。

师：请大家默读课文，想一想，围绕猫的特点，老舍先生写了哪几层意思？分别在课文哪些部分？（方法提示：找出能概括段落意思的关键句段）

生：1～5段：猫的性格实在有些古怪；6段：满月的小猫们就更好玩了。

师：请第四小组的同学合作读一读课文，其他同学认真听一听，你发现了什么？

（第四小组合作读课文）

生：第一段“猫的性格实在有些古怪”是总起段落，二、三、四段写猫的性格是如何古怪的。第五段“这种古怪的小动物，真让人觉得可爱”呼应开头，是个过渡段，承上启下，引出了下文。

师：回答问题有条有理，很棒！被你们发现了其中的奥秘，本文从两方面写了猫性格古怪及满月小猫淘气可爱的特点，具有很鲜明的总起分述的特点。

二、主动发现（再读，根据文章内容提出问题）

师：默读课文，围绕课文内容，你想提出哪些问题来让大家一起解决呢？

生：文中哪些语句可以看出猫的性格古怪？文中哪些语句可以看出猫的可爱？作者是怎样表达对猫的喜爱之情的？

师：读完课文，能经过思考提出有价值的问题也是一种很好的学习方法，今天我们就带着这些有价值的问题走进《猫》。

三、主动参与（精读：抓住文章语言及关键词体悟文章写法，感受作者情感）

师：我们常听人说，“这个人的性格真古怪！”怎么猫还古怪呢？读第一句话。

生：（齐读）猫的性格实在有些古怪。

师：这是一个总起段落，这里的古怪可以理解为——（生七嘴八舌）

生：奇怪、有趣、与众不同。

师：你们说的都有一定的道理。（出示句子：①猫的性格实在有些古怪。②猫的性格有些古怪）哪一句表达效果更好？

生：加上“实在”更能突出猫的古怪。

师：谁能把这个“实在”换个词来说，意思不变？

生：猫的性格的确有些古怪。猫的性格真的有些古怪。

师：带着这些理解再读这句话。

生：（指名读）猫的性格实在有些古怪。（生读的时候强调“实在”一词）

（一）品读一到五自然段，感受猫的性格古怪，体会作者的写法

（师出示学路建议）

生：请大家看课文第二自然段，我们小组找到了这些关键词——老实、贪玩、尽职，从这几个词我们感受到猫的性格古怪。（板书关键词）

生：请大家看第三自然段，我们小组找到了温柔可亲、一声不吭这两个关键词语，猫心情好的时候和不好的时候完全不一样，太古怪了。（板书关键词）

生：我来补充，我们小组从第四自然段还找到了什么都怕、勇猛这两个词语，又胆小又勇猛，真是很奇怪。（板书关键词）

师：请同学来读一读第二段。（指名读）

师：这一段用一句话来说就是“猫老实、贪玩，又尽职”。作者怎样把内容写具体的？

生：写猫老实是“成天睡大觉，无忧无虑，什么事也不过问”。

师：在生活中有没有见过猫这样老实的画面，是怎样的？

生：我暑假在奶奶家看到他们家的猫喜欢在花丛里晒太阳，懒洋洋的。

师：请你来读一读写它老实的句子。

生：我们家的猫就喜欢睡觉，偶尔跑过来玩一下。

师：读到作者的文字，我们就能联系生活想到一幅幅生动的画面。作者还写了什么？

生：写猫贪玩，“出走一天一夜，任凭……怎么……也不肯回来”。

师：想象会有谁呼唤它，它会是什么反应？

生：听到主人呼唤它，它听到了也不动。听到老舍先生的呼唤，它装作没有听见。

师：真是太贪玩了。请你来读一读这个句子。（指名读）

师：抓住关键词读出了猫的贪玩。还有呢？

生：尽职，“它屏息凝视，一连就是几个钟头，非把老鼠等出来不可！”

师：同学们，（出示猫捉老鼠屏息凝视的情景图）这是什么样子啊，都来试着做一做。

生：各自做动作。（生一边做动作一边笑）

师：我看你做得特别好，你来说说为什么这样做。

生：屏息凝视是形容很专注，所以我就学猫一动不动的样子。

师：屏息凝视是什么意思？

生：就是忍住呼吸，目不转睛地盯着洞口。

师：让我们屏息凝视，试一试是什么感觉。

生：没一会就不行了，脸都涨红了。

师：而文中的猫却一连就是几个钟头，真是一只——

生：尽职的猫。

师：课文中哪个词还能读出尽职？

生：非、不可。

师：你体会到了，抓住关键词，你能读出它的尽职吗？来，第三小组一起读。

（第三小组齐读）

师：你们看，作者通过写一些具体事例，让我们一下子就感受到了猫的老实、贪玩和尽职，把文章内容写得很具体。（生齐读第二段）

师：请同学们快速默读三、四段，看是否能发现跟第二段一样的写法。

生：第三段通过具体事例写猫高兴时的温柔可亲的动作、声音，不高兴时的一声不出体现了猫的古怪。第四段用具体事例写猫什么都怕，有时又那么勇猛。

师：这三个自然段都是通过具体事例，先写猫的一个特点，再进行反驳，突出猫性格的古怪。当然也有一点小区别，第三段是详写，第四段是略写。

师：同桌合作来读这三个自然段。感受作者是怎样用具体事例来表现猫的古怪的。

（同桌合作读二到四段）

师：看板书的关键词语，观察这些词语，你发现了什么？

生：这些词语都是前后矛盾的，比如第二段说猫贪玩，后面又说它尽职。更加突出了它性格古怪。

师：每一组词语前后自相矛盾，集中体现了猫矛盾的性格特点，让人捉摸不透，难怪老舍先生会说——

师："猫的性格实在有些古怪"，读完这句话，老舍先生似乎在嗔怪猫的性格古怪，是吗？你从哪里直接读出来了？

生：第五段"这种古怪的小动物，真叫人觉得可爱"。

师：这句话直接表达了作者对猫的喜爱。前后对比你发现了什么？

生：作者一开始说猫的性格实在有些古怪，第五段又说这种古怪的小动物，真叫人觉得可爱，他表面上说猫古怪，说它不好，实际上是表达自己对猫的喜爱。

师：对啊，作者在表达时有个小窍门，看似在嗔怪，其实在表达对猫的喜爱之情，这叫明贬实褒，你们在生活中遇到过这样的情况吗？

生：妈妈有时候叫我"傻儿子"。

师：我们在说话和习作中也可以使用这样的表达方式。我们合作读一读，我来读第一段，你们来读第五段。

（二）作者是怎样表达对猫的喜爱之情的？分层品味作者遣词造句之妙

师："这种古怪的小动物，真让人觉得可爱。"作者明贬实褒，表达了对猫的喜爱之情。但作者并没有直接写自己喜爱猫。大家再读一读课文 1～5 段，看看作者是怎样表达对猫的喜爱之情的。（出示学路建议）

生：我们小组找到的句子在第二段，作者的语言很特别，就像是在跟别人聊自己的孩子一样。

师：你们也感受到了作者语言的特别之处，作者在这里用上了常用的语气词，生活中你会这样说话吗？

师：哦，你真会联系生活来学习，把"说它老实吧……说它贪玩吧……"

换成“它很老实……它也很贪玩……”可以吗？请大家自己比较着读一读。（生自由读）

师：是啊，作者的语言更让人感受到猫的性格古怪的特点，同时极富口语化，自然亲切。

师：还有这样亲切的语气词吗？你体会到什么？

生：还有“吧、啊、呢”，加上语气词，可以强调猫一天一夜没回家，而没加语气词的句子就不能起到强调作用。

师：这是你的体会，还有别的体会吗？

师：你觉得更生动了，同学们，我也想来读读，加上这三个语气词，我们可以感受到老舍是带着什么样的感情来说的呢？

师：读，你体会到什么？（生读）

生：他很喜欢这只猫。

师：他品出了藏在文字背后的情感，真棒。

师：从老舍先生连用三个语气词，可以体会到老舍先生是多么的喜欢这只猫啊！谁能带着喜爱之情再来读读这句？（指名读）

师：像说话一样自然。

师：这只贪玩的猫终于回来了，老舍先生把它爱怜地抱在怀里，对自己的家人说——

生：说它贪玩吧，的确是啊！

师：慢一点，像跟朋友聊天一样自然。

师：老舍先生还写下了这句话，想对所有的读者说，我们一起读——

（生齐读）

师：听出来了，你十分喜爱这只猫。这样的口语化的亲切语言，表达了作者对猫的喜爱。也正是因为作者对猫的关切和爱恋，他才会观察得如此细致。

师：句式上有什么特点？

生：说……吧，可是……

师：用“可是”这个表示转折的连词，把这三方面的性格特点连接起来，表现出了猫的性格让人捉摸不透。谁能读出作者对猫的喜爱之情？

师：作者还用了其他的方法来表现对猫的喜爱吗？

生：第三段还运用了比喻、拟人的修辞手法（动作描写：蹭、伸）来表达对猫的喜爱。

（大屏幕出示句子）

生：把猫的脚印当作小梅花，说明作者一点都不讨厌猫的脚印。

师：小猫的脚印就像画一样，看脚印就像欣赏画家的杰作一般，喜爱至极，表达了作者对猫的喜爱。你能想象当时的画面吗？带着动作读一读这个句子。

生：（边做动作边读）它要是高兴……印几朵小梅花。

生：从作者写猫的叫声变化多端也看出了作者喜欢猫。

师：这猫就像是“歌唱家”一样，它的声音如同美妙的乐曲，而且富有变化，是主人与猫朝夕相处，经过长期的细致观察才体会到的。（想象读句子）

师：猫吃得饱饱的，在暖和的阳光下伸了一个懒腰，它会享受地叫一声。当跟其他猫闹矛盾准备打架时，它会撑开毛，粗吼一声。听到主人的召唤，它会撒娇似的叫一声。（读写与声音有关的句子）

师：多么有趣的猫，无论是它的动作还是声音，都给老舍带来了无穷的乐趣。

（男女生合作读第三段）

师：作者通过生活中的事例，用口语化的语言对猫的动作和声音进行了细致入微的描写，不说爱却满是爱，从语言中就能感受到老舍对猫的喜爱。让我们一起跟着美妙的音乐，走进这人猫和谐共处的美好的画面中。

四、主动建构

师：通过具体事例来写猫的性格古怪，用亲切的语言写猫的日常，不说“爱”却满是“爱”。根据课文内容，猫的性格古怪主要体现在哪，你会填一填吗？

（屏幕出示习题）

师：我们一起合作读一读一到五自然段。请这位同学为我们分配任务。

生：老师读一、五段，我们读二到四段。（师生合作读）

五、主动拓展

师：请同学们学习作者这样的写法，模仿课文第二段，用两三个事例，用亲切的语言和拟人的手法写一写你喜欢的小动物。

生：说小猫可爱吧，它有时候的确很可爱，每次我放学回家，它都会在我脚边绕圈圈，舔着我的脚撒娇，我把它抱起来时它总会轻轻地蹭蹭我的脸，痒痒的可舒服了。可是它调皮时总是在沙发上活蹦乱跳，把沙发都挠破了好几个地方，任凭我们谁叫也叫不住。

师：你使用了亲切的语言，不错，还用具体的事例写出了小猫的可爱和调皮。

生：说小金鱼高傲吧，它的确有时候不爱搭理人，它总是悠闲地摆动着它那扇子似的大尾巴游来游去，逍遥又自在。可是，如果它饿的时候，只要看见有人走过去，身子就会不停地往上蹿，小嘴还一张一合的，好像在说："我饿了，我饿了。"直到喂饱了，它才会停歇下来。

师：用具体事例和拟人的手法来写小金鱼，让小金鱼个性十足。

师：我们以前只会写小动物的外形和生活习性，今天学完了课文，我们知道了还可以从多个方面进行描写，用生活中具体的事例来写，写出它们的特点，表达对它们的感情。同学们写作时运用了今天所学的方法，笔下的小动物个个活灵活现。下节课，我们继续学习老舍先生如何写猫的可爱之处。

【教学反思】读和写的相生相长

本课以老舍的散文《猫》为蓝本，运用"以读促写，读写结合"的教学模式进行语文教学实践，课堂练笔是牛刀小试，更重要的是引导学生感悟整篇文章的写作方法，在比较阅读中领悟到可以从不同角度写动物，表达真情实感。

一、深入钻研教材，找准习作训练点

《猫》这篇课文在选材、语言运用、篇章结构、情感表达等方面都是学生学习的范本。选材源于生活，作者主要是抓住猫的性格，通过一个个事例写出了猫的性格古怪和小猫的淘气，将一幅幅鲜活的生活画面呈现于我们眼前。

二、多种方式读书，以读感悟写法

阅读有一个重要的任务，就是书面表达，也就是"写"。"写"就是要求学生运用学到的知识，把自己平时的所见所闻、所思所感，通过书面形式表达出来。在课堂上采用灵活多变的朗读方式，化感悟于无形。在整体感知文章写了猫的性格古怪和小猫的可爱时用默读；体会总分段落结构时采用小组合作读；感受作者用具体事例来凸显猫的性格古怪这一特点时，用边做动作边读、想象画面来读；体会反语的表达效果时联系生活实际来读；感受文章结构时采用师生合作读、同桌合作读，等等。通过不一样的分工合作，用另一种方式把文章的写作方法和技巧展现在学生面前，更立体，更具象，学生更容易体会和模仿。

三、迁移写作方法，随堂仿写练习

叶圣陶先生说过："训练学生写作，必须注重倾吐他们的积蓄。"应适时进行写话训练，挖掘文本中的写作资源，给学生提供有效借鉴的对象和创造的依据，及时有效地进行模仿和创造性练笔，做到"现学现用，活学活用"。这对于提高学生的作文水平是很有作用的。

在学习了第二自然段之后，我们通过多种方式的朗读体会到作者用具体事例写出了猫的性格古怪和小猫的淘气，将一幅幅鲜活的生活画面呈现于我们眼前；使用了口语化的语言，亲切自然，化技巧于无形，表达了对猫的喜爱；还用到了"说……吧，可是……"这样的句式，可引导学生在仿写中运用这些方法。学生思维由课堂延伸到课外，通过调动自己的生活经验及阅读积累，短时间内就能创作一段有内容、有形式的作品。虽然创作的作品跟文章第二段在形式上还不够统一，但从文字间能感受到笔下的动物跃然纸上，很多孩子写得很棒，达到了一定的训练效果。

四、由课内到课外，指导学生习作

文章的第二段的写法很具代表性，用生活中的具体事例来凸显写作对象的性格特点，同时整篇文章为总分式的构段方式，结构精巧清晰，从文中的两个中心句，读者就能知道课文的主要内容和叙述顺序。在语言表达上，除了采用亲切自然的口语让情感自然流露以外，反语的应用也富有新意。鼓励学生将以上写作方法在本单元习作《我的动物朋友》中进行运用，把课堂训练延伸到课外，可促进学生习作水平的提高。

【教师简介】

覃泽洪，现任武汉市常青树实验学校语文教师。曾参与湖北省教育科学"十二五"规划课题"基于汉字学视角的小学语文识字教学研究"并结题。执教的《树真好》一课被评为武汉市"一师一优课、一课一名师"活动"优课"。所撰写的论文曾获市级一等奖，所带班级多次被评为市区级优秀班集体。

专家点评——阅读是弓，写作是箭

阅读与作文是语文教学的两个重要内容，如何处理这两者之间的关系值得探究。

叶圣陶在《评〈读和写〉》中指出："阅读与写作是对等的两回事，可不是彼此不相干的两回事，认真阅读有助于练习写作。"

《义务教育语文课程标准（2022 年版）》指出："作文教学要与阅读教学密切配合。在作文教学中，要引导学生把从阅读中学到的基本功，运用到自己的作文中去。"

覃泽洪老师运用"主动教育"课堂教学模式主讲部编版四年级下册第 13 课《猫》，就是践行新课标理念，"以读促写，读写相长"，探索作文教学如何与阅读教学相结合。

在"主动感知"环节，通过自主预习，整体感知猫的特点，概括老舍先生写了哪几层意思。在"主动发现"环节，学生围绕预设的三个核心问题，自主阅读思考，准备交流。在"主动参与"环节，老师搭建和运用小组合作学习的平台，对三个核心问题进行研讨、追问、交流，辅之以学法指导，对文本内容和写作特点建立初步认知。在"主动建构"环节，在组织学生全班展示、诵读感悟、分条归纳的基础上，老师出示归纳成型的内容要点（如：猫性格古怪的特点、作者对猫的"爱而不明言"情感等），总结写作特色（如：用细节描写凸显猫的特点，用拟人的手法、形象的语言表达爱猫的情感等）。

教学过程到此并没终止，还有一个重要的"主动拓展"环节，要在实训操作层面完成读与写的迁移与拓展。覃老师设计了作文训练题：模仿课文第二段，用两三个事例，用亲切的语言和拟人的手法写一写你喜欢的小动物。分两类提要求，学生自选完成后全班展示。

阅读是打基础，写作是筑高楼。覃老师的这节课践行了叶圣陶先生的观点："阅读是吸收，写作是倾吐，倾吐能否合乎于法度，显然与吸收有密切的联系。"

曹文轩曾说："阅读和写作的关系，就是弓和箭的关系。"你们把这句话记下来，用一辈子记住，写作是一支箭，阅读是把弓。

这句话贴切透彻地阐明了阅读与写作的关系，也形象生动地表达了两者各自的功能。有弓才能射出箭，如果想要射得远，就需要拉满弓，也就是蓄力，阅读就是为写作蓄力。

冯春年运用“P+S”自能发展课堂教学模式，在进行《散步》一课的教学时，对“以读促写，读学提升”的理念做了进一步探索和实践。

这节课首先是在读懂文本上别具一格，抓住文章标题不放，先以事件为题，理清情节、人物、环境等内容。然后设计重新拟标题的课堂活动，从不同的人物、不同的主旨、不同的角度拟标题，并让学生充分阐释拟题的理由。这种开放的预设，不仅要读懂文本的情节要点，明确写景的作用，还要从细节中读出不同人物的性格与心态，更要与不同角色进行换位体验，思考文本表达的丰富情感。这是阅读训练，也是思维训练，还是口语表达训练，更是人文教育层面的亲情感受与传统美德的熏陶。

在自能拓展环节中，冯老师设计了 3 分钟现场写作：请即兴创作一首诗歌，表达内心的感受。从教学实录看，习作精彩，披文入情，学以致用，效果很好。

《程氏家塾读书分年日程》中说：“劳于读书，逸于作文。”这话的意思是，在读书方面肯付出辛苦，写起文章来就会轻松。只有将阅读中学到的知识积累起来，拉满阅读这个“弓”，适时迁移、拓展运用，才能厚积薄发，百步穿杨，达到所谓的“读书破万卷，下笔如有神”，“熟读唐诗三百首，不会作诗也会吟”的境界。冯老师这节课就是一个很好的例证。

专家简介：彭修继，湖北省特级教师，武汉市首批正高级教师，武汉市政府专项津贴获得者，武汉市督学。曾被评为武汉市学科带头人，现任江汉区中学教研室中学语文教研员。

第十章　习作教学，入情入境

“小学作文教授之目的在令学生能以文字直抒情感，了无隔阂；朴实说理，不生谬误。至于修辞之工，谋篇之巧，初非必要之需求。能之固佳，不能亦不为病。”叶圣陶先生强调了小学生习作对“真”的追求。然而传统习作教学往往以应试为导向，进行写作技巧灌输与生硬复杂的练习，在很大程度上消耗了学生的写作兴趣与热情，也难以真正提高学生的写作能力。

生活是写作的源泉。在常青树的课堂上，教师努力让每位学生在习作课堂上都能找到乐写、能写的感觉，逐步引导学生忆、说、评、悟、写，让学生享受创作的过程，过一把小作家的瘾。本章收录的两节课中，刘佳老师通过创设“童话王国”的情境，以视频激趣、用绘本引路，引导学生大胆想象，充满童趣的互动和点评让学生有沉浸式的体验，再借助“魔法树”帮助学生理清思路，学生自然而然地由想讲故事到会讲故事，进而到能写出有趣的童话故事，习作教学趣味盎然。王惠老师的习作课堂在孩子们的心田中播下了一颗写作的种子，她创设出充满真情的轻松的学习氛围，让学生敢于在课堂上讲述亲身经历的故事，表达自己的心愿。情境创设，通过写心愿卡、访谈、讲述、倾听等方式，引导学生用不同的方式，如叙述、书信、诗歌等形象地表达自己的真情实感，并乐于倾吐于笔端，整个课堂流淌着真情和感动，孩子们在课堂上不仅写下了自己的心声，也感受到了写作的真谛——绘真景、写真事、抒真情。

“习作教学，入情入境”，习作教学要落实学生的主体地位，紧扣生活主线，引导学生观察生活、感悟生活；找准学生兴趣的切入点，激发学生情感的喷薄点，让学生自我表达。教师应注重创设真实的情境，唤醒学生真实的经历，拨动学生的心弦，引起学生情感上的共鸣，从而敢于动笔、乐于动笔、笔下言之有物。

大胆想象　善思乐写

——《这样想象真有趣》(部编版《语文》三年级下册第八单元习作课)

【教学实录】大胆想象趣味多

(课前互动)

师：同学们，你们喜欢读童话故事吗？最喜欢哪个童话故事呢？

生：(自由说)小美人鱼，白雪公主，舒克贝塔……

师：这些童话故事让我们回味无穷，这可离不开作家丰富的想象力！今天刘老师就带着你们一起乘着想象的翅膀，去童话王国里玩一玩！(出示课题：这样想象真有趣)

一、创设情境，启发学生大胆想象，明确角色新特点

师：同学们，你们还记得吗？咱们在第三单元就学过编写童话呢！(出示话题图)一个童话故事里，需要有角色、时间和地点。今天咱们又来编童话故事，但这次，角色可有点不一样哦！(板书：角色)

师：昨晚，童话王国下了一场奇怪的雨，动物们全变了！大家仔细看看(出示四幅主题图)，这些动物发生了什么变化？

生：母鸡会飞了，它有了新本领。

生：蚂蚁本来是很小的，现在外形发生了巨变！蜗牛总是慢吞吞的，现在居然会跑，变得和之前相反。

生：老鹰是非常凶猛的，现在性格变得特别胆小！我还发现他们都和之前不一样了，甚至全相反了！

师：多奇妙呀！这些动物失去了原来的主要特征，甚至变得完全相反了！它们具有了奇妙的新特点，(板书：新)这可都是大胆想象的结果！

师：像这样想，你们还想到了什么？

学生自由发言：会飞的鱼、没壳的蜗牛、迷你大象……

师相机点评：我从没见会飞的鱼。蜗牛没了壳，真奇妙！你太会想象啦！

生：会游泳的小鸟。小鸟深吸一口气，“扑通”一声潜入了水里，翅膀一张一合，居然游了起来，“天啦！我居然会游泳啦！”

师：哇，你不仅想得有意思，还具体想象了小鸟发生的变化、游泳的动作和心情！能像她这样把奇妙动物说得有意思吗？小组里先说说吧！

师：咱们来开火车展示吧！奇妙动物在哪里？第一小组开火车。

生1：大公鸡躲在鸡窝里不敢出门，因为它居然下了一个蛋！它望着这个又大又圆的公鸡蛋，蒙圈了！

生2：大象打了个大大的喷嚏，变得比蚂蚁还小，它开心地跳到玉兰花上，用长长的鼻子吸花蜜。

师：大家的描述，让这些奇妙动物更加活灵活现，选择一个作为主角，用它来编童话故事，该多有趣呀！

二、借助思维导图，引导学生围绕新特点创编故事情节

师：看，来了一位新朋友！（播放视频“雪宝在夏天”）

师：大家都被雪人逗笑了！（采访）你为什么笑？

生：它居然不怕热，还可以去海边晒太阳，去沙漠旅行，很滑稽！

师：原来吸引你们的，不只是雪宝与众不同的新特点，更是它那些奇特的经历呀！（出示思维图：去夏天的海滩、晒太阳、游泳……）这些就是故事的情节。

师：这节课就要围绕动物主角的新特点，想情节，编故事。（板书：情节）

师：看，小飞猪衔来了魔法指南！谁来帮我读一读？（PPT出示）

（1）写一写：围绕动物的新特点，试着填写魔法树。（2分钟）

（2）讲一讲：根据魔法树，把童话故事讲给同桌听。（2分钟）

（师聆听学生讲故事，相机指导）

师：时间到！结合魔法树，讲讲你们的童话故事吧！

生：小兔子的名字叫作丽丽，她有像红宝石的眼睛，灵敏的长耳朵，还有一条像雪球的尾巴。有一天，丽丽突然发现自己走起路来非常沉重。她回头一看，发现自己的尾巴足足有6米长。她叫道：“我的天呐！”她往森林深处跑，却掉进了一个地洞里。她拿起尾巴就往脖子上绕了几圈，像一条围巾似的。突然，她感觉有人在抓她的尾巴，原来是一只穿山甲宝宝。丽丽用自己的尾巴给穿山甲宝宝做了一个小窝，穿山甲宝宝立刻进入梦乡了。丽丽说：“原来长尾巴也有好处呢！”

师：你抓住了兔子尾巴长的特点，尽情发挥想象力，小兔子因为长尾巴被嘲笑，却又用它去帮助穿山甲宝宝，让人感动！太棒了！

师：同学们不知不觉中就编了这么多童话故事，看来编童话一点都不难！

三、绘本引路，聚焦奇特有趣，编写童话故事

师：你们这么棒，我要送一个绘本故事给你们！绘本的名字叫作《书里掉出来一只狼》，我想请四个同学帮我读！（请生分角色读故事）

书里掉出来一只狼

阿敏的书架上放满了书。一天，一本故事书掉到了地上，一只狼被摔出来了。在书里狼可是很吓人的，一身黑色的毛，长着锋利的牙齿。可现在，它站在阿敏的房间里，害怕极了！

一只大猫悄悄走来，舔着嘴巴，凶巴巴地说："嘿，伙计！这可是我的地盘！"狼吓得拼命想钻回它的故事书里，可是一只绵羊把它踢了出来，"咩——你现在来这儿做什么！故事还没轮到你出场呢！你就不能让我们安静地吃会儿草吗？"

这时大猫越来越近了，狼哆嗦着向书架上爬去。书架又高又陡，就像是悬崖。"啊——好高啊，吓死宝宝了！"终于，狼爬到了书架的顶端，钻进了另一本故事书里……

师：这个故事好玩吗？你们觉得哪些情节最奇特？

生：小黑狼的出场方式让人很意外！真没想到狼会怕猫！

师：这些小意外，让故事情节更加奇特有趣。

生：故事里面的猫像霸道总裁一样，羊把狼踢了出来，很酷！

师：猫成了霸道总裁，羊个性十足，增添了新角色，故事更好玩啦！

生：狼说："吓死宝宝了！"太搞笑了！

师：对呀，这可是咱们生活中的流行语。同学们，你们太厉害了，连藏在故事里的习作法宝都找到了！大胆想象，给故事加点儿新角色、来点儿小意外、添点儿有趣的语言，你的童话故事会更加精彩奇特哦！

师：来，展示实力的机会来了！童话王国要召开故事大会，把你讲的故事写下来，试着用上一两个习作法宝，比一比谁的故事最有趣吧！

四、习作展示，点评反馈，交流本课收获

师：时间到！童话故事大会开始啦！

（请生上台讲故事）

呈现习作1：

小鸡会飞了

从前，有一只又黑又丑的小公鸡，他的名字叫达达。

有一天，达达独自走在沙滩上，一不小心踩到一块西瓜皮，猛地向前滑去，只听“扑通”一声，它掉进了海里。它张开翅膀不停地扑腾，大声呼救，可是没有人回应，渐渐地身体开始慢慢下沉，它本能地吸了一口气，双手划水，双脚卖力地蹬，一口气潜到了深海。

“哇！这里可真美呀！”巨大的大王乌贼潜伏在珊瑚礁旁，胆小的小丑鱼躲在珊瑚丛中小心翼翼地游着，水底可真热闹啊！正在这时，一条饥饿的鲨鱼悄悄地向达达逼近，然后猛地一扑，幸亏达达反应快，灵敏地一闪，大鲨鱼扑了个空，又立马张开血盆大口快速追击。在这千钧一发之际，达达双脚蹬水快速地游到水面上，用尽全身力气拍打翅膀，双脚奋力一蹬，奇迹发生了，达达居然一飞冲天！鲨鱼瞪大了双眼，感叹道：“累死宝宝了，连根鸡毛都没吃着！”

师：大家都笑得好开心！哪位小老师来点评这个故事？

生：这个故事让小鸡有了会游泳的新特点，遇到了不少小意外。鲨鱼说：“累死宝宝了，我太难了！”语言很生动有趣，我给他四颗星！

师：非常同意，就给他四颗星！

呈现习作2：

“巨型怪物”大老鼠

“一个多么明亮的早晨啊！”老鼠欢呼道。它来到草地散步，听到了一阵“轰隆”的声音，以为发生了大地震，赶忙往大树下躲，可是不管它怎么挤都躲不进去。它用手捂住头，看到了自己像树冠一样大的手，它捏了一下自己的脸，惊讶地说：“我不是在做梦吧？”它马上又开心起来，欢呼道：“我终于可以为弟兄们报仇了！”

它趾高气扬地走着，来到了一个窝前，冲着窝恶狠狠地吼道：“你们这些小不点儿，有本事就放马过来吧！跟本大王斗一斗！”

它的死对头大白猫，不对，现在看来是小白猫，出来了。

小白猫说道：“你真是好了伤疤忘了疼，还敢来？哈哈哈！”

“巨型怪物”大老鼠吼道：“你看看我是谁？”

大老鼠蹲了下来，戳了戳小白猫的圆肚子，把它托了起来。

小白猫惊恐万状地说："我有恐高症，快，快放我下来！"这只小白猫和大老鼠相比，体型真有着天壤之别啊。

那个小白胖子"噗通"一下坐在了大老鼠的掌心里，话都说不出来。过了好久，才颤颤巍巍地说："我，我，我再也不敢了……"

大老鼠心软了，把猫放了下来，又神气又威武地走开了，它心想：吓唬吓唬它们就行了，我不能像它们一样以大欺小。

生：我觉得这个故事写得特别好，她几乎用了所有的习作法宝，有新颖的角色，有很多意外情节，动物们的语言也非常有趣。我给她五颗星！

师：短短十分钟能写出这么长这么精彩的文章，真的很了不起！刘老师还想再额外给她一颗星，因为她的故事不仅有趣，还渗透着宽容的主题，给读者留下了思考的余地，棒极了！

师：孩子们，童话王国之旅即将接近尾声，来说说这节课的收获吧！

生1：这节课让我知道了写童话故事要大胆发挥想象力，这样故事才会精彩！

生2：我掌握了许多习作法宝，我们写故事时可以加入新角色、来点儿小意外，再添点儿有趣的语言，让故事趣味横生！

师：说得真好！童话大王们，刘老师想送给大家一句话：笔做魔杖、纸做魔毯，让我们乘着想象的翅膀，大胆（贴：大胆）创造新世界！

师：老师期待你们的新作品，别忘了写上自己的大名哦，再见！

【教学反思】"悦纳"个性表达，"放肆"大胆想象

课改3.0正在我校热火朝天地开展着。秉着"心中有学生""学习有目标""课堂有落实"的"三有"原则，这节课主张把课堂还给学生，在轻松愉快的氛围里落实教学目标，激发学生的写作兴趣，提高学生的写作能力。

依据《义务教育语文课程标准（2022年版）》中关于写作教学序列的论述，结合儿童思维发展的特点，中年级习作要做到"想清楚，写下来"。本案教学立足第二学段特点，将教学目标定为：①启发学生大胆想象，围绕动物角色新特点创编童话故事。②借助绘本故事，引导学生将故事写得奇特有趣。③激发学生的习作兴趣，增强自信心，感受分享习作的快乐。

三年级是学生想象力极其丰富的时期，也是对故事最为渴望的阶段，因此教学这篇习作时，启发学生大胆想象、激发学生的创作热情是首要任务。

马克思认为语言是思维本身的要素，是思想的直接现实，思维和语言是相互依存、相互促进的。本教学设计着力于激活、发散学生思维，运用视频、绘本故事等调动学生的想象力，为故事创编积蓄更丰富的素材和方法，且注重作前指导，从而让学生善于想象、乐于表达、易于动笔。

（一）溯源头，从感知入手，鼓励学生观察发现，激活想象力

写作行为的发生是从感知开始的，特别是儿童写作，感知起到的作用更大。儿童主要依靠直觉感受信息进行思维、辨析和加工。本课的主动感知环节，我创设了童话王国的情境，让学生通过观察教材主题图片去发现动物角色的新特点，鼓励他们展开想象，尝试构思动物角色的新特点，并试着把动物角色的新特点描述得具体有趣。

（二）重表达，人人参与，引导学生大胆想象，自由表达

“袖手于前，始能疾书于后”，本案教学注重作前指导，在主动参与环节给予学生想象空间，通过播放视频“雪宝在夏天”，出示思维图，引导学生尝试围绕角色新特点展开情节。在小组交流和个人讲故事环节给予学生充足的时间和机会，让他们的思维去驰骋、碰撞和发散，丰富的口头实践使他们不断理清思路。

（三）有重点，建构提升，启发学生聚焦奇特有趣，编写童话故事

学生习作是学习的过程，需要方法的指导。在本课的教学里，我们出示了绘本故事《书里掉出来一只狼》，通过师生共读体会情节的奇特有趣，在轻松的氛围里渗透了三个“习作法宝”——加点儿新角色、来点儿小意外、添点儿有趣的语言，并强调尝试运用其中一两点即可。这三个习作方法应学生的需要而生，由学生自己体会得出，简明易懂、切实可行，让学生的童话故事更奇特有趣，也让学生感受到成功的喜悦。

（四）提质量，随堂写作，倡导学生分享习作，评价提高

写作的过程归根到底是思维向语言表达转化的过程。本案设计留给学生 10 分钟当堂写作。当堂与伙伴共写，学生积极性高，教师相机指导，教学能最大限度发挥作用。写完后的评讲环节给学生提供了分享习作的机会，通过参与童话故事大会感受写作带来的成就感。在注重采用多元化点评来鼓励学生的同时，也在其整体思路上进行点拨提升。

本案设计凸显“悦”与“放”。“悦”，欢喜之意，即打造轻松开放的教学氛围，鼓励学生大胆想象，悦纳学生个性化表达。“放”，“放下即得大自在”，教师放下控制欲，成为学生写作的陪伴者，给予学生创作空间和实践机会，以“无为”换来学生的无所不为。

三尺讲台容得下学生的海阔天空，我将会继续探索。

【教师简介】

刘佳，市青年骨干教师。撰写的多篇论文在国家及省、市级论文评比中荣获一等奖。在2019年武汉市第五届作文教学竞赛中获一等奖。

唤醒心灵　用笔触倾诉

——《心愿》(部编版小学语文六年级下册第四单元习作)

【教学实录】唤醒心灵　用笔触倾诉

设计理念：

《义务教育语文课程标准(2022年版)》明确指出："写作教学应贴近学生实际，让学生易于动笔，乐于表达，应引导学生关注现实，热爱生活，表达真情实感。"可见，作文教学不仅要着眼于学生书面表达能力的提高，还要关注学生自我意识的发展和精神世界的建构。强调作文教学要真实地展现学生生命的本色，要生活化。

教学目的：

(1)以"心愿"为话题，力求激活学生思维，学会多角度选材。

(2)让学生实话实说，感受心愿的美好，抒发内心情感。

(3)学生在提高习作兴趣和能力的同时，获得精神的滋养。

一、课前谈话，引出"心愿"

师：同学们好，咱们是第一次见面，我自我介绍一下，我是来自常青实验小学的王老师，来到这里，我满怀期待，特别高兴能有这样一次和大家一起学习的机会。

师：我想问问大家，你们希望是一位怎样的老师来给你们上课呀？你们对这堂课有什么期待呢？

生1：我希望是一位温柔的老师来给我们上课。

生2：我期待在这堂课上有新的收获。

生3：我期待我能写出一篇好的作文来。

师：得知我要来给你们上课，我们班上的孩子有特别多祝福和心愿让我带给大家。请同学们来看一看。(播放课前准备的微视频：孩子们诉说心愿)

师：你们和他们一样，都是如此亲切，可爱。让我们带着这份美好的期待走入课堂。

二、发散思维，启发心愿

师：今天，我们来聊一聊心愿的话题，能说说什么是心愿吗？

生1：心愿就是美好的愿望。

生2：心愿就是最理想的事情。

师：你们说得太好了。是呀，心愿是我们内心深处最真实、最美好的愿望。看，王老师请来了三位大名人，你知道他们都有什么心愿吗？

（PPT出示姚明、袁隆平、董卿的照片）

生1：我知道袁隆平爷爷的心愿是让全人类都吃饱饭。

生2：我知道姚明的心愿是当篮球明星。

生3：我知道董卿的心愿是让大家都爱上读书。

师：看来心愿是世界上最重要的东西，是一切行动的开始。课本上有一位同学的心愿可多了，咱们来看看，你对哪个心愿感兴趣？

（PPT出示课本思维导图）

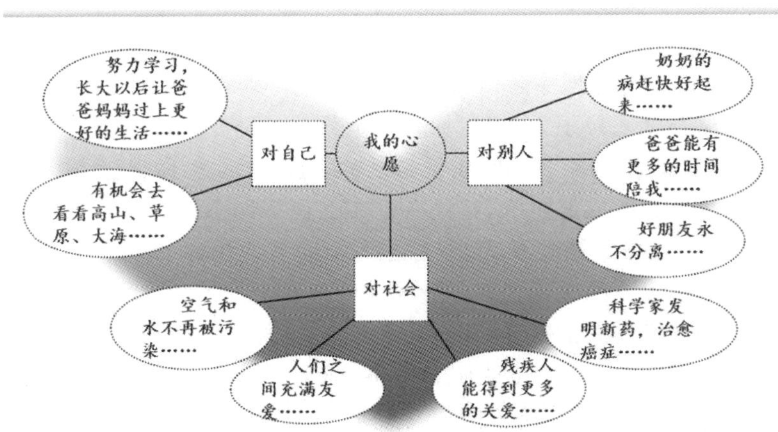

生1：我对好朋友永不分离这个心愿感兴趣，因为我们已经六年级了，马

上就要面临离别。

师:你真是一个温暖的孩子。

生2:我对空气和水不再被污染这个心愿感兴趣,因为我也希望我们的环境更健康、更洁净。

师:你真是一个心中有爱、热爱自然的孩子。

师:我们在不同的时候会产生不同的心愿,可以是自己对美好的小期待,也可以是对他人的关心、对社会的关注……有心愿的人啊,都是幸福的人呢!

三、打开心扉,许下心愿

师:那你们都有哪些心愿呢?咱们来说一说。

生1:我的心愿就是能去哈利·波特的魔法学校看一看。

师:你的心愿真是美好有趣。

生2:我的心愿是能够考进理想的中学。

师:心愿就像点点微光,照亮你前行的路。

生3:我的心愿是当一名医生,救死扶伤。

师:原来心愿就是理想的种子呀!

生4:我的心愿是当一名作家,写下我心中有趣的故事。

师:你的心愿就像天上的星星,点缀了你学习的天空。

生5:我的心愿是那些反动分子不要再继续破坏我国的和平。

师:你的心愿是一颗热爱和平的种子,它会引领你做一个善良而温暖的人。

生6:我的心愿是让奶奶的病快点好。

师:你的心愿真实而迫切,让人感动。

生7:我的心愿是当一名田径冠军,因为我特别喜欢运动。

师:追求心愿的快乐,会填满你整个世界。

生8:我的心愿是能有一间属于自己的小屋,在那里做自己喜欢的事情。

师:随着自己的心愿生活,将是一件多么美好的事情。

生9:我的心愿是快快长大,能有能力帮助爸爸妈妈。

师:你真是一个温暖而美好的孩子。

师:心愿就像漫天的星光,照亮了我们生活的天空。今天王老师带来了一棵大大的心愿树,咱们闭上眼睛想一想,心里头那个最强烈、最迫切、最想和大家交流的愿望是什么呢?把它写到心愿卡上。待会咱们亲手把心愿卡挂到心愿树上,或许在未来的某一天,你的心愿就会实现。

（课堂活动：出示心愿树，学生将心愿卡纷纷挂到心愿树上）

四、指导选材，述说心愿

师：瞧，心愿树上挂满了大家的心愿卡，仿佛是世界上最珍贵的宝石。王老师发现大部分同学的心愿都是与自己相关的，也有关于他人、关于社会的心愿，特别棒！下面咱们进入访谈环节，你们想听听谁的心愿，王老师就来采访一下他，请他说说产生这个心愿的原因。

师：我看到这位同学写下的心愿是，希望妈妈的病能快点好起来，能和我们永远健康地生活在一起。我们来采访这位同学，听他说说心愿背后的故事。

生1：我的妈妈有很严重的胃病，经常胃痛到大汗淋漓，她总是给我们做好香喷喷的饭菜，自己却因为胃难受而吃不下。我清晰地记得，有一天我放学回家后发现妈妈的脸色特别难看，妈妈看到我后，脸上挤出一丝笑容，然后端出饭菜让我赶紧洗手吃饭，自己又转身进了卫生间。我跟着妈妈也进了卫生间，才发现妈妈刚刚才因为胃痛而呕吐了……（学生已经流泪了）

师：你的心愿源于一个触动你心的画面，那个画面深深定格在你的脑海中。你刚才的描述也能让大家感受到你的心情。看来要写好“心愿”这篇作文，我们就要描绘出刻在我们脑海中的画面。

师：同学们，在你的心愿背后还有哪些故事呢？还有谁来说一说？

生2：我的心愿就是想研究出治疗脑瘫的特效药。因为我的表姐从小就患有脑瘫，每次看到我的表姐，我的内心都有一种说不出的压抑和痛苦，她本来可以和我一样上学，和小伙伴一起玩，但由于疾病，这些正常人所享受的生活她都不能拥有。另外，每次姨妈带着表姐出去玩，周围的人都会投来异样的目光，姨妈本来照顾表姐已经很不容易了，而那些人的眼神却像刀子一样刺向姨妈，让姨妈的心情越来越沉重，眼睛里都没有了光彩。想到这里，我心里特别难受。

师：你真是一个心中有爱的孩子，你感受到了身边的不幸和痛苦，从而想解决全人类的疾苦，这个心愿真实而温暖。

生3：我的心愿是像爸爸一样当一名飞行员。我的爸爸是南方航空公司的一名飞行员，他给我讲了好多飞行中的故事，还有世界各地的奇异风光。

师：（立刻肃然起敬）爸爸对你来说就是一个英雄对吗？可以给我们讲一个你印象最深的故事吗？

生：我印象最深的就是爸爸说他第一次开飞机的故事，当时爸爸的心情特别激动，他第一次驾驶飞机飞向蓝天，深深地陶醉于脚下的山川河流的美景。由于是第一次飞行，经验不足，当飞机飞到几千米的高空时，遇到气流颠簸，爸爸按照平时的训练方法来飞行，但是飞了很久都没有飞出云层。爸爸当时紧张的出了一身汗，好在当时的机长在旁边指导爸爸，爸爸才沉着冷静地把飞机开出了云层，又看到了湛蓝的天空和柔软的白云。爸爸说那个场景他一辈子都忘不了。

师：看来正是爸爸这个故事深深影响了你，让你感受到了爸爸的勇敢和帅气，才让你有了这个心愿。那待会写作的时候，就把这个故事再整理一下，生动地写下来，好吗？

五、拓展表达，学写心愿

师：刚才王老师听到大家这么多感人的故事，让我不禁想到了这周一我收到的一封信，其中有一段话特别打动我。我们一起来听一听！（PPT 出示信件内容）

亲爱的王老师：

您好！

从我进小学起，心中就埋藏了一个心愿……

……每周一就是我既期待又惆怅的时刻。直到上周，我最好的朋友晓君也被选上当升旗手了，我心底的那股力量又被点燃，看着他走过我身边骄傲的样子，我羡慕得有点嫉妒了。今天早上，他穿着漂亮的国旗班制服，昂首挺胸地走上升旗台，动作熟练地将红旗展开，左手抓绳扣，右手挂红旗，随着国歌声响起，他将红旗往空中一抛，五星红旗随着国歌声如一团火焰般冉冉升起，晓君高昂着头，被阳光照射的脸上满是神圣和自豪。

国旗越升越高，我的头仰成 90 度的时候，我感觉太阳的光芒“轰”地一下跳进了我的眼睛里，热辣辣地穿透了我的身体，我的血液和筋骨都在燃烧，身体烧成了一把透明的火炬，那是少先队旗上火炬的模样。我仿佛站在了红旗下，望着红旗大声歌唱：五星红旗，你是我的自豪！

……

祝王老师

工作顺利　　心想事成

您的学生：李晓泽

2019 年 12 月

【教学反思】有序指导

《心愿》是部编版教材六年级下册第四单元的习作教学。本单元习作的要素与阅读要素是相对独立的，提出了“自主选择合适表达方式”的要求。因此，我设计了以下教学目标：①要联系生活实际，写一个自己最想和别人交流的心愿。②根据心愿的内容和对象，选择适合的表达方式。

以“心愿”为主题的习作，学生并不缺少叙述的素材，但六年级孩子的心理处于敏感期，可能不愿意轻易表达内心的真实想法。因此如何创设有趣、吸引人的教学情境来打开学生的心门，是本节习作课需要解决的一个难点。

为了达成教学目标，解决教学难点，我设置了以下环节：

(1)创设情境，激发表达。

我以“心愿”为话题，通过说一说、写一写，将心愿卡挂到“心愿树”上，我随机请学生交流产生这个心愿的原因，以及实现的方法。明确习作内容，激发学生畅所欲言，为下一步的习作教学做好铺垫。

(2)观察导图，搭建结构。

课本中的思维图也给了孩子很好的思维牵引，让孩子们能打开视野、心扉，从生活、社会、家人几个层面来表达心愿，并从众多心愿中挑选自己最迫切的心愿作为课上写作的主题。

(3)选择心愿，限时写作。

心动就要行动，当往事一幕幕浮现在眼前，当心愿在胸腔中涌动时，我们就要把脑海中最深刻的那个人、那个画面、那种心声用手头的笔记录下来。课堂上安排了 8 分钟限时写作，写作文片段。

(4)修改点评，完善提高。

用五星评价机制可以让学生更直观地了解优秀习作的可取之处，以及部分作文的不足之处。取长补短，让自己的习作更优秀。每个环节解决一个问题，指向明确。

通过这次习作课，我感受到教学设计不仅要精心设计，还要在课堂教学中不断地实践。只有根据我们的课堂实践不断地对教学设计进行修改，才能让我们的教学设计更加丰实、更加有序，这样的教学设计才最有价值。

【教师简介】

王惠，湖北省武汉市小语学会会员，湖北省小学语文学科优秀教师，武汉市优秀青年教师，江汉区学科带头人。曾获国家级论文比赛及录像课比赛一等奖，湖北省优质课比赛一等奖，武汉市优质课竞赛一等奖。曾多次执教省市区观摩课，并赴浙江省丽水市、重庆市等地进行课堂教学交流。

专家点评——上好习作课，为学生“打底子”

写作本是一种精神活动，只有自由地、主动地表达自己对生活的感受和对人生的认识，才能在写作过程中获得写作的快乐。统编教材在编排上十分强调学生想象力的培养，习作教学更是鼓励学生大胆想象，写自己真正所想的、想写的，正是希望孩子学习写作和精神生长同步，在提升写作能力的同时获得写作的快乐。

刘佳老师和王惠老师的习作教学课例都很好地呈现了这一意图。

想象是儿童的天赋，而“想清楚”却是儿童习作普遍面临的难题。刘老师的课例《这样想象真有趣》正是立足于三年级孩子的年龄特点，直面习作难点，在指导孩子们“想清楚”上细做文章。首先创设童话王国的情境，引导学生发现动物们的新本领、新特点，并鼓励孩子们大胆发散，确立自己习作的主角，这里要大胆想象奇妙动物的新特点。然后，以有趣的动画视频作为范例，用思维导图直观地呈现出创编思路，这里要紧扣动物主角的新特点来想象童话情节。最后，用一个精彩的绘本故事引导学生发现增添故事趣味的法宝——加点儿新角色，来点儿小意外，添点儿趣语言，这样写故事就更精彩了。这节课分别从角色、情节、表达三个层次指导学生大胆想，想清楚，再辅以生动的情境、趣味的语言、难度适宜的小活动，为孩子们插上想象的翅膀，让他们体会写作的快乐。

对于专题习作课来说，“真实语言情境”十分重要，它决定着教师能否有效调动和激发学生的情感共鸣，从而生发真实的写作欲望。王老师的《心愿》一课正是以真切的情感为纽带，打通学生的生活经历和体验，还原“真实语言情境”，切实指导学生练好叙述和描写这两项基本功。同龄人的心愿、名人偶像的心愿、六年级面临离别时的心愿、对他人对社会对时事关注而生发的心愿……由小到大，拓展与丰富着学生的习作素材，解决“写什么”的问题。然后通过“采访”这一特殊的语言活动，挖掘心愿背后的故事，引导学生描摹铭刻在心中的画面；通过习作范例，体会表达真情实感最能打动读者，解决“怎么写”的问题。当倾吐心愿的欲望被激发了，真切的情感产生了，语言表达就是水到渠成的事情，此时教师点拨学生一些有效的表达方法，事半功倍。

写作完全可以成为生活的一部分，就如同阅读、品茶、旅行等，成为人的生活方式之一，融入一个人的精神生命。当然，前提是自由与主动。愿习作课真正成为“为学生打好做人底子和语文底子的课堂”。

专家简介：钱艳玲，湖北省特级教师，武汉市学科带头人，武汉市高效课堂建设先进个人。赴全国多地送教并做课改专题讲座。指导多位教师获得省、市优质课比赛一等奖。

第十一章　培养语感，快乐朗读

《义务教育语文课程标准(2022年版)》指出:语文课程应激发和培育学生热爱祖国语文的思想感情,引导学生丰富语言积累,培养语感,发展思维……由此可知,培养学生的语感是语文教学的一个重要组成部分。培养学生语感的方法有很多,其中朗读是最有效的方法。在朗读中规范学生的口语,在朗读中提升语感,在朗读中理解文本。

在进行部编版语文教材二年级上册《黄山奇石》一课的教学设计时,教师充分运用朗读的方式开展教学。首先是指导学生将课文的字音读正确。对于低年级学生而言,正确朗读是理解课文最直接的方式,也是提升语感最基本的要求。其次是指导学生读好长句并掌握断句的方法。学生们在老师的指导下学会有表情、有节奏的朗读。最后是指导学生在理解的基础上有感情地朗读,感悟文章的真谛,感受语言的美好。学生在反复朗读中,感受生动活泼的语气、节奏、句式,品味文章的意蕴,提升对语言美感的认识。

叶圣陶先生曾说过,语言文字的训练,最要紧的是训练语感。多读作品,多训练语感,必将能够驾驭文字。语文教学的首要任务是培养学生各方面的语感能力,它不仅表现在学生听与读的理解能力,更表现在说与写的表达能力。《月迹》这堂课的教学设计亦是如此,由浅入深,循序渐进,经过初读感知、品读赏析、悟读探究、以读促写,到最后的读以致用,将阅读理解与能力表达有机结合,逐步提升了高年级学生的语文核心素养。与此同时,朗读的多元化、层次化,也能丰富学生的语感训练,在具体情境中体悟作者的内心波澜,追寻生活中的那抹璀璨。

琅琅读书声，悠悠语文韵

——《黄山奇石》(部编版《语文》二年级上册第 9 课)

【教学实录】赏读奇石，妙趣横生

一、说游记，激兴趣

生：暑假我跟爸爸妈妈去过安徽的黄山，这是我们拍摄的黄山四绝——"奇松、怪石、云海、温泉"。那里山很高，树木青翠，我最喜欢黄山奇形怪状的石头。(学生出示外出拍摄的照片)

师：你的照片把我们带进了如仙境一般的黄山，还有哪些同学去过黄山，也来说说你们印象中的黄山吧。

师小结：听了同学们的介绍，我们都忍不住想去黄山看一看。徐霞客曾两次游黄山，赞叹道，薄海内外，无如徽之黄山。登黄山，天下无山，观止矣！后人引申为"五岳归来不看山，黄山归来不看岳"。现在让我们一起跟着作者的脚步，去看看黄山的奇石吧。

二、释"奇"字，揭课题

师：闻名中外的黄山风景区在我国安徽省南部，那里景色秀丽神奇，尤其是那些怪石，吸引了无数中外游客。(板书课题：黄山奇石)请同学们一起读课题。

师："奇"是什么意思？同学们可以用组词的方法去理解词意。

生 1：我觉得是"神奇"的意思。

生 2：我觉得是"奇特"的意思。

师：带着你们对"奇"的理解，一起把课题再读一读吧。

师小结：读着课题，你们的脑海中是不是出现了各种各样神奇的石头？课文会介绍哪些奇石呢？那些奇石又是怎样的呢？让我们赶紧去文中看看吧！同学们，翻开书去寻找那奇特的石头吧！

三、给建议，自由读

师：老师送给大家第一把钥匙，去打开景区的大门。

（自读提示1：自由朗读课文，注意读准字音、读通句子，遇到难读的词句可以多读几遍）

四、识生字，读词语

（PPT出示第一组词语：中外闻名、风景区、安徽省、南部、秀丽神奇、尤其）

师：一起去景区看看吧。首先看看这一组风景。

生：中外闻名、风景区、安徽省、南部、秀丽神奇、尤其。

师：注意“名、景、省”这三个字的后鼻音要读好，大家再读一读。

师：这次读得字字清晰、准确，表扬你们！你们的“闻、神”这两个字的前鼻音也读得很准，和上面的三个后鼻音区分开了，真会学习。

师：请同学们观察“南”“些”的字形，发现共同点和不同点。

生：它们都是上下结构的字，“南”字上小下大，“些”字上宽下窄。（师范写，生书写）

师：写好了字，读好了词语，相信同学们一定能读好第一自然段。请大家再试着读读这段话，注意把字音读正确，句子读通顺。

师：你们的字音都读准了，但要注意长句子的停顿。你看，我们可以在“风景区”后稍做停顿。先听听老师的朗读，大家再试着读一读吧。

生：中外闻名的黄山风景区/在我国安徽省南部。那里景色秀丽神奇，尤其是那些怪石，有趣极了。

师：这次大家读得非常好，学会了合理停顿，语句读起来更加通顺连贯。

（PPT出示第二组词语：仙女、巨石、天都、著名、每当、升起、天狗、奇形怪状）

师：第二组风景在PPT上，请同桌互相读一读，如果你的同桌字音读得不准确，请你当他的小老师，帮他指正读音。

生1：我来当小老师点评这一组的朗读。他们的字音都读准了，注意到了多音字“都”在这里读“dū”。

生2：我也想当小老师，“石、著、升、状”这四个字的翘舌音读得真准。请同学们一起跟我再读读这四个词——巨石、著名、升起、奇形怪状。

师：谢谢小老师们的指导，相信同学们将这些词语带回文中再读时，一定能将课文读得准确又流利，快去试试吧。

五、整体读，识奇石

师：第一把钥匙让大家看到了这么多美景。第二把钥匙来了，请看PPT。（出示自读提示2）这把钥匙交给谁呢？

生：老师，我来！自读提示2，请同学们再读课文，边读边用“______”画出文中写了几种黄山奇石。（学生读文勾画）

师：谁愿意分享你的学习收获？

生：老师，我找到课文中一共写了这几种奇石，它们是“仙桃石、猴子观海、仙人指路、金鸡叫天都、天狗望月、狮子抢球、仙女弹琴”。

师：你找得真准！这么多奇形怪状的石头，难怪作者发出了这样的感慨——

生：那里景色秀丽神奇，尤其是那些怪石，有趣极了。

师：你的字音都读准了，表扬你！“尤其”表示特别，更进一步的意思。你可以尝试着将这个词读重一些，让大家感受到黄山奇石的有趣。谁还想来试一试？

六、生质疑，师归纳

师：通过同学们的预习单，我发现很多同学对这个问题比较感兴趣——作者是怎么描写这些石头的呢？老师给大家第三把钥匙，打开这神奇的黄山之门。

（PPT出示自读提示3）

七、品文字，赏奇石

师：请大家按照老师给大家的建议，开始学习吧！

师：请小组代表汇报你们小组研究的黄山奇石，注意抓住关键词语读好句子。

小组展示读：就说“仙桃石”吧，它好像从天上飞下来的一个大桃子，落在山顶的石盘上。

生1：我们觉得仙桃石很有趣，这块石头像一个大桃子，让我们仿佛看到了石头的样子。

生2：我还要补充，这块大石头好像是从天上飞下来的，“啪”的一声，正好落在山顶的石盘上，怎么会这么巧，太有意思了。

师：你们说得太好了，难怪刚才朗读时，你们把“好像”“飞”“落”读得那么带劲，让我们仿佛看到了这块石头。我们一起带着自己的想象再来读一读，能背诵的同学可以看着板书尝试背诵。

小组齐读：在一座陡峭的山峰上，有一只“猴子”。它两只胳膊抱着腿，一动不动地蹲在山头，望着翻腾的云海。这就是有趣的“猴子观海”。

师：读得入情入境，赞一个！你们小组觉得这句话哪里写得有趣？

生1：我们觉得石头像猴子有趣，这样的石头太奇特了。我们还仿佛看到了它的样子，胳膊抱着腿，蹲在山头看云海。

生2：猴子本来很顽皮，可它在陡峭的山峰上一动不动，我也觉得很有趣。因为我知道“陡峭”是说山很陡，我们行走在上面会很不安全，而猴子却能一动不动地在上面安静地坐着。

师：老师有个疑问，猴子怎么能望到翻滚的云海呢？

生3：因为猴子在陡峭的山峰上，从上往下看到的云，就像从飞机上看到的云一样，像大海的波涛般上下翻滚。

师：哦，原来是这样。猴子在高山上，所以能看到云海。现在，你就是那只可爱的猴子，带着你们的想象再读读这段话吧。

师：注意读“抱着”“望着”中的“着”时，不拖音不重音；“望着翻滚的云海”中“的”也要轻读。

师：谁来学一学猴子的样子，上台表演读吧！

小组同学展示朗读：“仙人指路”就更有趣了！远远望去，那巨石真像一位仙人站在高高的山峰上，伸着手臂指向前方。

生1：我们觉得“站在、伸着、指向”这几个词很有趣，这些词让我们感觉石头是活的，仙人就在眼前。

师：你们觉得仙人会说些什么？

生2：他会说：“你要去的地方在那边呢！”

师：你能读出感叹号的语气吗？

师点评：你的朗读仿佛让我看到了一位鹤发童颜的仙人，手指着远方，正对我们说话呢！实在是有趣极了！

八、析语言，试仿写

师：大家看这三组句子，你们发现第二至五自然段在描写顺序上有什么相同和不同了吗？（PPT出示三组句子）

生1：相同的是都有作者丰富的想象，每个奇石都有一个有趣的名字，也都有地点和动作描写。

生2：不同的是写的顺序，有的先直接写奇石的名字，有的最后一句话才写。而且写奇石像什么，有的用"好像"，有的用"真像"，有的用"变成"，还有的直接写，比如"有只猴子"。

师：这样有趣的写法，你们也可以试试哦！

生1：这块巨石仿佛一条温顺的小狗，张着大大的嘴巴等着妈妈回来给它喂食。

生2：第三幅图好像一只高傲的孔雀，在山顶的草地上悠闲散步。

师：同学们说得真好，可以选一张图片写下来，看谁写得最有趣。

（指名读自己仿写的句子）

九、回读文，师小结

师：是啊，作者独具匠心的写法，让我们不仅看到了奇石的千姿百态，也让我们在欣赏中看到了语文独特的语言。让我们随着音乐，带着自己美好的想象再读读课文第二至四自然段吧，跟随作者领略黄山奇石的独特魅力。

十、当导游，赞奇石

师：如果你是导游，看到这些美丽的奇石，你会怎么跟游客介绍呢？回家跟爸爸妈妈介绍一下黄山奇石。

十一、用方法，自主学

师：这节课，我们在作者的带领下走进了《黄山奇石》，领略了"仙桃石""猴子观海""仙人指路"这三种奇石，大家可以利用今天所学的方法，自学第五自然段——"金鸡叫天都"。下一节课让我们继续行走在奇石中，去欣赏它们独特的美丽。

【教学反思】朗读指导，循序渐进

《黄山奇石》是二年级上册第四单元的第二篇课文，也是第一篇写景的短文。本课图文并茂，生动地介绍了闻名中外的黄山风景区中有趣的奇石、怪石，课文语言生动，描写形象，富有情趣。全文共有六个自然段，第一自然段先介绍了黄山风景区的地理位置，然后概括地描写黄山的景色——秀丽神奇，还特别指出黄山的奇石有趣极了。第二自然段至第五自然段是文章的重点段落，分别具体形象地介绍了一处奇石，包括"仙桃石""猴子观海""仙人指路""金鸡叫天都"，最后一个自然段概括地介绍了其他怪石，表现了黄山奇石数量之多和形状之怪，突出了奇石的有趣。

文章构思清晰，意境优美，想象丰富，情趣横生，给人以美的享受。因此，在教学本课时，我把教学重点放在学生语感的训练上，引导学生进行快乐阅读，让学生沉浸在和谐、融洽、兴趣盎然的课堂氛围中。

培养学生的语感是语文教学的重要组成部分。怎样在学习过程中强化语感训练和积累呢？在《黄山奇石》这节课上，我有如下收获。

一、激发兴趣，乐于朗读

开课时，学生展示自己在黄山旅行时拍摄的视频，述说自己的所见所感，这样以同伴的视角来导入新课，很容易引起学生的共鸣，激发他们阅读的兴趣。开课引用的导语“五岳归来不看山，黄山归来不看岳”更是极大地调动了学生的阅读激情，学生在充满期待中，在美好的想象中初读文本，以愉悦的心境开启快乐阅读。

二、连词成句，读得正确

用普通话正确地朗读，是学生朗读课文最基本的目标，也是最低要求。对于低年级学生来说，这是语文学习的基础，也是低年级朗读教学的重中之重。我平时对学生正确朗读的具体要求是：读书时不添字、不漏字、不错字、不颠倒，读准每个字的字音。这节课，我给足时间让学生自读课文，“读准字音，读通句子，难读的词句还可以多读几遍”。在指导长句子的朗读时，从词语入手，先读准词语的字音再连词成句，通过有层次、有针对性的反复训练，让学生逐步扫除朗读障碍，帮助学生将难读的句子读通。

三、划分节奏，读得流利

在朗读正确的基础上，再进行流利朗读。要求学生读得连贯、不重复、速度适中、读准停顿、读对节奏。在指导学生读好轻声词语的基础上，将词语放入短语中，慢慢扩大视读范围，如“飞下来—从天上飞下来—从天上飞下来的一个大桃子”，通过教师范读、学生试读等方式体会其中的节奏感。对于个别难度较大的句子，我采用在词语旁画线的方式提示学生注意停顿，如“中外闻名的黄山风景区/在我国安徽省南部。那里景色秀丽神奇，尤其是那些怪石，有趣极了。”就这样从词语、短语到句子，再到整篇文章，逐步训练学生有节奏地朗读，直至学生能够自觉地读准标点、读出节奏，把句子读得流利。

四、理解文本，读出感情

对于低年级的学生来说，“读出感情”就是在学生理解课文的基础上，把自己对课文的感受用适当的语调、语气和动作表现出来。在正确、流利朗读的基础上，我们采用多种方法体会情感，如抓关键词语，借助课文插图，引导学生想象课文中奇石的形状等，学生在朗读中自然流露对黄山奇石的赞叹之情。例如，引导学生从三个方面感受“仙桃石”之奇妙。第一，从外形看，它真像一个大桃子，这已经很神奇了。第二，从来源看，这么大的石桃人间少有，只能是从天上飞下来的吧，这就更神奇了。第三，从动词的运用看，一“飞”一“落”把石头写活了，那么大的一块石头宛如小鸟一般轻松自如地从天上飞来，落在了山顶的石盘上，真是妙不可言。在此基础上，引导学生通过读课文来体会“仙桃石”的奇妙与有趣，自然读得有滋有味。

除此之外，还恰当地进行了朗读技巧的指导。比如，“那里景色秀丽神奇，尤其是那些怪石，有趣极了”，其中的“尤其”“极了”指导学生做重音处理。又如，“‘仙人指路’就更有趣了！”为了表达感叹句的语气，其中的“更”也做重音处理。

这节课上，我还让学生以小组为单位，选择自己喜欢的奇石研读，鼓励学生根据自己的兴趣爱好进行学习，学生在汇报时用感情朗读、抓重点词、动作表演等形式来表达自己对课文的理解，他们的兴趣很浓，产生的效果也非常好。

【教师简介】

潘利琴，女，1973年9月出生，年级校长、曾提名武汉市“十佳班主任”。撰写的论文《谈小学写作教学育人功能的有效发挥》在《创新人才教育》上发表；《海量阅读，乐在读中》一文入选《“智慧·教法·感悟”小语名师课堂教学集锦》一书。

寻月之迹，诵月之华

——《月迹》(部编版《语文》五年级上册第 24 课)

【教学实录】心中月，笔下情

一、导入新课，读准字词

师：同学们，今天我们一起来学习一篇新课文，题目叫作《月迹》，作者是当代著名作家贾平凹，"凹"字的读音，来源于儿时父亲给他取名"平娃"，在陕西方言中这个字就念"wā"。(板书：月迹 贾平凹 wā)来，让我们齐读课题和作者的名字。预备——齐！

(生齐读：月迹 贾平凹)

师：古往今来，有很多文人墨客描写过月亮的踪迹，我们不妨一起先来吟诵几句。(PPT 出示诗句)诗仙李白写到——

生：明月出天山，苍茫云海间。

师：王维有诗云——

生：明月松间照，清泉石上流。

师：张九龄也曾感叹——

生：海上生明月，天涯共此时。

师：纵观古今，明月永恒，刚才这些诗人笔下的月亮分别出现在什么地方？你说——(点生答)

生 1：海面上。

生 2：江面上。

生 3：还在松林之间。

师：那么，贾平凹笔下的月亮又会出现在哪里呢？来，放开声音，让我们先自由地朗读课文。(学生自由读课文)

师：刚才在大家的朗读中，我似乎听到了一些错误的读音，有没有同学愿意先向大家展示一下自己的预习成果？(PPT 出示字词)

生 1：我希望同学们注意几个字词的读音，有"悄没声儿""累累""嫉妒"。

师：很好，你从多音字和儿化音的角度给大家提了醒。

生 2：我觉得还有词容易读错，如“面面相觑”“锨刃”，然后“袅袅”这个词容易写错。

师：不错，你不仅关注了读音还关注了书写，思考得更全面。来，我们一起看 PPT，一个词读两遍，预备——齐！

（生齐读字词）

二、初读课文，提出质疑

师：字音读准了，还要了解文章的大意，现在，老师给大家 1 分钟时间，各小组根据自己课前预习的情况，试着用一句话概括文本内容，并在白板上提出有价值的问题。

（各小组讨论，并将疑问写在白板上）

组 1：月亮去了哪些地方？都是什么样子的？

组 2：为什么我们要去找月亮？

组 3：为什么作者说“月亮竟有这么多，只要你愿意，它就有了哩”？

组 4：为什么奶奶说月亮是属于我们每个人的？

组 5：月亮在文中到底代表着什么？为什么大家都想要？

师：大家的问题主要集中于两点：①月亮的足迹在哪里？②月亮的含义和寻月的意义是什么？那么我们首先来解决第一个问题，请大家看学路建议。（PPT 出示）

三、激发兴趣，寻月之迹

学路建议一：

（1）个人学习：默读课文，思考：月亮的足迹都出现在哪里？月亮的状态和孩子们的情感发生了怎样的变化？试着用“—”画出月亮的踪迹和状态，用“～～”画出孩子们情感变化的词语。

（2）小组学习：组内交流，找出关键词语，用思维导图的形式呈现，推举中心发言人，展示并补充、评价。

（小组讨论，在白板上绘制并展示思维导图）

组 1：月亮出现在镜子里、院子里、葡萄叶儿上、锨刃儿上、河里、眼睛里，最后出现在天空。

组 2：我们组发现，月亮出现在很多地方，但以作者观察的位置归纳，主要出现在中堂、院子里和河边这三个地方。而作者的心情也是随之变化的，先是盼望、失望，而后高兴、嫉妒，最后是满足。

（板书：中堂赏月、院中寻月、河边悟月——盼望、失望，高兴、嫉妒，满足）

师：从前两个小组的展示，我们不难发现，月亮的变化轨迹原来也是孩子们情感变化的助推器。它的足迹竟能牵动孩子们的心，那该是多美的月亮啊！来，请大家找找描写月亮的句子，读一读你最喜欢的一处吧。请大家看学路建议二。

四、动静结合，赏月之美

学路建议二：

（1）个人学习：默读课文，边读边圈画出你觉得有趣的句子，并在旁边批注上你的感受。说说你最喜欢哪一处的月亮，并说明理由。

（2）小组学习：组内交流，合作朗读，推举中心发言人，展示并补充、评价。

组1：我们小组喜欢中堂里镜中的月亮，请大家看第2自然段，让我们先读一读。这里运用了许多儿化音，请大家把这些词圈出来，有竹窗帘儿、白道儿、屏住气儿……我们觉得这些儿化音读起来特别有趣，仿佛是小孩子的口吻，感觉十分亲切。

组2：我们小组也很喜欢第2自然段，我们想补充，这里作者还运用了拟人的修辞手法，将月亮慢慢升起来的动态变化描写得栩栩如生。请大家跟我一起读这一句，“月亮还在竹帘儿上爬，那满圆儿却慢慢儿又亏了，末了，便全没了踪迹，只留下一个空镜，一个失望”。（生领读，全班齐读）

组3：我们小组喜欢院中的月亮，这里作者用了许多叠词，大家跟我一起圈出来：满满、玉玉、银银、粗粗……我觉得这些叠词能体现景物的特点，月亮在院中的感觉是十分温柔宁静的，读起来也很有趣。

师：这一动一静竟将月亮的活泼与恬静体现得淋漓尽致。来，让我们一起对比着读一读。男生读动态的月亮，女生读静态的月亮。

（出示PPT，男生读第2自然段，女生读第3自然段）

师：除了运用叠词和儿化音来表现儿童视角下月亮的美，作者的笔下还运用了什么手法来写月亮？

生：我觉得作者还发挥了孩子的丰富的想象力。请大家看第8自然段，（读相关句子）这里当奶奶说到月亮上的桂树时，我们看到院子里的桂树，仿佛自己也在月亮上了。

师：如梦似幻间，好像进入了仙人的境界，对吗？看看谁能读出这种淡淡的、痒痒的感觉？（指生读第8自然段，全班响起掌声）

师：（竖起大拇指）你读得很有感情，仿佛让大家身临其境。那么，文中还有没有作者大胆想象的句子？

生补充：第14自然段，我们了解了嫦娥的故事，想象月宫十分的美好，嫦娥也十分美丽。

师：你找得真准，短短的几句对话也能体现孩子们丰富的想象力，连我们为了月亮而争执都显得格外有趣呢。我们分角色朗读。

（PPT出示第9～15自然段，师生合作朗读）

五、水到渠成，悟月之喻

师：在大家的共同努力下，我们找到了月亮的踪迹，也感受到了它的美，其实，原文中还有一段大家对月亮的看法，让我来为大家读一读。

（展示资料链接：原文选段沙滩议月，师配乐范读）

师：那么在大家的眼中，月亮除了指天上的满月，还代表什么呢？

生1：代表美好的事物。

生2：代表我们的理想。

生3：代表一颗纯真的童心。

（板书：美好）

师：大家说得都不错，所以，回到课前大家的提问，我们为什么要寻找月亮呢？

生1：寻找月亮的踪迹就是发现美的过程。

师：来，让我们给他掌声！（掌声响起）

师：那么作者为什么要以“月迹”为题呢？

生2：它不仅指月亮的踪迹，也是月亮留在孩子们心里的美好印记。

师：正如罗丹所说，生活中从不缺乏美，缺乏的是发现美的眼睛。只要你愿意，它就有了哩。我们一起再来读读最后一个自然段。（全班齐读最后一个自然段）

六、以读促写，笔下露情

师：是啊，生活中美好的东西是属于每个人的，只要我们努力去寻找，就能找到我们所需要的美好事物。孩子们秋夜里找月亮，我们也在冬天里寻一寻风的足迹吧！大家试着写一写。

（生仿写小练笔，展示作品，师评价）

总结：“月亮是个好”。正如贾平凹先生所言：人的一生，苦也罢，乐也罢；得也罢，失也罢，最要紧的是心间的一泓清泉里不能没有月辉。就让这轮好月亮在我们心中留下美好的印迹吧！

（全班再次在配乐中齐读最后一个自然段，师布置课后作业）

【教学反思】探寻语感教学中的层次设计

朱作仁先生曾说，敏锐的语感既是学好语文的重要条件，也是一个人语文水平的重要标志。在语文教学中，教师应根据教材特点和教学内容，充分利用和挖掘文本资源，通过引导学生入境想象、朗读吟诵、揣摩比较等途径，将学生带入课文所描绘的情境，促进其对文本由表及里的消化和吸收。

《月迹》是贾平凹先生的一篇散文，文章很有韵味，虚实结合，有一种恬淡、干净以至纯粹的美。全文以寻月为线索，用一颗纯洁无瑕的童心去感受世间的美好，语言质朴而又富有童趣。美文当美读，当美教。在这节课的教学中，我旨在通过多层次的朗读教学把握文章内容，品读作者优美的语言，让学生感悟并学习作者那份追求美好事物的情怀。

一、自读，寻月之迹——读通词句

初读文本，我给了学生充足的时间自读课文，让他们以自己喜欢的方式去朗读，在读准字音、读通词句的基础上了解文本大意，把握基调，在自我解读中触发语感。

二、品读，赏月之美——读出美感

再读课文，我要求学生以自己提出的问题为中心，对相关段落进行品读。孩子们在探究答案的同时，也能抓住关键词句进行赏析，从“葡萄叶儿、锨刃儿”等儿化音，“酥酥的、痒痒的”等叠词中感受作者儿童般的语言。在课堂中，我鼓励学生各抒己见，大胆抒发对这些句子的理解。

这一部分的朗读形式会更加多样，从个人朗读、男女生对比朗读、师生合作朗读来逐步感受月亮的变化轨迹。个人朗读中，重在教师的朗读指导与点拨；对比朗读中，学生通过对月亮的动态和静态描写的赏析，更能感受到月亮的不同姿态；合作朗读，是师生在逐渐理解文本的基础上读出人物的性格，在品味语言中培养语感。

三、悟读，探月之喻——读出思考

三读课文，我出示了部分原文片段的链接（本文是节选），从寻月自然过渡到大家对月亮的看法，利用教师配乐范读，让学生从之前的热闹群读中沉下心来，产生联想，边听边思考文中月亮的象征意义。听是吸收，读是表达。在理解主旨之后，全班同学齐读最后一个自然段，在思考沉淀中体悟语感。

四、以读促写，书月之华——读写结合

拓展环节，我设计了一处小练笔，旨在让学生从体会文章的语言中举一反三，借鉴文本中对月亮动态描写和静态描写的句子，运用到自己的写作中。运用多媒体资源把学生带进作者所创造的意境之中，以读促写，让学生在优美的意境中内化文章所表达的情感，并抒发在自己的笔下，在创设情境中提升语感。

五、读以致用，撷月之辉——读出韵味

课堂的最后，我以贾平凹先生的名言做总结，在学完整篇课文后，再次全班齐读，学生在读中悟、悟中读，在课堂生成中增强语感，读出文章的韵味。让学生从中体会到：世界上美好的事物的发现都源于美好的情感。只要有一颗追求美好的心，不但能拥有美丽的月亮，而且能拥有整个美好的世界。这篇文章的学习，较好地激发了学生对美好生活发自心底的热爱和向往。

六、不足与思考

当然本课的教学也存在着一些不足，如各教学环节安排不够紧凑。在小组展示中，个别小组发言时间过长。虽然我根据教学实际情况进行了调整，但还是使后面的赏析环节略显仓促了些。练笔环节由于时间原因，部分学生的片段得不到展示和及时的反馈，也算是本堂课的一处遗憾。

叶圣陶先生曾提过："不了解一个字一个辞的意义和情味，单靠翻字典辞典是不够的。必须在日常生活中随时留意，得到真实的经验，对于语言文字才会有正确丰富的了解力。"语感训练作为语文教学的一个重要任务，不应仅局限在课堂朗读之中，还应让学生从"读懂"变成"懂读"。在今后的教学中，我还会挖掘更多样的方法去加强学生的语感培养，以贴近生活的朗读实践，切实提升学生的语文核心素养。

【教师简介】

郑琴，女，1990年3月出生，华中科技大学教育学硕士，现任武汉市常青树实验学校年级校长，学校第一党支部书记。曾多次获得“江汉区优秀班主任”“江汉区优秀中队辅导员”等荣誉称号，所带班级被评为“区优秀班集体”“区先进团支部”。

专家点评——读出语文课堂中的“文味”与“情味”

对语言文字有灵敏的感觉，叫作“语感”。

夏丏尊先生在一篇文章里讲到语感：“在语感锐敏的人的心里，‘赤’不单解作红色，‘夜’不单解作昼的反对吧；‘田园’不单解作种菜的地方，‘春雨’不单解作春天的雨吧。见了‘新绿’二字，就会感到希望、自然的化工、少年的气概等等说不尽的旨趣，见了‘落叶’二字，就会感到无常、寂寥等等说不尽的意味。真的生活在此，真的文学也在此。”语感，就是语言素养，看上去琵琶遮面，读起来风姿绰约，语言的温度扑面而来。

潘利琴与郑琴两位老师抓住了语文教学的基本核心——语感与语感教学。

潘利琴老师执教的《黄山奇石》一课向读者介绍了神奇秀丽的黄山石。文章思路清晰，语言生动，描述了黄山“四绝”之一的怪石，那些惟妙惟肖、趣味横生的奇石，不是神话，是大自然鬼斧神工的创造。潘利琴老师非常机智地选择了美文美读为本文的教学方法，读出词句中的画面感，读出身临其境，读出对大自然的由衷热爱。她在课文设计中以激趣乐读为重点，让学生在识生字、读词串中初步体会语感，通过精读重点句段来品味揣摩，最后巧用延伸赏读进行拓展练写再建构。

潘老师开课“整体感知，正确朗读”的环节设计，很有策略。由词到句，由句到段，在层层推进中，不仅让学生习得了语言的建构与表达，而且体现了低段学生学习语言的多重性：一是初步感悟词句中内容表达的丰富性；二是为积极学习思维提供学习支架的辅助性；三是语言多表达结构方式的趣味性；四是段落构成章法的类似性。

在学生整体感知课文的基础上，潘老师采用看图学文与会意想象的方法，引导学生吟诵、推敲、揣摩、触发、鉴赏，多种读书方法相互结合、相互渗透，贯穿整堂语文课。语文学习过程中，师生们建立了感受言语，触发语感；品味言语，体悟语感；积累言语，积淀语感；运用言语，习得语感的四重通道。潘老师充分利用课文文字语言的内涵，在阅读教学中重视对学生的语感训练，让我们真实地感受到了语感的魅力与语感训练的成效。

郑琴老师教授的《月迹》是一篇清新优美的散文。作品通过描写孩子们中秋之夜追寻月亮的行踪，向人们展示了一幅幅淡雅唯美的图画。郑老师以含蓄凝练、富有哲理的语言作为学生的语感训练点，遵循着学生读书感悟的心理历程，体现了明晰的训练层次：循文、明象、体情、悟道，即自读，寻月之迹——读通词句；品读，赏月之美——读出美感；悟读，探月之喻——读出思考；以读促写，书月之华——读写结合；读以致用，撷月之辉——读出韵味。让学生在读中提升感悟，在读中培养语感，在读中受到情感熏陶。

郑老师通过对重点段落、词句的研读，充分调动学生的感知、想象和感情，使他们运用直觉感受，通过说、读、议等形式进行语言文字的训练，并捕捉文字中闪现的语感火花，让学生了解字词的意义和情味，懂得鉴赏，或从字面上推敲，或从内涵中去揣摩，为培养学生语感能力打下了基础。

同时，两位老师在教学中的语感训练不仅让学生从语言文字上揣摩，而且让学生把生活经验联系到文字上去。从生活方面去体味，在表述中积聚生活所得，直到学生的语感和文本贯通，慢慢接近作者的旨趣，通过文字的桥梁，达成和作者的心灵契合。

语感的培养是儿童心理发展的重要内容，语感的发展只能由学生自己来实现，在学生自己的听说读写等言语实践的获得、积淀中，从自己的心灵深处慢慢滋生。两位老师的语文教学以优秀的言语作品做教学基底，点燃了学生对语言的感知、想象、情感、思维，带领学生不断潜入课文意境，提升并在其中广化、深化、美化、敏化了语感素养。

专家简介：胡晶，市教科研骨干教师、区级优秀教师，个人撰写的论文多次发表于国家核心期刊。

第十二章　学习现场，建规立则

开放式语文课堂在拓宽学生视野、提升学生思维、增强学生审美能力等方面发挥着积极作用。教师可立足于语文学科的开放性，合理安排课程时间，给予学生自主学习时空，充分利用教材的示范价值，开展各种开放式语文学习活动。

开放式语文课堂充满了生机和活力，但是如果教师没有责任意识，课堂没有规矩意识，开放式课堂也容易成为花架子。那么，在开放式语文课堂的学习现场，应该怎样建规立责呢？

教材是开展教学活动的依据，教师需要根据课堂和学生的实际情况对教学内容进行重组和优化，通过活用教材来构建开放式课堂。但不能花哨地堆砌学习材料，而要紧扣教学目标精选内容。如《很久很久以前》一课根据神话特点精选共读材料，《回忆我的母亲》一课根据文体特点筛选同类文章进行比较阅读，既增加了课堂容量，又促进了教学目标的落实。

开放式语文课堂积极倡导自主、合作、探究的学习方式，一些富有探索性的课堂组织形式在提高课堂效率方面发挥了重要作用。如《回忆我的母亲》一课利用“学路指南”明确学习目标，点拨学习路径，指导学习方法。《很久很久以前》一课利用“学习伙伴”来串联课堂，总结点睛，激发兴趣。这些形式使课堂组织紧凑有序，学生活动收放自如，学习现场张弛有度。

趣读神话，看见远古折光

——《很久很久以前》（部编版《语文》四年级上册“快乐读书吧”）

【教学实录】趣读神话，看见远古折光

师：今天和咱们大凉山的小朋友一起上课，老师特别激动。我们先玩个呼唤神灵的游戏，老师出示几张神话人物图片，请大家大声喊出他们的名字。

（生七嘴八舌地喊出精卫、盘古、女娲等神话人物的名字）

PPT 播放“小老师哪吒”动画配音：

在宇宙诞生之前，没有天，也没有地，没有光明，也没有黑暗，只有混沌的一片。从几百亿年前的宇宙诞生，到几十亿年前的地球产生，再到几百万年前的人类进化，人类存在的历史就像宇宙时间线中的最后几毫秒。你们的祖先对世界的许多问题都抱有强烈的好奇心，他们尝试用神话的方式给出解释，并依靠口头讲述使其代代相传。

师：神话人物就是在这种情况下产生的，神话传说是人类最早的口头文学作品。随着人类文明的发展，人们不仅通过口口相传来传播神话，还开始使用文字来传播这些故事。你们看，这些就是世界各地有关神话传说的经典文学作品。（PPT 呈现美洲的印第安神话《天地父母》、北欧神话《埃达》、阿拉伯民间传说《一千零一夜》、中国神话《山海经》，还有希腊神话《伊利亚特》《奥德赛》等）而最让我们感到亲切的是咱们凉山彝族神话史诗《勒俄特依》。

（学生惊叹）

师：今天要向大家隆重推荐两本书——《中国神话传说》和《世界经典神话与传说故事》。这两本书选取了世界各地最具代表性的神话传说。

师：都喜欢玩转盘游戏吧？老师把书里一些有趣的故事标题写在这个转盘上，我们玩转盘，猜情节。（生踊跃举手）

（生 1 转动转盘，指针停在了《阿里巴巴和四十大盗》上）

师：阿里巴巴发现了一个装满宝物的山洞，你知道进入山洞的神秘暗号是什么吗？

几个学生争相回答：芝麻开门。

师：神奇的神话传说等着我们去探索。下面我们一起来读另一篇有趣的神话——《炎帝尝百草》。请默读这一段，老师给大家计时，看看同学们的阅读速度怎样。

（生专注默读，电子计时器计时）

（师指名反馈，生 2 抢先举手，不能完整完成内容填空）

师：这个同学读得很快，30 秒就读完举手了。看来读得太快，囫囵吞枣可不行。

生 3：老师我来完成。（炎帝）为了治病救人，经常（试吃植物）导致（中毒），后来他获得了（神奇的红鞭子），最后他写出了《本草经》，被称为“（医药之神）”。

师：你多长时间读完的？

生 3：54 秒。

师（竖大拇指）：不错！我们阅读时，既要有一定的速度，更要保证阅读质量。现在请默读勾画，画出最令你觉得神奇的句子。（生边读边勾画，举手反馈）

生 4：他的身体是透明的。

生 5：他一天之内中毒七十次，还不会死。

生 6：他有神奇的红色鞭子，无论什么植物，只要用这根鞭子一抽，立刻就能够显示出它的性质。

师总结：炎帝百毒不侵，拥有神性（板书“神性”），那根神奇的红鞭子是他的神器（板书“神器”）。炎帝给你留下了什么样的印象？

生 7（声音洪亮，郑重其事）：炎帝给我留下的印象是他为民造福，然后牺牲自己给人类治病。

生 8：炎帝给我留下的印象是奋不顾身，非常勇敢。

生 9：炎帝给我的印象是坚持不懈，永垂不朽。（笑声）

师总结：是啊，炎帝博爱仁慈、心怀天下，我们都敬仰这位先祖。湖北省随州厉山镇九龙山是华夏始祖炎帝神农的诞生地，每年农历四月二十六日炎帝生辰，世界各地的炎黄子孙都会回来敬奉炎帝，寻根问祖。

师：神话人物给我们留下了如此深刻的印象，它已经融入了我们的生活中，还有很多神话也有这样鲜明的人物形象、精彩的故事情节等着我们去探索，还想读吗？老师给大家带来了4个神话传说。首先浏览4个故事，选择1个你最感兴趣的默读，边读边想象，把令你感觉到神奇的句子画下来，准备交流汇报。（学生浏览）

师：咱们现在就开始读起来，尽情享受你的神话故事大餐吧。（学生踊跃举手，教师点了8位同学上台）

生1：我觉得最有趣的句子是伏羲和女娲在白龟肚子里发现了一座宫殿，走过去一看，那里面摆着一堆鱼。这个很神奇，对不对？

生2：是的，白龟张开大口把伏羲和女娲吞进肚子里，沉入湖底，兄妹俩在白龟肚子里发现了一座宫殿，那里面摆着一堆鱼，它是怎么把那一堆鱼吞进肚子里的啊？白龟该有多大啊！

师：这两个同学不约而同地把目光放到了这只白龟身上。白龟是上古神话十二神兽之一，十二神兽当中有一个"四灵"，分别是龙、凤凰——

生3突然接话：我看《山海经》知道，还有麒麟。

师：你懂的知识可真多！白龟也是"四灵"神兽之一。（板书"神兽"）再看第二个故事。

生4：我觉得神奇的地方是"出生第一代，只有两尺高，到了第二代与人一样高，三代如松树，四代长齐天"，普通人只能长到一米多点，但是他们过了几代就和天一样高。

师：你们注意到最后一句话了吗？"能否成人类？不能成人类。"对，他介绍的是人类在进化过程中的样子，当然跟咱们的样子不相同了。这就是咱们彝族的创始神话大胆的想象，多有意思。这里给我们展现了不同于人类的样貌，我们称之为"神相"。（板书"神相"）

生5：我来补充，"头上住喜鹊……脚板住蚂蚁"，我们的身体不可能住着动物，但是他的身体里面住着喜鹊，脚板还有蚂蚁。

师：你是不是想象到了这么多鸟啊、鹊啊都到自己身上来的样子？（生笑）他读得很投入，神话史诗就应该像他这样读得有韵味、有节奏，对不对？送点掌声给他。（全场掌声）

生6：我喜欢《赫拉克勒斯与巨人之战》，我觉得最神奇的是巨人阿尔克尤纳宇斯一接触大地就复活了，所以后来赫拉克勒斯把他举了起来。

师：你的同伴对你的话表示赞同，赫拉克勒斯是希腊神话里的大力神，他的神力惊人。男生应该是最喜欢的，对不对？好，来继续看第4个故事。

生7：我喜欢的是第4个故事，我觉得神奇的地方是在这里：就在他睡梦中，岩石开始变大，越来越高，越过山谷中最高的山。

师:谁来告诉我们谁解救了小男孩?

生8:最后一只尺蠖自告奋勇,用一整个月的时间爬到了岩石顶上唤醒了孩子,并把他安全带了下来。

师:你看这个石头能变成山谷,尺蠖能救人,像这样的神通变化在我们的神话传说里太多了,佛经里把这种变化叫"神变"。(板书"神变")神奇的神话要有趣地读,下面同学们可以找同读一个故事的小伙伴,按"快乐读书卡"的阅读提示合作完成阅读任务,用多种形式展现神话的神奇与趣味,小组之间比一比、赛一赛。(全班自由分成小组开展活动)

师:首先请喜欢《伏羲和女娲》的同学到前面来进行展示。

师:怎么表现到肚子里来?(两生躲到一生的背后缩成一团,全班大笑)

师:有没有同学愿意上来朗读《勒俄特依——雪子十二支》的?(大部分同学举手)

师:咱们请那几位彝族小朋友领读。(全班有节奏地大声朗读)

(两位学生展示《赫拉克勒斯与巨人之战》人物情节思维导图,另外两位同学展示《云端的孩子》简笔画,其他学生配乐朗读《赫拉克勒斯与巨人之战》和《云端的孩子》)

师:老师要为今天课堂上积极踊跃的你们点赞。好,今天老师还请来了哪吒和另一个小伙伴,听听他们怎么说。

"哪吒":今天我们通过默读几篇神话传说,知道了默读要有一定的速度,可以边读边想象,感受神话的神奇和鲜明的人物形象。你学会了吗?

师:现在,有一位同学将给大家推荐另一个阅读好方法——制定阅读计划表。

播放视频:大家好!我是武汉市常青树实验学校四(1)班黄馨瑶,今天我给大家推荐《中国神话传说》这本书,并介绍一个读书的好方法——制定"阅读计划表"……

师:在阅读过程中,我们还可以采用填写自制的读书记录卡、写批注、写读后感等方式做好阅读记录,让每一次的阅读都有所获,让自己的阅读留下痕迹。世界神话传说中藏着无穷无尽的奥秘,你读得越多,收获就越多,赶紧去读这些书吧!

【教学反思】"扶"与"放"的有效结合

部编版《语文》四年级上册教材中的"快乐读书吧"以"很久很久以前"为主题,引导学生阅读中外神话,感受远古世界的神奇和神话传说的魅力,有其重要的教育意义和课程价值。我在内容选择、时间安排、方法指导、评价方式上做到了统筹协调，帮助学生体验阅读神话的幸福感和获得感。

一、阅读内容合理"取舍"，"扶放"有机结合

四年级上册"快乐读书吧"推荐的《中国神话传说》《世界经典神话与传说故事》是汇编类作品。对于这一类作品，推荐的阅读内容不需要全部精读，教师和学生可一起选择书中典型篇目进行共读，其余内容则留给学生自读。

在阅读篇目上"取舍"与"扶放"，既能保证阅读目标的落实，也给学生留足了自主阅读的时空，这样有利于提升师生共读活动效果。教师不能只着眼于一两节阅读指导课，更应该注重课下阅读的指导和评价，让学生的课外阅读得以落实。

二、引导学生感受神话的文体特点

神话是文学艺术的来源。神话中丰富的想象、夸张的手法成了文学创作的基本手段，神话中的英雄人物给文学创作注入了核心价值，因此，神话传说在文学发展史上有着举足轻重的作用。

四年级上册"快乐读书吧"中用几个问题来引导学生认识神话："世界是如何起源的？人类是怎样产生的？神和英雄如何生活？"我在导读课中将导语的质疑适当展开，补充相关知识，帮助学生建立神话的认知基础。通过生动形象的讲述，学生既能感受到神话历史悠久，也能对神话口头文学的特点形成初步认识，为即将开启的阅读打下了良好的基础。

三、利用儿童心理，激发阅读兴趣

神话充满幻想与诗意的元素，传达无畏和游戏的精神，神话的这些特点与儿童心灵息息相通。儿童具有快乐的本性、诗性的智慧、泛灵的心理、游戏的特质、猎奇的本能，而神话正好能完全满足儿童的心理需求。

我在指导学生阅读神话时，充分利用神话的特点，开展了丰富的趣味阅读活动。如猜读激趣，让学生根据篇名猜测有趣的情节，让学生体会到了神话的神奇之处，激发了他们阅读的热情。又如在课中有意识地训练学生的默读速度和专注度，引导学生精读悟法，在读中想象，读中思考，感受神话神奇的特点，领略神话人物独特的魅力。我还让学生根据感兴趣的篇目特点，自主选择多样的形式展示阅读成果，激发了学生阅读的获得感。

当然，自由开放的课堂结构更考验教师的驾驭能力，我对小组学习的调控组织还应该有更充分的预设，运用好评价反馈的“指挥棒”，不断提高课堂效率。

【教师简介】

高萍，女，1979 年 1 月出生，现任武汉市常青树实验学校语文学科大组长、年级校长。曾获“武汉市语文学科带头人”“江汉区语文学科带头人”“武汉市优秀班主任”“武汉市教育系统建功立业女明星”等荣誉称号。

感恩母亲，时间经纬编织的优秀

——《回忆我的母亲》(部编版《语文》八年级上册第 7 课)

【教学实录】细读慢悟，发现爱，感受爱

一、导入

师：我们曾学过刘坚同志的《草地晚餐》，记叙的人物是谁？

生：朱德同志。

师：回答得很好！那么，文章歌颂了朱德同志的哪些崇高品质和革命精神？

生：艰苦朴素、坚韧不拔、以身作则、平易近人、关怀战士、与战士同甘共苦、忠诚于革命事业，等等。

师：同学们回答得很准确！看来大家对这篇文章印象深刻。朱德同志的这些崇高品质和革命精神的养成，固然与他接受马列主义、加入中国共产党、长期从事革命实践分不开，但也同他母亲钟太夫人的教育、影响和熏陶分不开。母亲宽厚仁慈、坚韧顽强、爱憎分明、始终如一地支持儿子投身于革命事业。她勤劳一生，在世上活了 86 个春秋，于 1944 年去世。朱德同志为了表达自己对母亲的思念与敬爱之情，于母亲逝世后写下了这篇朴素感人的叙事散文。今天，我们就一起来走进朱德同志的心理世界，去感受这位平凡而又伟大的母亲！

二、初读课文，感知文本

师：同学们现在开始自由朗读课文。在初读文本时，可以借助课文注释和工具书弄清字词的音、形、义，为理解课文内容扫清障碍。(教师此时应有侧重地指导学生做好字、词练习)

师：根据前期的预习，哪位同学可以为大家介绍本文作者的母亲钟太夫人及写作背景？(教师此时可以结合预习检查的情况，多鼓励准备充足的学生上台进行口语表达，并有针对性地进行指导，注意语言表达的凝练与流畅)

生:朱德同志的母亲钟太夫人于1944年2月25日病逝,享年86岁。3月25日,《解放日报》发表了《朱母钟太夫人传略》。朱德同志深感母亲的养育之恩,写了本文,并载于1944年4月5日延安出版的《解放日报》。4月10日,延安各界举行公祭。

师:这位同学介绍得非常详细,课前的准备做得很充分!刚刚大家对课文有了基本的了解,现在,请再次默读文本,思考:文章可分几个部分?用准确简洁的语言概括各部分大意。

生:第一部分(第1段),痛悼母亲逝世,引出对母亲的回忆。

第二部分(第2~15段),叙述家庭情况,着重写母亲一生中的主要事迹,歌颂母亲的美德,感谢母亲的养育之恩。

这部分又可分为三层:

第一层(第2~8段),概述家庭情况,着重写母亲勤劳、俭朴、宽厚仁慈的高贵品质和坚强不屈的性格。

第二层(第9~13段),母亲理解儿子,鼓励支持他投身革命。

第三层(第14~15段),概述母亲对自己的教育和深刻的影响(这两段也可归入第三部分)。

第三部分(第16~17段),写对母亲的沉痛悼念,并表达了作者以尽忠于党和人民来报答母亲深恩的崇高的思想感情。

师:很好!这位同学一定在课前进行了充分的预习,才会回答得如此准确!

三、研读文本,自能发现

师:我们刚刚对文本已经进行了两次阅读,大家在理解文本的过程中有没有什么疑问呢?老师给大家10分钟时间再次细读文本,以小组为单位,推出一个最有价值的问题。(PPT出示学法指导)

情感态度与价值观				写作技巧			
标题含义	字词含义	中心句的核心语义	思想感情	修辞手法	表现手法	段落结构	材料安排

(教师进行学法指导,即学生主要从“情感态度与价值观”和“写作技巧”

两个维度来质疑，在给定的8个角度之下，教师再进行提炼，回到问题的源点，即“情感”和“写法”。最终将学生的问题提炼为：①如何理解课文第1自然段的“我爱我母亲”这一句话？②本文在写作技巧上，有何特点？）

生：文章刻画了母亲什么样的形象？本文表达了作者对母亲怎样的浓郁情感？作者在叙述往事时，语言有何特点？课文第1自然段在全文中有何作用……

师：这篇文章标题为《回忆我的母亲》，以回忆录的形式表达了作者对母亲浓郁的爱，即为第1自然段所写。但是，什么是爱？具体体现为什么样的情感？是去世后的悲痛、子欲养而亲不待的遗憾、对过往的怀念，还是其他情感？这个需要你们去体会和感受。尤其是母亲以其优秀的品德，滋养了朱德同志的成长，给予其教育和影响，这都是“爱”的出发点。作者以时间为纵轴，以母亲优秀的品德为横轴，记录了母亲勤劳而坚强的一生，在写法上，与抒情的回忆性散文又有不同，如何通过洗练却饱含情感的文字，去体会背后的温度，也是本课需要解决的难点。老师刚刚仔细聆听了各个小组的问题，帮大家提炼了两个大问题，我相信这两个大问题解决了，那么你们的小问题也就迎刃而解了。

四、主动思考，自能参与

师：问题一，如何理解文中第一段的“我爱我母亲”？

（教师给出学路指南：①归纳文中母亲的典型往事，分析母亲的优秀品质；②划出文中的议论、抒情句，分析母亲对我的教育和影响；③品读最后一段，揣摩作者浓郁的情感；④小组讨论3分钟，进行汇报）

小组汇报：研读通篇，首先分析母亲“劳动阶级完人”的形象，把握母亲的优秀品德对朱德成长的滋养和影响，结合全文，分析作者对母亲浓郁而极致的爱。

明确：(1)钟太夫人的形象——劳动阶级完人（毛泽东），即勤劳的中国标本式农民（勤劳俭朴、任劳任怨、同情穷人、宽厚仁慈）和觉醒的坚韧女性（对为富不仁的反感、支持革命、期待民族解放）。

(2)钟太夫人对朱德的教育和影响。

a. 强健的体魄，勇于与困难作斗争。

b. 坚强的意志，完善的人格。

c. 尽忠于民族和人民，尽忠于中国共产党。

(3)爱的极致表达。

文章回忆了母亲勤劳的一生，赞颂了母亲勤劳俭朴、宽厚仁慈、坚强不屈的优秀品质，叙述了母亲对自己的教育和影响，抒发了对母亲的深深怀念、感谢和无比崇敬的感情，表达了自己尽忠于民族和人民，尽忠于党来报答母亲的决心。

师：问题二，本文在写作技巧上，有何特点？

（教师给出学路建议：①画出本文中记叙和抒情的句子，探究其语言特点；②结合《回忆鲁迅先生》，分析两篇课文在选材上的特点；③小组讨论 3 分钟，进行汇报）

小组 A 汇报：母亲知道我所做的事业，她期望着中国民族解放的成功。她知道我们党的困难，依然在家里过着勤苦的农妇生活。

明确：语言朴实无华，表现了母亲识大体、吃苦耐劳的高贵品德和儿子对母亲的敬佩、感激之情。

小组 B 汇报：母亲这样整日的劳碌着。

明确："这样"指代前文中煮饭、挑水、做农活等，而"整日"说明她不得闲，如此劳碌，既有对母亲的心疼，又有对母亲的敬重。

小组 C 汇报：母亲年老了，但她永远想念着我，如同我永远想念着她一样。

明确：生活中，人们表达对亲人的感情都是无须多加修饰的，同时又是最生动的。母子之间的亲情不会因时空的阻隔而中断，感情浓烈，哀而不伤，既有深深的怀念，又有子欲养而亲不待的遗憾。

师：刚刚三个小组的分析与汇报都非常好！分工明确，且合作默契，对问题的阐释与解析有着本组的思考痕迹，也非常有见解！（掌声送给他们）

师：本文的内容是表达母亲去世后儿子对母亲的怀念，而母亲又是一位勤劳朴实的农民，所以在写法上语言质朴，没有运用什么修辞手法，也没有激情澎湃、慷慨激昂的语言，更没有抒情性很强的句子，但这并不影响作者抒发对母亲的感情。如果运用华丽的语言，反而不得体。作者写这篇文章，只是为了把自己心头对母亲的崇敬和怀念之情抒发出来，把对母亲深深的敬爱和怀念之情渗透在对母亲的回忆之中，自然成文，字里行间流露出一种真挚深沉的爱，无心于语言的考究，真情实感更加动人，质朴自然。

五、概括归纳，自能建构

师：小组的汇报是非常成功的，我也相信小组成员们在分析问题的同时，之前的疑惑也都得到了解答。现在，老师请两位同学把大家的讨论成果归纳一下。

生 1 归纳情感态度和价值观：

文章回忆了母亲勤劳的一生，赞颂了母亲勤劳俭朴、宽厚仁慈、坚强不屈的优秀品质，叙述了母亲对自己的教育和影响，抒发了对母亲的深深怀念、感谢和无比崇敬的感情，表达了自己尽忠于民族和人民，尽忠于党来报答母亲的决心。

生 2 归纳写法建构：

①文章没有用华丽的辞藻和慷慨激昂的词句，而是回忆自己的亲历亲见亲闻，平实的叙写中，质朴而富有深情，充满了对母亲真挚深沉的爱。

②以时间为经线，以母亲的优秀品德为纬线，以回忆录的形式，记载了母亲一生的点点滴滴。首尾呼应，结构严谨。

六、由内而外，自能拓展

师：请同学们观看一段视频，回忆你与妈妈在一起的童年时光，你是否有话想对妈妈说？

生 1：妈妈这么多年来含辛茹苦，我想对妈妈说，您辛苦了！

生 2：早上我还跟妈妈吵架了，我想跟妈妈说，对不起！

生 3：后天就是妈妈的生日，我想跟妈妈说，妈妈，我爱你！

【教学反思】走进文本，角色替代

《回忆我的母亲》是一篇脍炙人口的叙事散文，也是中学语文教材中优秀的保留篇目。在这篇简洁朴素的优秀散文里，作者朱德回忆了母亲勤劳的一生，讴歌了这位平凡而又伟大的劳动妇女的崇高品德，表示了继续革命、要为中国人民的解放事业鞠躬尽瘁的坚定志向。

这篇回忆性散文在写作语言上朴素、平实。作者用一系列生活琐事来表现母亲的伟大，感情真挚，具有较强的感染力。在平静的叙述中，字里行间流露出真挚深沉的爱。

我在讲授这篇课文时，重点引导学生熟读文本。初读是厘清文本的写作思路，再读是概括文章的主要内容，精读的时候要让学生学会对文章的内容进行理解和质疑，引导学生自己解读，自己设疑，自己解决。

本篇文章在理解方面问题不大，而如何调动学生的学习热情是难点。文章的写作背景离学生的实际生活比较远，主旋律色彩浓厚，学生对文章情感的把握相对比较困难，尤其是力透纸背的怀念与感激，学生不容易感同身受，所以我把更多的学习时间交给了学生。

在本节课的教学中，我通过让学生带着问题读课文，画出关键词句来培养学生自学和独立思考的能力，通过小组讨论培养学生的交流与合作能力；让学生联系生活实际谈谈母亲对自己的爱，培养学生的感恩之心；通过鼓掌、赞美和表扬树立学生的学习自信心。面对学生没有答对的问题，教师可以适时地建规立则，给出学路指南，使学生在教师的指导下完成学习任务。

课后我反思了这堂课的教学环节，有些地方还可以改进：①文章的写作背景离学生的实际生活比较远，课前应该多介绍朱德同志生活的时代背景和写作背景，让学生更容易体会“怀念”与“感激”两种主要感情；②本节课是公开课，学生的表现稍显局促，在进行语言表达时有些紧张，后期可以多鼓励学生，多给一些眼神暗示，建立学生表达的信心。

【教师简介】

周长安，湖北大学教育硕士，九年级语文学科备课组长。曾获得“江汉区优秀教工团干”“先进德育工作者”等荣誉称号，所带班级被评为“区先进团支部”。

专家点评——学法有规，教法无痕

“生命发展教育”理念下的课堂是呈现人的蓬勃生命状态和人的可持续发展前景的生态课堂。在该理念的引领下建构的主动课堂和自能课堂，都以关注学生的全面发展为核心，力求营造一个平等、尊重、发展、和谐、共生的多元性和差异性共存的课堂。这样的课堂绝不是放任学生，而是坚持“以生为本”的理念，尊重学生的主体地位，根据学生表现及新课程标准要求，进行个性化教学管理。

“学习现场，建规立责”正是围绕课堂管理行为，呈现符合学生持续发展的管理策略。这里的“规”与“责”不是冷冰冰的规则，而是注重激发学生学习动力，充分发挥其学习主动性。这样的课堂管理能打破传统课堂将教师视为教学管理主体，要求学生必须遵守既定管理规划，并不关注学生在课堂上的状态的现状，改变教学管理与学生学习成长实际需求不符的局面。下面我们从两位老师的课堂来了解一下具体表现吧。

高萍老师执教的《很久很久以前》阅读指导课，围绕部编版语文四年级上册“快乐读书吧”单元的“很久很久以前”主题，引导学生阅读中外神话。在授课过程中，她重视学生阅读习惯的培养，让学生明确默读的速度要求和方法，训练学生的专注度。例如高老师在学生默读完神话《炎帝尝百草》后，不仅让同学们知晓“我们阅读时，既要有一定的速度，更要保证阅读质量”，并强调阅读方法的习得——“现在请默读勾画”。这节课是为大凉山的孩子们准备的，虽然高老师与学生素未谋面，但学生在老师明确的指引下，对默读的要求了然于胸，随后的阅读活动质量能得以保证。

同时，高老师在评语的运用上，激励与规范作用并重。面对初次见面的学生，高老师的开课以鼓励激趣为主，选择了贴近学生生长环境的彝族神话，从而将授课的重点引向方法指导。在随后的阅读指导环节中，老师在学生阅读速度、朗读情感、表述的规范性等方面的点评除了鼓励以外，更重要的是指出了学生存在的具体问题并给予了相应的指导。另外，在本课临近尾声时，老师为同学们提供了有效的阅读方法——制定“阅读计划表”，让学生有了有序、深入进行自主阅读活动的法宝。可以说，课堂的氛围是活跃热闹的，有了老师的全程引导，课堂又是井然有序的，学生的阅读能力培养由课内延伸至课外！

周长安老师执教的《回忆我的母亲》一课，以八年级学生为授课对象，初中生的课堂管理已不能简单地依靠老师制定的规则来实现，还要培养学生参与课堂管理和教学活动的积极性。对于这样一篇语言平实、情感真挚的散文，周老师在教学时以引导学生自主阅读，感悟其中深意为主，因此，整节课老师的"建规立责"体现在不着痕迹的引导上。在感知文本与自能发现环节，利用小组活动，让小组长带领组员完成预习任务，整体感知文本内容，小组分工明确，学生活动有序。在本节课的重难点突破上，教师及时给予学路指南，学路指南包含学习内容、学习方法、小组活动原则等内容，帮助学生把握解决问题的关键，同时，这样的引导是符合初中生身心发展规律的。

教学过程中的"建规立责"正是希望通过符合学生需要，能促进学生发展的方式促进学生完成自主学习，实现自我能力的提升。周老师的课堂正是在无形的"规"与"责"中，实现了学生素养的培养与提升。

专家简介：万妮，武汉市学科带头人，武汉市"百优"班主任，江汉区语文中心组成员。曾获湖北省优质课一等奖、武汉市优质课一等奖，个人撰写的论文多次发表于国家核心期刊，并参与编写"语文读本"丛书。

第十三章　体裁得法，学路渗透

语文学科新课程改革这样要求:老师要把课堂的话语权还给学生。我们根据不同的文章体裁组织不同的课程活动,同时给予学生相应的学路指导,学生有了学法的指导,渐渐形成自学能力,逐步掌握不同体裁的特点以及相应的阅读方法,让学生在自主阅读中回归语文的本味。

例如在进行部编版《语文》七年级上册第一单元写作专题《热爱生活,热爱写作》的教学设计时,针对第一单元的课文体裁——写景类散文,我们致力于激发学生观察生活、把握细节的潜力,并给出记录观察日记的学路建议,同时结合当下新的信息载体,让学生以文配图,在朋友圈和微博等平台上分享自己的生活,并且学生之间互评。这种互动会很好地激发学生分享的兴趣,同时将写作变成一种极其生活化的体验,消除七年级学生对作文的恐惧心理。在设计《水浒传》阅读分享课时,针对中国古典小说以情节制胜、以栩栩如生的人物形象深入人心的体裁特点,抓住了人物和情节,在学生阅读之前先给出阅读提示,抓住林冲这一人物主线,感受情节发展中的人物性格变化,做好批注,整理人物卡片。这种阅读方式让初读大部头文学名著的孩子能很快"上手",感受古典小说的魅力。

为有源头活水来 美就在身边

——《热爱生活，热爱写作》(部编版《语文》七年级第一单元写作专题)

【教学实录】向青草更青处漫溯

师："心有猛虎，细嗅蔷薇"是英国诗人萨松的一句名言，那么在写作时，我们可以将心中巨大的张力诉诸细致入微的感知与观察当中，抓住更多生活中的惊鸿一瞥。今天就让我们一起带着上节课的疑问，继续我们"细心观察"的作文训练。大家在课前针对教材一、二单元的课文和观察日志，思考并总结了如何才能在作文中做到细心观察，下面就请大家就课下的学习成果进行汇报。

(同学们纷纷举手)

师：有请最先举手的这个小组发言，以 PPT 或者白板的方式进行展示皆可。

A 小组：我们以 PPT 的方式进行展示(打开 PPT)。这篇作文是我一个人在房间里时，观察着窗外的夜景写下的，有哪位同学愿意帮我读一下我写的文章？

生：每当黑夜熄灭了万家灯火的时候，你与父母的争吵声便不断传来。家里的日光灯神经绷紧，不敢有半点熄灭的意味，下一秒的争吵却总在冷战中结束。开门的吱呀声一旦停止，你就发现世界是如此漆黑，线条冷峻，只能见到底层马路上来往不息的车辆，发出微微的光。风刮过窗户，声音尖的似乎能刺破耳膜，像风直接吹进了眼睛，你不由得裹紧了被子。月光静静地打在你身上，勾勒出你瘦小而微微颤抖的身躯。朦胧中，你慢慢合上了疲惫的眼睛，眼角滴出晶莹的泪珠，在湿润的枕头上。我知道你在盘算些什么。

小组成员 A：首先，我们从作者的叙述中知道，这篇文章是他自己经历了一些事后写下的，他以第二人称的方式，向我们展现出了一种镜头感。他首先写了内部的景色，然后又写了外部的景色。由这样一种空间的变化，表现出他当时的不安、委屈、伤心的情感。我们的汇报完毕，谢谢大家。

师：我们从这些优秀的同伴身上学到了一些作文的方法，我相信还有更多的小组想分享自己的学习成果，好，有请。

B小组：（打开本组课下制作的PPT）大家好，我和刘佳怡代表我们组进行学习成果展示。从第一单元第三课《雨的四季》中，我们知道了写作时要调动多种感官，不要单单只用眼睛去看，因为这样的事物是不完整的，我们要从各个方面去描绘事物。在写作时，我们还可以运用合理的想象和联想，让事物更加完整。我们的汇报完毕，谢谢大家！

师：从教材里面总结了不少观察和描写的手法，是不是？其他小组还有没有想说的？

C小组：大家好，我和祝志恒代表我们组进行学习成果展示。这一段选自《秋天的怀念》，用大量的笔墨描写母亲的神态，比如"她憔悴的脸上现出央求般的神色"，"她高兴得一会儿坐下，一会儿站起"。史铁生写得真的是很不错，除了细致的观察以外，他还在文章中注入了浓郁的感情，表达他对母亲的思念和愧疚。只有融入自己的感情，才能写出感动读者的文章。

师：请大家看立式黑板，刚刚几个小组给我们展示了这么多的写作方法，大家现在就用这些方法来写一写吧！

（学生打开IPAD中的学习任务，进行改写训练）

教师巡视指导：第一段，"我突然看向父母，我看见了极其耀眼的一幕，夕阳西下，父母双手紧紧相握，感觉是那么亲切，那么和谐，这是多么美好的画面"。在这段文字里面，父母双手紧紧相握，然后就对画面进行了总结，同学们能不能把这个画面丰满起来？父母当时的背影是什么样子？除了双手之外还有没有其他细节？第二段来自张浩同学的《武汉的冬天》，同学们能不能对雪景进行进一步的描摹呢？只写你们要添加的东西，完成的小组举手示意。

（给学生5分钟改写片段）

（5分钟后，小组纷纷举手示意）

师：还有一个小组没有举手，我们再等一等。来，我们一起来听一下这个小组的改写，掌声鼓励。

（展示的小组组长打开IPAD，同步投影在电子白板上，让全班同学看见展示内容）

D小组：我代表我们组来展示改写的片段。我们在"父母的双手紧紧相握"中加上了"他们一步一步走得很慢，身后的影子也被夕阳拉长，黑色的头发也被染上金黄，在他们紧握的双手中，仿佛看见了他们幸福的微笑，这种感觉是那么亲切，那么和谐，他们的脸上就算有皱纹，也是岁月为他们刻画的美好痕迹，这是多么美的画面啊”。我们将下面的部分分成了两个小段，在第一段中，我们运用了联想和想象的手法，在第二段中，加入了听觉，衬托出亲情的伟大。

师：大家觉得怎么样？同学们都来评价一下。

生1：我觉得非常好，加入了听觉，衬托出亲情的珍贵。

师：还有吗？

生2：还融入了情感，观察得细致入微，使画面更加美好生动。

师：让我们掌声鼓励！有没有同学改写了第二段文字的？

E小组：我们组改写的是《武汉的冬天》，“我迷迷糊糊地向窗外望去，顿时，我惊住了，多年未下雪的武汉，竟飘起了鹅毛大雪，如同柳絮般随着风无声地、悠然自在地漂泊着”，我们运用了联想的观察方法，写出了雪在飘的过程中如同柳絮一般美。

师：有一些进步，还可以写得更好。在写作过程中，我们要把观察用到实地，就要做到“特点鲜明，目的明确，镜头聚焦，感官多元，融情入境，情景交融”。让我们增加一点挑战的难度，好不好？

师：在观察日志中，同学们除了用笔记录生活外，还在周末和爸爸妈妈一起用镜头捕捉了一些九月初秋的场景。（PPT出示图片）请大家选择一幅最喜欢的画面写一段文字，200字左右，想到什么就写什么。观察的时候，用眼睛，用嘴巴，用耳朵，更要用心。

（PPT播放奥户巴寿的一段背景音乐，营造诗情画意的写作情境，给学生10～15分钟看图作文）

师：朝露待日晞，秋日微凉的清晨，同学们在操场开始了晨跑；校区的道路边，秋色已经染上了树叶……（教师用优美的语言引入图片，激发孩子们的写作灵感）

师：写好的同学举手示意。（举手的同学越来越多）好，请这位同学展示。

生：和煦的阳光下，光透过树枝洒下斑驳的光圈，树下有几条带着锈迹的长凳，时不时吹来一阵秋风，倒也是个纳凉聊天的好地方。几个人坐在长凳上，晒着太阳，附近的工地停止了喧闹，所有的事物都享受着难得的宁静。在这一环境中，时间仿佛都放慢了，让人不禁感叹残酷的时间也会流连美好的事物。

师：残酷的时间也会流连美好的事物，恩，这句话写得很好，大家给她一些掌声。下面请一位同学告诉我她写的是哪一幅图。

生 1:第一幅图。

师:恩,她写得好不好?

生 2:她运用了想象的手法,长凳上本没有人,但她想象长凳上有人。

师:通过想象,浮现出人留下的痕迹。

生 3:最后一句话写得好,这幅图当中,绿中透着一点黄,昭示秋天也是丰收的季节。

师:有没有同学写第三幅图的?

生:在微凉的秋风中,在柔和的阳光下,似乎听到了窗外的欢呼声,抬头望向窗外,同学们正迎风奔跑,偌大的操场上,蔚蓝的天空下,有小草的清幽,也有落叶的枯黄,它们有的落在地上,显得很安详,有的不甘平凡,翩翩起舞。迎着如涓涓细流一般的阳光,同学们喊着口号,摆着手臂,随着脚踩枯叶的沙沙声,为操场铺上一片金黄,柔和的阳光投射在枯叶的碎屑上,有几分斑驳,也有几分沧桑,有些许残缺,又有些许希望。

师:请坐,大家请为他鼓掌! 有没有同学点评一下?

生 1:他写的这篇文章,写到了初秋的景色,也写到了同学们在初秋的清晨运动的场景。

师:不仅有景,还写到了人。

生 2:我觉得他写的非常有文采,最后几句话写的非常有韵味。

师:请大家回味一下最后几句有韵味的话,残缺和希望,斑驳和沧桑,有一种反差美,看似微凉的秋季,也蕴含着朝气和希望。老师也写了一段,大家听一听老师写的是哪一幅图。秋的小像——

(教师搭配钢琴曲《秋的思念》朗诵下水作文片段)

师:谁评价一下老师写的文章?

生:我觉得老师写的是第一幅图,老师运用了联想和想象,调动了许多感官,从树、砖写到一些很深的东西,还运用了一些情感,写得细致入微,非常的生动。

师:那现在再增加一点难度,刚刚每个小组的同学写了不同的片段,我们能不能通过自己的润色和加工把不同的片段组合成一幅完整的秋天肖像图? 试一下,好不好? 完成后将本组的作品拍照上传到 IPAD 作品库中,每位同学逐一阅读 8 篇作文,为其中好的作品点赞并附上评语,我们看哪个小组的作品集赞最多!

(给学生 5 分钟时间连段成篇并上传,5 分钟时间点赞、评价)

(教师打开 IPAD,同步投影在电子白板上)

师：同学们，作品的点评结果已经出来了，一目了然，点赞最多的作品是第三小组的《秋之韵》，让我们把最热烈的掌声送给他们！（同学们鼓掌）我们一起再欣赏一遍。

生：好。

师：为什么不同的片段放在一篇文章里，并不冲突呢？

生 1：因为他们是按从早到晚的时间顺序来写的，有层次，不凌乱。

生 2：因为他们写的都是秋天。

师：同学们说的都对，所谓形散神聚就是如此，将不同的素材按照同样的写作目的（中心主旨），以一定的结构顺序衔接起来就是一篇好文章。相信大家通过今天的学习，会把生活中稀松平常的片段化为精彩的文字，用慧心去观察，我们会有写不完的好素材。那么今天晚上，我们就去观察自己的家，写一段展现家庭温情的片段，好不好？下课！

【教学反思】予语文课以温度

作文课一直是中学语文教学的难点，而学生的兴趣和老师的抓手是作文课的突破点。通过这节课的教学，我发现作文课其实还有许多值得我们钻研和推敲的地方，需要我们反复实践。

一、由心而发 生活有感

一节作文课，仅仅是一个源头，是激发学生写作冲动的一滴水。而这一滴水也许就能点亮学生的灵感，所以我们不能小瞧这一滴水。为了这一滴水，我们老师要准备十桶水。

平时的教学实践中，我们常常忽略了作文课的连贯性和整体性，这违背了学生循序渐进的学习规律。对于作文课的教学，我们应该细致地分解到每节课、每一天、每一周、每一学期。比如我们班每日的“百字感言”，用 100 到 200 字描写一个小片段，记录下有意义的瞬间和自己真实的心理感受。同时老师可以和同学们一起来写一写，分享彼此的心情，拉近师生之间的距离，让同学们感受到文字作为人类最基本的沟通工具，可以传达出丰富的内容。

二、观察有法 重在激发

生活是写作的源泉，要让孩子们从平凡的生活里发现不平凡的美。而对生活的观察是一门学问，需要孩子们潜下心来，通过各种途径去认识生活。不妨让孩子们拿起手机，用镜头记录生活中有意义的瞬间，再试着将其转化为文字。在课堂中，让学生将图片转化为文字，再让其他学生猜写的是哪幅图，这样的游戏环节可以很好地激发孩子们的写作热情。

三、点滴渗透　环环相扣

在这节作文课中，总共发生了三次写的训练：从十分钟改写到十分钟看图写片段，再到最后的连段成篇。同时，在这节作文课中，发生了四次作文评价：对观察日志的评价、对改写片段的评价和补充、对看图作文的评价，以及最后的大作文全班互评。此外，学生是教学环节的主体，所有的知识点都是在课堂上生成的，小组合作探究的学习方式要求每一位学生都要参与，并且有明确的角色分工，同学之间既有互助又有竞争。我把课堂的话语空间让渡给学生，整节课只有五分钟左右的教师指导，体现了新课改以学生为主体，让孩子成为学习的主人的理念。

除此之外，课堂的细节还需要再打磨，比如对于一些学生在课堂上的优秀发言，应注重生成。对于作文课的钻研，这只是一个开始，身为语文教师，保持尚美好文的天性，方能点亮学生的心灯。

【教师简介】

申丹玉，武汉市江汉区“优秀班主任”“优秀青年教师”。曾获武汉市“人教数字校园杯”中学语文青年教师优质课竞赛二等奖，并多次获得中国中学生作文大赛、楚才杯作文竞赛优秀指导教师奖。

三十功名尘与土，感知经典的力量

——《水浒传》整本书阅读（部编版《语文》九年级上册名著导读专题）

【教学实录】等闲识得东风面

一、导入

（播放《水浒传》主题曲《好汉歌》）

师：《水浒传》是一部老少皆宜、雅俗共赏的名篇巨著，它引人入胜的连环章节塑造了不计其数的人物，他们个性之鲜明、形象之突出，在文学史上首屈一指。常言道："智不智，看《三国》，勇不勇，看《水浒》。"意思是说三国出智士，梁山多勇夫。通过阅读，请同学们说一说你最喜欢哪个梁山好汉。

（生竞相说出英雄好汉的名字，大屏幕滚动梁山好汉的形象）

师：今天，就让我们通过林冲这个人物形象，来总结《水浒传》塑造人物形象的方法与技巧。

二、自能参与

师：阅读选段一，请你从林冲的角度，把本段落故事情节的小标题补充完整。相国寺乐识鲁智深，五岳楼________。

生：怒忍高太尉。

师：根据本段故事，你认为林冲是一个什么样的人。从哪里看出来的？

生：本段故事里，林冲是一个武艺高强，赏识英雄，但在面对高官时忍让、软弱的人。（PPT 展示）

智深正使得活泛，只见墙外一个官人看见，喝采道："端的使得好！"——赏识英雄（语言描写）

众泼皮道："这位教师喝采，必然是好。"智深问道："那军官是谁？"众人道："这官人是八十万禁军枪棒教头林武师，名唤林冲。"——武艺高强（他人评价）

当时林冲扳将过来，却认得是本管高衙内，先自手软了。林冲怒气未消，一双眼睁着瞅那高衙内。——忍让（动作、神态描写）

师：请大家归纳分析人物形象的方法：

生1：通过描写人物语言、动作、神态、心理等的语句直接分析人物形象。

生2：通过他人对人物的评价丰富人物形象。

生3：通过将人物放到矛盾冲突中分析其行为来理解人物形象。

生4：通过对比在相同或类似场景中不同人物的不同反应，从侧面分析人物形象。

师：请运用所学的方法分析其他选段。

师：在这些选段中，你认为林冲最突出的性格特征是什么？

生（齐声）：忍。

三、细析林冲之“忍”

师：林冲的忍是怯懦吗？请你结合摘录的其他文字，谈谈林冲“忍”的理由。林冲为什么忍让高太尉，他在担心什么？

生：不肯放弃报国展志的希望。

师：林冲一路上都忍受着董超、薛霸两人的折磨，可为什么当鲁智深要杀死他们时林冲连忙制止？

生：对底层人民的同情和悲悯。

师：林冲忍让洪教头时说“不好看”何解？是谁“不好看”？

生：柴进，是他顾全柴进面子，知恩图报的体现。

师：他在草堂中忍受恶劣天气——

生：随遇而安。

四、由“忍”到“狠”

师：林冲一忍再忍，由八十万禁军教头步步退让到栖身破庙，终于，在那个大雪纷飞的夜晚——（请大家阅读选段五）这时的林冲已忍无可忍，终于由“忍”转为“狠”，你认为这合理吗？

生：合理，生命屡遭威胁，情义受到背叛，让他忍无可忍了。

师：结合 PPT 上的名句，说说你对《水浒传》主题的理解。

生：统治者和人民的关系是相辅相成的，统治者仁慈，百姓也就安居乐业；统治者严苛，百姓就会铤而走险。林冲上梁山这段故事很好地体现了“官逼民反”的主题。

师：是的，在这一课中，我们看到了一个复杂的林冲，他武艺高强，但处处忍让，是因为他有理想有抱负，但也有妥协的一面，他一生所求仅仅只是封妻荫子，但就这点梦想都被高太尉等人打碎，还对其步步紧逼。所以在大雪纷飞的夜晚，他怒杀三人，投奔梁山。《水浒传》的魅力就在于，笔墨纵横间，人物栩栩如生，主题鲜明突出。希望大家下课以后继续阅读，找到更多你喜欢的人物！

【教学反思】天光云影共徘徊

"'整本书阅读'模式下的人物形象分析探讨——以《水浒传》为例"是在江汉区开展教研活动时上的一节"P+S"模式展示课。《水浒传》这本书是白话文小说，阅读难度不大，学生对其兴趣也较为浓厚。对于初三的学生，我认为要提高对他们的阅读要求，不能仅仅停留在了解小说的大致情节上，学生应当能调动所学知识，对文本中较为复杂的人物形象进行感知，并自主归纳出整本小说的主题。

一、以点带面，主题突破——学出深度

基于"整本书阅读"的名著导读教学要求，结合区教研员和万主任的建议，我设计了这一课，以分析林冲这一人物形象为抓手，带学生们梳理回顾所学的塑造人物形象的手法，并归纳《水浒传》的主题。

二、以疑促学，拓展知识——学出内涵

从课堂上学生的反应来看，设定的两个教学目标都已达成，但是也有一些遗憾。比如在解析林冲容忍董超和薛霸两位公差时，很多学生无法理解他这是出自对底层人民的同情，应当在前面对林冲"八十万禁军教头"的身份做更多具象的阐释，让学生更能理解公差与他之间地位的悬殊，而不至于把容忍公差理解为"媚上"。

三、以趣引学，鼓励参与——学出兴味

激发学生的兴趣是我这一节课最大的目标，让学生成为课堂的主人是我这一节课的致力追求。尽管我进行了积极的探索和有益的尝试，取得了一定的成绩，但也存在着很多不足，如并不是所有的学生都能够积极参与其中，还有少数学生主动性仍然不够，有待于以后给予更多的鼓励和引导。

总之，引导学生读名著，就如同引导学生与大师携手。作为语文教育工作者的我们，一定要多用心、多实践、多思考、多努力，想尽一切办法激发学生阅读名著的兴趣，引领学生在书籍的海洋里遨游，让名著成为学生放飞

“自由的读书灵魂”的精神家园！

【教师简介】

涂逸枫，女，1995年6月生，华中师范大学毕业，现任武汉市常青树实验学校中学语文教师、班主任。所带班级获得“武汉市红旗团支部”“江汉区优秀班集体”等称号。

专家点评——于细微处下功夫 于细微处见功夫

常青树实验学校“生命发展教育”理念追求的教育目标就是“生命的全面发展、生命的自主发展、生命的可持续发展”。“P＋S”自能发展课堂教学模式在发展维度上，追求的是生理生命和精神生命自由充分的发展；在发展目标上，追求学生的全面发展、协调发展和可持续发展。自能发展既是学生学习的形式与方法，也是学生学习的目标，培养学生“学会学习、学会生活、学会合作、学会创造和学会做事”的能力，为终生发展奠基。具体到语文教学上，要特别重视学习方法指导，落实学习活动途径，把规律与经验转化为能力与素养。而语文学科知识系统广博，课程内容丰富，文体多样，课型多变，能力构件复杂，素养标准多维。因此，“体裁得法，学路渗透”很有必要。

部编版语文教材中强调：名著导读“一书一法”，重视“读书方法指导”。如：七年级上册的《西游记》对应学习方法是“精读与跳读”，七年级下册的《骆驼祥子》对应学习方法是“圈点与批注”。涂逸枫老师运用“P＋S”自能发展课堂教学模式，主讲了一节九年级名著导读指导课。她以分析《水浒传》中的林冲为主线，重点指导学生在阅读长篇小说时如何进行人物分析。在自能发现、自能参与、自能构建、自能拓展环节，分别选取相关文段，指明分析长篇小说人物形象的方法和途径：①通过描写人物语言、动作、神态、心理等的语句直接分析人物形象。②通过他人对人物的评价丰富人物形象。③通过将人物放到矛盾冲突中分析其行为来理解人物形象。④通过对比在相同或类似场景中不同人物的不同反应，从侧面分析人物形象。在分析林冲性格由“忍”到“狠”的发展过程的同时，对林冲的满怀报国之志、知恩图报、随遇而安等性格特点有了由感性到理性的认知。涂老师在学习方法指导上思路明确，措施得当，达到了方法指导与能力迁移的双重效果。

叶圣陶先生说：“语文教材无非是个例子，凭这个例子要使学生能够举一反三，练成阅读和写作的熟练技能。”

名著导读是新热点，而写作教学是老课程。如何在作文教学中“得法”并且把别人的方法变为自己作文的能力，这需要在组织有效的教学活动中

"学路渗透",学以致用。申丹玉老师运用"P+S"自能发展课堂教学模式,主讲"心有猛虎 细嗅蔷薇"作文指导课。她首先明确教学目标是引导学生观察生活,养成细心观察、勤于思考的习惯,学习观察角度和描写手法。在课堂教学的过程中,设计了一系列有序、有趣、有效的互动教学活动,如记录观察日记、以文配图分享自己的生活、当堂看图作文、小组交流互评、总结观察角度和描写手法、老师下水作文示范、课后学以致用写展现亲情的小作文等。这些互动活动,在激发学生写作兴趣,消除七年级学生对作文的恐惧心理的同时,把写作技法变成一种极其生活化的体验,并及时学以致用,举一反三,内化成为写作能力。

由感性认知到理性认知是一个提升,用理性认知去服务感性认知则是一个飞跃。由上面两节课例我们应该感觉到,由实例总结归纳出阅读或写作方法是容易的,而把得到的方法运用到自己的阅读或写作实践中,内化为自己的语文能力与素养却是一个艰难的过程,需要老师运用教育智慧、展示教学能力、发挥主导作用。常青树实验学校"生命发展教育"理念下的"P+S"自能发展课堂教学模式既为"体裁得法"的提升搭建了平台,更为"学路渗透""举一反三"创设了机会。希望更多的语文老师依托平台,把握机会,实现自己的教育梦想。

专家简介:彭修继,湖北省特级教师,武汉市首批正高级教师,武汉市政府专项津贴获得者,武汉市督学。黄冈市十大教学能手,武汉市学科带头人,现任江汉区中学教研室中学语文教研员,兼任《新纪实·红扣子》执行主编。

第十四章　整体联通，顺势触通

《义务教育语文课程标准(2022年版)》指出,学生是学习的主体,要积极倡导自主、合作、探究的学习方式,全面提高学生语文素养。我校"P+S"自能发展教学模式充分尊重学生主体地位,借助个人独学和小组合作的学习方式,把课堂还给学生,充分激发学生潜力,提升学生综合素养。

文本解读的重点,是准确认识文本的主旨,明确作者的写作目的。要做到"准确",必须从整体上把握文本。初中语文教学中文本解读是关键,而在文本的解读过程中,要有整体意识,从学生、教材等角度进行整体观照,从深入的文本解读材料当中选择有效的进行相应的教学设计。

学生在学习文本的过程中建立了整体意识,在学习的过程中就能做到整体联通,顺势触通,从而准确把握文本内容,初步读懂文章。"整体把握"就是从宏观的层面解读文本的"文"与"质";"重点研读"就是从教学内容出发,准确深入地解读文本,深入地了解学生实际,结合文本内容及学生实际情况来确立合理明确的教学任务。《走一步,再走一步》这篇文章就作者小时候一次具体的经历推而广之,使学生获得人生经验,恰当地展示了"整体联通,顺势触通"的阅读方法。

《春》这篇散文要表达的上位语意,也就是本文的整体语意。深入到文本局部,又兼顾文本的整体,找到可以"联通"文本整体的一些要素——作者笔下春天景物的特征。这一过程既有"整体的联通",又有"顺势的触通"。

管中窥豹，以小见大

——《走一步，再走一步》（部编版《语文》七年级上册第14课）

【教学实录】循循善诱，水到渠成

一、激情开场白，带领学生初步走进文本，了解文章的大意

师：第二次世界大战时，有一位飞行员奉命执行一项特殊的任务——驾驶一架没有任何武器装备、没有任何防护设施的飞机深入纳粹本土执行侦察任务。也就是说，这飞机不能攻也不能守，一旦被敌人发现，只有死路一条，一般人都不敢接受这种任务，可是这位飞行员却出色地完成了任务，受到了盟军的嘉奖。你们觉得这位飞行员具备什么素质？

生1：勇敢。

生2：无畏、心理强大。

生3：沉着冷静。

……

师：没错！这些素质是他与生俱来的吗？今天就让我们走进《走一步，再走一步》寻找答案吧！

（板书：走一步，再走一步　莫顿·亨特　美国）

师：请大家默读文章，注意边读边思考本文的写作内容。

（给学生五分钟默读和思考时间）

师：谁能用简洁的语言概括这篇文章的内容？

生：酷热的七月，我和小伙伴们去爬悬崖。我爬上悬崖后却感到害怕，始终不敢下来。小伙伴们一个一个都爬下悬崖走了，只留下了我一个人担惊受怕。后来在父亲的指导下，我一步一步爬下悬崖。我对自己感到惊讶。

师：非常好！这位同学说清了"我"脱险的故事。

二、整体联通，走进文本，理清故事的脉络

（投屏，出示图片）

师：下面我们一起走进文本，看看书中的“我”最后是如何下山的。

师：请大家以小组为单位，分角色有感情地朗读这篇课文，注意“我”的遇险原因以及“我”遇险时的心理活动，“父亲”的指导以及“我”脱险时的心理活动。

（生分角色大声朗读，感知文本的内容）

师：请大家说说看，“我”为何会遇险？遇险后的心情如何？

生：在伙伴的怂恿下，冒险爬上了悬崖。

师：很好！那么，当遇险的“我”无法脱险时，又是怎样的一种境遇？心理状态是怎样的？

生：“我”被弃于悬崖，伙伴们纷纷爬下悬崖回家。

生：文章用了“满头大汗”“浑身发抖”“心在瘦弱的胸腔中怦怦地跳动”“吓坏了”“感到阵阵晕眩”“天旋地转”“神情恍惚”“害怕和疲劳”“麻木”等大量词句刻画主人公处于险境中的心理状态。从这里读出了“我”强烈的恐惧感，对自己下悬崖毫无信心。

师：这位同学回答得非常好！请大家给他热烈的掌声。这位同学抓住了“我”被弃悬崖时恐惧和无助的心理。

师（追问）：谁帮“我”脱险？

生异口同声地回答：父亲。

师：“父亲”是如何指导的？“我”脱险过程中的心理状态如何？

生：听我说，不要想有多远，有多困难，你需要想的是迈一小步，这个你能做到。看着手电光指的地方，看到那块石头没有？

师：大家找到了吗？这一段话集中写了父亲和“我”的对话。

（生分角色朗读）

师：好，同学们，还有哪些句子写出了爸爸对“我”的指导？

生 1：我往后移动了一下，用左脚小心翼翼地感觉着岩石，然后找到了。

生 2：我向下迈出了最后一步，然后踩到了底部凌乱的岩石，扑进了爸爸强壮的臂弯里。

师：请大家梳理出“我”脱险时的心理变化。

生 3：我不行！我会掉下去的！我会摔死的！

生 4：这看起来我能做到。

生 5：再一次，我做到了。

生 6：我有了一种巨大的成就感和类似骄傲的感觉。

师总结：非常好，看来大家读得很细致，并且紧紧抓住了文章的整体脉

络。（屏幕出示）

最初　毫无信心（“我不行……我会摔死的”）
继而　信心萌发（“这看起来我能做到”）
随后　信心大增（“我做到了”）
最后　巨大的成就感
整个变化过程有层次而令人信服

三、顺势触通，深入文本，理解文章的写作意图

师：面对困难，走一步，再走一步。请大家齐读文章最后一段。

生齐读：我提醒自己不要看下面遥远的岩石，而是注意相对轻松、容易的第一小步，迈出一小步，再一小步，就这样体会每一步带来的成就感，直到达成了自己的目标。这个时候，再回头看，就会对自己走过的这段漫漫长路感到惊讶和骄傲。

师：同学们，这篇文章记叙的故事在我们看来很简单，但是你们有没有思考过“走一步，再走一步”的真正含义呢？

生 1：面对困难，走一步，再走一步，将大困难化为小困难，这样才能走过人生漫长的路。

生 2：做任何事情都不要急躁，学会慢下来，走一步，再走一步。

生 3：不抛弃自己的朋友。我们以后也要像他那样，走一步，再走一步，去战胜生活中的困难和挫折。

……

师：这篇文章不仅告诉我们要自强自立，在困难面前不气馁、不放弃，还告诉了我们和朋友相处的方法，以及家长教育子女的方法。读文章，要从文字中读出它深刻的滋味，读书也要走一步，再走一步。老师也希望你们走好人生的每一步！下课！

【教学反思】浅入深出，循序渐进

这篇文章讲的是一个叫亨特的美国少年在悬崖上遇险、脱险的故事，着重对他遇险及脱险时的心理活动进行了刻画，展示了一个少年由幼稚变得成熟、由羸弱变得坚强的心路历程。

文章脉络清晰，呈现了一个完整的故事，整体连贯。对于学生而言，读懂文章的故事情节、理清文章的脉络不是一件困难的事情。而我们老师在教学这类故事情节完整的文章时，要有连贯意识，不对文章进行切割而单独分析人物形象。

提问是课堂教学的重要手段，是训练学生思维的最佳形式，高质量的提问往往会优化课堂的教学结构，提高课堂教学的效率，也使学生学习收获颇丰。这堂课的提问我做了以下处理：一是问题的设计要围绕学习目标。要精心设计“主问题”，要把能够牵一发而动全身的、最有价值的问题作为探究的重点。二是问题的组织要有整体性。要从整体出发，要从系统论的角度出发，大处着眼，小处着手。三是问题的组织应有层次性。问题的组合要符合学生的认识规律，要沿着学生的思路，由表及里，由局部到整体，由具体到抽象，由现象到本质，由浅入深，由易到难，能引导学生不断深入地探究问题。四是问题的组织要符合教学的规律。一方面，问题的组织要符合课文内在的逻辑性；另一方面，问题的组织要注意预设性和生成性的统一。五是问题的组织形式可丰富多样。或师问，或生问；或深问，或浅问；或零问，或整问；或切入，或顺承；或深化，或引申；或连环，或顶针；或正问，或曲问，或顺问，或逆问。一句话，提问要从教学的实际出发，因情而异，随机而变，才能获得最佳的教学效果。

读懂文章，能解题，不是语文的真正学习。语文学习要引导学生浅入深出，由文本本身出发，由点到面，让学生得到生活的启示或者写作的技巧。

在授课时，我运用多媒体辅助教学，环节设计渗透情感，积极实践“大语文”观。开头的歌曲导入，激发学生的阅读兴趣，师生的朗读，与文章形成一个整体，加强学生的感悟。此外，注重学生学习习惯的培养和锻炼，在初读文本的基础上，让学生们对文本内容进行了整体感知。同时运用朗读复述、合作探究阅读等方式，引导学生走进文本，感悟文本内涵，再走出文本，联系生活，从而获得有益的人生启示。

在教学这篇文章时，我以“我”冒险与“父亲”指导“我”脱险为主轴，重点对比了“我”遇险时的极度恐惧和最终走下悬崖的成就感，让学生强烈地感受到本文的写作目的：面对困难，不要惧怕，可以将大困难化为小困难，走好每一步，这样就能战胜困难。而这种“顺势触通”是教学中对文本解读后的水到渠成！在这节课中，我紧紧扣住了“整体联通，顺势触通”的原则，让学生们有效地进行了文章的学习。

“整体联通，顺势触通”，以整体视野解读文本的局部关系，既可能是局部与整体的直接关联，也可能是局部与局部在互相组合中形成与整体的最终关联，并依势揭示了文本潜在的主题意义。注重解读文学文本的多个层面，强调整体视野下文本各部分间的关系，是就解读的大致思路而言的，对于具体作品还要加以具体分析，以充分把握作品“这一篇”的特点。

【教师简介】

刘琼，女，1979 年出生，文学学士，从事语文教育教学工作已有十七年，现任常青树实验学校七年级语文备课组组长。工作以来，先后获得“江汉区百名优秀教师”“江汉区教书育人先进个人”“江汉区优秀班主任”等称号，所带班级获得两次“武汉市优秀班集体”，先后两次获黄冈地区优质课比赛一等奖，论文《材料议论文审题实用技法举隅》获全国一等奖并收录在“中国教育理论与创新”丛书中，论文《世事洞明皆学问，观察生活书真情》获全国第二届“三新”作文教学研讨会优秀论文二等奖，论文《字字真心，处处留真情》获湖北省论文一等奖，论文《辨析字形有诀窍》发表在《帅作文（初中版）》上。

向善向美，徜徉诗意春天

——《春》(部编版《语文》七年级上册第1课)

【教学实录】春风拂面　浸润生机

(PPT播放精心挑选的春天美景图，配上动听的轻音乐，滚动播放。在教室里营造春天的氛围，让学生迅速感受春的气息)

师："等闲识得东风面，万紫千红总是春"，同学们，今天让我们一起走进朱自清笔下的春天。(教师情感饱满，面带微笑，语速放缓，读出一种诗歌的意境)

师：同学们课前已经对课文《春》进行了预习，现在哪位小老师上台跟大家展示一下预习的成果？

生1：我来介绍一下作者朱自清。朱自清字佩弦，号秋实，江苏扬州人，诗人、散文家、学者、民主战士。《春》是朱自清散文中的名篇。朱自清先生的代表作还有《荷塘月色》《匆匆》《背影》《绿》。

生2：我想带同学们一起读读文章中的生字词。(生上台，打开PPT)

师：非常好，这位小老师还准备了PPT，很用心，欢迎你上台展示。(生带读，全班跟读)

应和(hè)　赶趟(tàng)儿　薄(báo)烟　黄晕(yùn)　舒活(huo)
胳膊(bo)　酝酿(yùn)(niàng)　散(sàn)在草丛里
还眨(zhǎ)呀眨(zhǎ)的

师：PPT制作精美，读音准确，声音洪亮，感谢小老师的精彩展示，同学们再次掌声鼓励！

师：通过刚刚几个同学的展示，可见大家预习得非常认真，老师迫不及待想要听一听同学们的片段朗读啦！

(学生小组内交流朗读，教师观察小组活动，对于不积极的小组，教师参与其中，调动积极性)

师：同学们刚刚在组内朗读得真投入呀，下面哪个组来展示朗读？

（小组成员举手）

师：你们小组举手的同学最多，你们先来。

（小组朗读第三段："小草偷偷地从土里钻出来……"）

师：小组分工合作，朗读流畅清晰，特别是最后一句"风轻悄悄的，草软绵绵的"读得特别好，老师似乎都感受到了青草的柔软。你们能不能用一个词说一说朗读中感受到了怎样的春天？

生：生机勃勃的春天

师：好的，生机勃勃的春天。

（小组齐读"吹面不寒杨柳风……"）

生：我感受到了春天的温柔和清新。

师：（点头微笑）老师从你们小组的朗读中也感受到了温柔。

生：我们组展示朗读最后三段。

春天像刚落地的娃娃，从头到脚都是新的，他生长着。

春天像小姑娘，花枝招展的，笑着，走着。

春天像健壮的青年，有铁一般的胳膊和腰脚，他领着我们上前去。

生：从这段话中我们感受到了春天的美好与力量。

师：读得很好，听出了春的力量感！

师：同学们不仅朗读形式多样，清晰流畅，还读出了对春的感受，给大家点赞。那么同学们在朗读文章的过程中有没有疑惑呢？现在同学们可以提出来。

（生独学思考后，组内分享交流）

师：（在小组巡视中插话）请以小组为单位，把你们的问题板书在小白板上。

师：（继续插话）很好，有的小组已经板书好问题了。

（小组陆续写好问题）

师：我们一起来看同学们提出的疑问。有没有同学可以解答？

生（举手回答）：我想回答第四个问题——"为什么开头连写两个盼望着？"开头连写两个"盼望着"加强了情感，写出了作者对春天强烈的渴盼。

师：说得好，那你能带同学们一起读一读吗？读出这种强烈的渴盼。

生领读，全班齐读第一段：盼望着，盼望着，东风来了，春天的脚步近了。

师：同学们声音洪亮，情感饱满，读出了对春的期盼。"春天的脚步近了"，那么春天到底什么样呢？这也是同学们的第一、第二个问题。同学们的问题和老师提出的问题不谋而合。

（PPT 呈现问题：文章主要写了哪些春景？具体是如何描绘出来的？）

师：请同学们齐读学路指南，我们进行重点研讨。

（生齐读学路指南）

师：下面开始个人独学，然后进行小组讨论。

（生独学圈画后进行小组交流，师参与到小组讨论中去）

师：同学们刚刚讨论得非常热烈，下面请小组选择一到两个段落上台展示。

小组 1：（小组全体学生上讲台，面向全班学生）我们小组讲解第三段春草。首先请同学们跟我们一起朗读第三段。（全班齐读）

生：请同学们圈画出以下字词："钻""嫩嫩的，绿绿的""软绵绵"。从钻字能看出春草生命力的旺盛，"嫩嫩的，绿绿的"写出了草颜色的青翠，让人觉得可爱。

生：请同学们跟我们一起再来读读这些句子。

师：其他小组请评价补充。

生：他们小组分工合作，注重课文朗读，还指导我们圈画做笔记，完成得非常好，不过我还有一点补充，请大家圈出"一大片一大片满是的"，特别是这个满字，可以看出青草很茂盛。

师：非常好，同学们。第一组同学能够抓住富有表现力的词语进行分析，小草很可爱，饱含作者的情感。而这位同学的评价细致到位，补充有理有据，春似乎已经映入眼帘了。请你们小组把主要观点板书在黑板上。

（生板书——春草：生命力、青翠、可爱、茂盛）

（全班再次有感情朗读第三自然段）

师：第一小组勇于尝试，小组全员参与，讲解清晰到位，非常好！下一个小组继续。

小组 2：我们小组展示第四段和第六段。"赶趟儿"写出了花的繁茂，"红的像火，粉的像霞，白的像雪"以排比手法写出了花的颜色鲜艳缤纷，"带着甜味儿"写出了花的甜蜜，"满是桃儿、杏儿、梨儿"写春天的果实，蝴蝶和蜜蜂写春天的动物。

（生举手，师点名补充）

生：我有不同意见。他们小组说写了春天的果实，但是同学们请注意圈画出"仿佛"二字，说明现在并没有果实，这里是想象。

师：读得很细致，抓住了“仿佛”这个词，这里到底有没有果实呀？

生：（自由应答）没有。

师：那这里为什么要想象果实呢？

生：（举手回答）衬托出这里果树开花开得好，似乎已经可以看见之后果实繁茂的景象了。

师：说得非常好，同学们做好笔记。这里想象果实衬托花的繁茂。还有一个地方，老师有点疑问。刚刚同学们说写了春天的动物，写了蝴蝶和蜜蜂吗？

师：为什么单单写这两种动物，而不写小鸟、燕子之类呢？

生：（自由应答）是为了写出花的香气扑鼻。

师：非常好，这里写蝴蝶、蜜蜂还是为了写花，花香扑鼻所以引来了蜜蜂和蝴蝶啊！

生：（举手补充）还有最后一句写到野花，用了比喻，写出了花的多和美丽。

师：同学们说得越来越全面了，你们也把观点板书在黑板上吧。

（生板书——春花：繁茂、颜色鲜艳、香甜、多样）

生：春雨的部分，写出了下雨时间之久，还有雨的细密、静谧的特点。

师：说得不错，那能不能结合句子具体说一说？

生：（补充回答）“寻常”可见雨下得频繁，“三两天”说明时间之长，从“像牛毛，像花针，像细丝”“静默”等可以看出雨的细密安静。

师：好的，那你们能不能带同学们把雨的这种特点读出来？

（生带读，全班齐读）

师：其他小组还有机会，抓紧机会展示自己吧！

小组 3：我们带大家一起品读春风。我们小组先给大家朗读这段话。

生：“像母亲的手抚摸着你”用比喻手法写出了风的温柔和煦，“泥土的气息”“青草味”写出了春风中清新的味道。

生：前面运用了触觉、味觉，而写鸟儿卖弄喉咙，牧童的短笛等运用了听觉。

师：同学们分析得细致有理，多种感官并用，同学们感受到春风的抚摸了吗？嗅到清新的味道了吗？听到风中的交响乐了吗？让我们一起来把这段话再读一遍，去用心感受吧。

（师生齐读课文）

生：文章第七段还讲到春天里的人们充满了活力与希望。

师：非常好，同学们已经迫不及待要发表自己的看法了。“一年之计在于春”，春天确实是希望的季节。

师：(一边呈现 PPT 画面，一边总结)同学们，刚刚我们一起走进了春天，感受了充满生机的嫩绿春草、鲜艳多姿的春花、温柔清新的春风、细密静谧的春雨和充满希望的人们。

(PPT 直接出示最后三段，全班齐读)

师：这三段分别写出了春的什么特点呢？

生：(自由应答)新、美、力量。

师：同学们概括得很准确。(板书新、美、力量)那么，我们将春天的这种新、美和力量融进句子中，哪个同学再来试着朗读一下？

(生举手展示朗读，热烈掌声)

师：同学们，作者给我们展示了如此美妙的春天，那么根据同学们的品读分析，大家能不能总结下，作者是如何将春天的美好淋漓尽致地表现出来的呢？文章的语言有什么特点？

生 1：善于运用比喻、拟人、排比等修辞手法。

生 2：运用多种感官如触觉、听觉、嗅觉等描写景物。

生 3：抓住景物特征，运用特别具有表现力的动词、形容词等，如“钻”“闹”等。

生 4：语言中饱含情感。

生 5：句子读起来很有诗意。

师：同学们说得真好，比老师总结得还要细致全面。(PPT 呈现语言特点)

师：同学们，朱自清先生用饱含情感的笔调写出了对春的无限渴盼与赞美！现在春天就在我们身边，我们也用自己喜欢的方式描绘心中的春吧。

(伴随轻柔的音乐，学生进入创作阶段)

师：(巡视插话)有同学文思如泉涌，提笔就创作了一首关于春天的诗，有同学画得也不错。

(打开投影，分享学生作品)

师：看来春天已经走进了我们的教室，已然走进了同学们的心间！掌声送给大家。

师：最后，我们再次有感情朗读全文。

(伴随音频，全班齐读课文)

板书：

春 ——朱自清		
草：生命力、青翠、茂盛 花：繁茂、颜色鲜艳、香甜 雨：细密、静谧 风：温柔、和煦、清新 人：活力、希望	新 美 力量	热爱 赞美

【教学反思】向上向美 寻觅欣赏

一、尊重学生主体

学生是课堂的主体。《春》这一课的教学设计基于学生充分的预习与朗读，鼓励学生提问质疑，倡导自主、合作、探究的学习方式。个人独学和小组合作相结合，以学生自主品读展示为主，小组合作，组间互评，我给予方法指导，适时点拨提升，学生是学习的主体。在教学过程中，学生自能提问，自主板书，探讨式学习，充分尊重学生个性化文本体悟，不追求面面俱到，教学设计及教学过程能够尊重学生的主体地位，教师和学生相互配合。

二、发展学生审美

审美鉴赏与创造是学生语文核心素养的重要组成部分，《春》作为一篇文质兼美的散文，有助于培养学生的审美鉴赏与创造能力。我在教学目标中提出品味优美语言，感受春的意境，热爱大自然，欣赏大自然的美；教学过程中，学生能够抓住文章中富有表现力的语言，通过多形式朗读去感悟文章语言之美；在“自能拓展，创绘春天”环节中，鼓励学生用自己的方式描绘春景，学生的一句诗、一幅画都是一种美的创造。不过由于时间原因，学生的作品展示还不够充分。此外，教学 PPT 中选用的春景图以及轻音乐、朗读音频等都经过精心挑选，力求营造美的氛围，美文美学。

三、拓展课堂容量

语文课堂应该追求大容量，有广度、有深度，在这一点上我做的还远远不够。在《春》这一课的学习中应加入朱自清其他散文篇目的拓展阅读，使学生更系统地感受朱自清散文语言之美；或立足单元主题，对比阅读，感受不同季节；还可以以作者朱自清为对象，深入探究人物与作品特色，在探究式学习活动中，培养学生的语文核心素养，增强学生综合能力。

【教师简介】

罗洁霞，女，出生于1988年9月24日，中共党员，武汉大学硕士研究生毕业。武汉市常青树实验学校语文教师，所带班级曾荣获“江汉区优秀班集体”“武汉市优秀班集体”等荣誉称号，指导学生在楚才作文竞赛中多次获得一等奖，曾荣获武汉市江汉区“教书育人先进个人”称号。

专家点评——上位引领 顺势触通

本章通过两个课例说明阅读中“整体联通，顺势触通”在促进学生自能发展中的意义。“整体联通、顺势触通”强调的是在阅读中把握文本的整体语意，从而有效提高学生的阅读能力，同时也能让学生更好地吸收文本中的思想营养，从而有利于学生的成长和发展。整体把握、整体关照文本的整体语意，这是阅读最为基础的环节，也是阅读最有意义的环节，学生可以通过这一环节获得有效的阅读能力训练，也可以通过这一环节来准确把握文本的认知价值，从而丰富自己的思想情感。

目前，自觉地以整体把握文本作为阅读教学关键环节的有效教学并不多，对整体把握文本、把握文本的整体语意的认识还不够清晰，甚至有不少偏颇和错误的做法。把握文本的整体语意，必须先把握文本的局部，但整体并非各部分的简单相加，而是要求各部分蕴含一致的、相同的内容。文本的整体语意应该是文本中最集中、最突出、最上位的语意，而非扁平的、分散的、多向的一个语意集合体。整体语意体现在文本的中心和主旨上。

那么，如何获得文本的整体语意呢？“整体联通，顺势触通”或许是一个很好的方法。“整体”源自各部分“联通”的语意，“顺势”即顺着文本“联通”的语意逻辑，就能有触类旁通的感觉，能让文本的语意前后贯通、豁然开朗，从而达到准确解读文本的效果。

本节的两个课例很好地展示了这一过程。

《走一步，再走一步》是莫顿·亨特 65 岁那年写的回忆 8 岁时爬悬崖的一次经历。文本就小时候一次具体的经历得出人生的经验，很适合展示“整体联通，顺势触通”的阅读方法。

刘琼老师在“自能感知”中提出了“自学思考”问题：爬悬崖这件事给了“我”什么启示(“我”永远忘不了的经验指的是什么)？这是一个引导学生把握文本整体语意的上位问题，有提纲挈领的作用。

在“自能发现”中提出的几个问题：我是怎么冒险的？可以分为几个阶段？我是怎么脱险的？分为几个阶段？就是在对文本具体的下位信息的梳理筛选中找出一些起“联通”作用的语意，在此基础上分出文本的层次，概括出每一层次的大意，就有可能找到能“联通”全文的整体语意。这就是面对困难的方法——只要把大困难分解为小困难，一个一个地认真解决，终将战胜巨大的困难，赢得最后的胜利。这个整体语意既是各部分语意表达的统一的意图，又是各部分语意表达的明晰的路标。这样通过各部分语意之间的联通，整体语意对局部语意的关联，局部语意对整体语意的凸显，学生在“自能参与”和“自能建构”环节里，就能顺利找到解决困难的“势”（方法），化整为零。那么，就能轻松把握本文的内在逻辑和作者的写作思路。

《春》是朱自清散文中的精品。这篇散文以诗的笔调，描绘了花卉争荣、生机勃勃的春天的景象，赞美、歌唱春的创造力和给人们带来的无限希望。学习本篇文章，要引导学生抓住作者所写的不同景物所体现出的共同特征，从而达到“整体联通，顺势触通”的阅读效果。

罗洁霞老师在“自学启疑”中先提出了“整体感知课文内容，初步感受春的特点”的要求，为整体感知全文打下了基础。在“自能发现”中，引导学生探究作者从哪几个方面描写春，作者笔下的春有着怎样的特点，这些问题既能让学生深入文本局部，又兼顾文本的整体，找到可以“联通”文本整体的一些要素——作者笔下春天景物的特征。草是嫩绿的、充满生命力的，花是鲜艳、香甜、繁茂的，风是温柔、清新的，雨是细密、静谧的，人是充满活力与希望的。而这些都在春的氛围之下，都有新的、美的、有生命力的、给人以希望的特点，这是这篇散文要表达的上位语意，也就是本文的整体语意。这一过程既有“整体的联通”，又有“顺势的触通”。

专家简介：杨金水，武汉市教育科学研究院语文教研员，湖北省特级教师，全国模范教师，长期从事中学语文教学和教研工作。

第十五章　提升再构，相映生辉

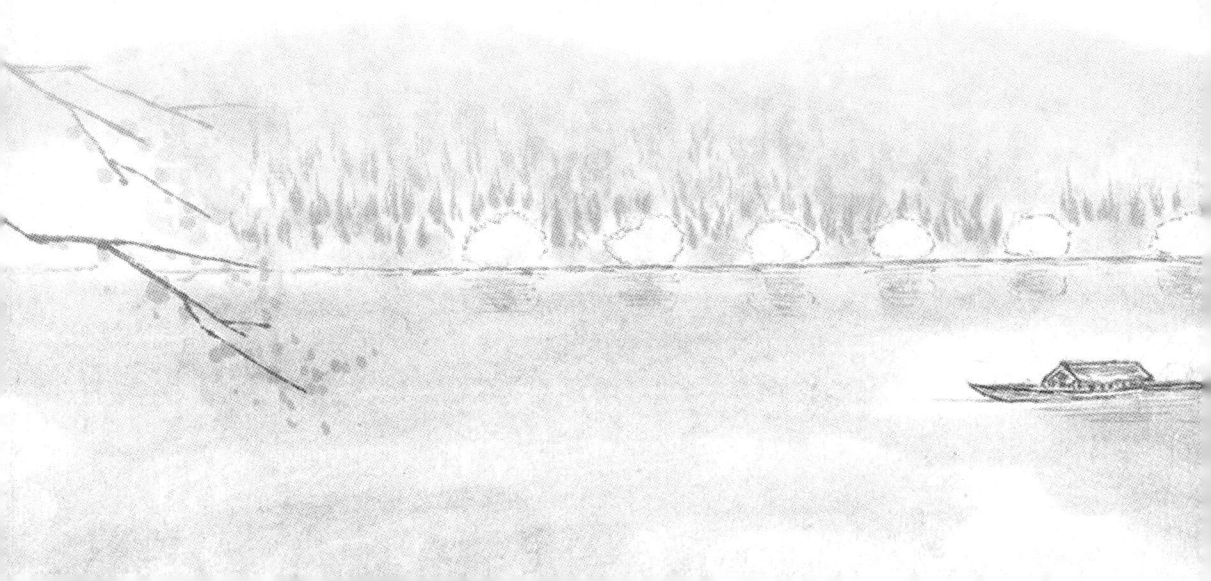

本章节的主题为“提升再构，相映生辉”，重点呈现“P＋S”自能发展课堂模式中S环节的教学设计，体现建构部分的特色。学生在P环节对解读文本做了充足的准备，有了一定的积淀，然后在展示过程中碰撞思维火花，激发探究热情，最终在自能课堂中提升认知能力和思维能力。教师引导的课堂需要多角度关注重点。

首先，立足在教学目标和学生疑问的基础上所设计的学生参与的问题与活动，应该具有逐层深入的特点，对学生思维的引导应是阶梯状的，需要考虑到最终的能力目标，适时总结学生在一个阶段的已知和未知，将未知引导到下一个阶段的活动中，使学生通过新的认识和思考，得到能力的提升。

《义务教育语文课程标准(2022年版)》提出:“语文课程的建设应继承我国语文教育的优良传统，注重读书、积累和感悟，注重整体把握和熏陶感染；同时应密切关注现代社会发展的需要。拓宽语文学习和运用的领域，并注重跨学科的学习和现代科技手段的运用，使学生在不同内容和方法的相互交叉、渗透和整合中开阔视野，提高学习效率，初步获得现代社会所需要的语文素养。”

新课改正在如火如荼地开展，教材文本的阅读教学也应与时俱进，树立大语文的教学观，注重知识的迁移运用、有机融合，拓宽学生的阅读视野。因此教师在课堂阅读教学中要以文本教材为依托，引入恰当的资料，链接相关知识，依托教材，超越教材，与教材文本形成交相辉映的紧密关联，帮助学生准确、全面、深入地理解教材文本核心，建构文本核心主旨。

其次，要提升学生的思维能力，教师就应该及时引导和点拨学生不断进行建构，在小建构的基础上累积，最终成为系统的大建构。教师不要替代学生去思考总结，要引导学生自己完成建构过程，激发学生对文本解读中的异议进行探讨，使学生在思维碰撞中拓展思路，形成新的认知。

从单纯中见丰富

——《伊索寓言》(部编版《语文》七年级上册第22课)

【教学实录】合作寻找理解寓言的钥匙

(生朗读《赫耳墨斯和雕像者》《蚊子和狮子》)

师:今天我们学习《伊索寓言》。请把课前预习中的寓言是什么读一遍,在读的过程中,分条梳理,从其中找出寓言的特点来。

生读:寓言一般比较短小,常常用假托的故事寄寓意味深长的道理,给人以启示。故事的主人公可以是人,也可以是人格化的动植物或者其他事物。

生1:寓言的特点是,第一,形式上比较短小。

生2:第二,常常用假托的故事寄寓意味深长的道理。

师:这个语意还能不能继续拆分?

生3:第二,故事情节一般是假托的。第三,寄寓意味深长的道理。

生4:第四,主人公可以是人,也可以是人格化的动植物或者其他事物。

师:非常棒,大家梳理出了四点。请大家将《伊索寓言》和我们学过的《穿井得一人》《杞人忧天》进行对比,中西方的寓言在这四点上有没有什么差异?比如形式上短小偏向于同还是异?

生:同,都还是比较短小的。

师:第二点,故事是假托的,这一点相同吗?

生:不相同,中国寓言中的故事有可能是真的,不是假托的。

师:中国寓言中的故事也一般是假托的,那为什么中国寓言给人真实感呢?

生:因为一般以人为主角。

师:对,中国寓言经常会这样说——比如宋国有一个人,就好像我们说隔壁班有一个人一样,这样会给人一种真实感。但是西方寓言中经常会出现——

生:动物、神话、脱离现实生活的场景。

师：对，西方寓言偏向假托、幻想，或者说，西方寓言更重视内在的逻辑性，而中国寓言重视形象和现实感。那么第三点，寄寓意味深长的道理，中西方寓言相同吗？

生：相同！

师：还是有一点区别的，中西方寓言的道理分别是怎么得出的？

生：中国寓言的道理在故事中没有直接出现，而西方寓言在最后一句会直接出示道理。

生：西方寓言的道理表达的比较直白，中国寓言的道理隐藏在故事中。

师：好的，关于第四点呢？

生：不同，中国寓言以人为主，而西方寓言以动植物为主。

师：很好，在了解了寓言的特征之后，我们来读夏丏尊先生的这段话。(PPT 展示)

> 写作一篇寓言必须注意的是：
> (1)故事本身；
> (2)教训与劝导的意旨；
> (3)故事中人或物的性格。

师：那么接下来，我们就围绕寓言的特点，围绕夏先生谈到的这三点，先自己独立赏析文本，再小组内交流。大家在读的时候如果有疑惑，先组内解答，组里解答不了的，班内提出来大家共同探究。

(小组交流三分钟，师在小组间巡视、协助)

师：来，提出疑惑，大家一起探讨。

生 1：赫耳墨斯想要得到大家的尊敬，为什么不直接显示自己的真身，而是要化作凡人，亲自到人间去问人们呢？

师：其余小组有没有办法解答这个疑惑啊？

生 2：赫耳墨斯到人间调查，能贴近民众，了解到民众的真实想法。他需要确定别人对他的尊重是真实的。

师：回答得非常棒，这是赫耳墨斯的心理需求。继续提问。

生 3：《赫耳墨斯和雕像者》中“赫耳墨斯又笑着问道”这一句，我们组想知道赫耳墨斯为什么笑着问，这其中的含义是什么？

师：你们组内是怎么讨论这个问题的呢？

生 4：我认为是赫耳墨斯觉得自己的雕像一定比宙斯和赫拉的雕像贵，所以他得意了起来，是得意的笑。

生：我觉得不一定，因为根据希腊神话的记载，宙斯是一个对人类漠不关心、高高在上的神，我觉得赫耳墨斯笑，是因为他觉得宙斯活该就这么便宜。而赫拉也只比她的丈夫贵一点儿，他觉得很开心。

师：这位同学根据希腊神话中神与神之间的恩怨纠葛去分析这个笑的含义，赫耳墨斯乐于见到一个自己讨厌的人落得只价值一块银元的下场。请继续。

生：故事最后说赫耳墨斯是一个爱慕虚荣的人，可根据我自己的理解和卢同学的回答，我觉得他并不是一个爱慕虚荣的人。因为爱慕虚荣应该是他明知道人们说的是假话，可他还是愿意去听这些假话。我觉得他应该是一个自负的人，他觉得人们应该认为他的雕像更贵重，但其实不是的。

师：非常棒啊，质疑了最后的翻译不应该是爱慕虚荣。因为赫耳墨斯认为就算自己隐去真身，也应该获得人们的尊重。你们觉得这个小组的想法正确吗？

生：我觉得这个故事是在警告爱慕虚荣而又不为人做事的人，寓言故事本来就可以有多种解读，自负和爱慕虚荣不冲突。

师：很好，对寓言寓意没有固定的理解，哪怕作者给出了寓意，现在也可以有自己的解读。

生：我们组的问题是，为什么两篇寓言中都有一个反面角色？比如第一篇中的赫耳墨斯属于一个比较负面的角色，第二篇中的蚊子也是。

生（纷纷质疑）：蚊子负面吗？蚊子不负面吧？

师：大家先不必急着争论蚊子是否是负面的，这个小组确实发现了寓言中出现了一个我们觉得不该效仿的形象，大家怎么看待？

生：寓言想告诉人们道理，就必须借助一个具体形象，比如赫耳墨斯的性格是爱慕虚荣，蚊子也是骄傲的，最后被蜘蛛吃掉了。我觉得这是寓言这种体裁必需的。

师：（引导大家看 PPT）对，故事中人或物的性格，是为寓意服务的。寓言没有选择用正面的形象去宣扬道理，而是用反面的形象去告诫大家，这确实是一个很特殊的表现方式。这个组提出的问题很有想法。来，小组提问继续。

生：赫耳墨斯为什么觉得人们对他应该比对其他两位神更尊重一些？

生：我从希腊神话中了解到，宙斯这个主神当的不咋地，行为荒唐、自私自利，他老婆赫拉跟他是差不多的。（生笑）

师：所以赫耳墨斯对自己更有信心是吧？大家看到这里，是不是又感觉到一点中西方的差异？在中国神话中，其他人都是以什么态度对待天帝和王母的？

生：多数还是尊敬的、顺从的。

师：好的，我发现同学们提出疑惑和自我解答疑惑的能力很强啊。我们看一看，这些疑惑是不是都是围绕着夏先生提出的三点生发出来的呢？首先，故事的寓意是怎么通过主人公和故事情节自然体现出来的？我们把这个主干问题理清楚了，就更清晰、准确地回答其他枝叶问题。其次，这个故事的寓意你是不是真的理解了？大家一起探讨，把寓意内容拓宽，联系自己的生活经验，举出相似的事例来谈谈对课文寓意的理解。(PPT 展示)

自能参与：故事的寓意是如何通过主人公和故事情节自然体现出来的？围绕寓意，拓宽思路，联系自己的生活经验，举出相似的事例来谈谈对课文寓意的理解。

师：我们从文本出发读懂寓意，而读懂的核心是你能举出恰当的例子进行说明。下面进行小组交流合作。

(PPT 展示学路指南中的小组分工合作，建议先个人独学，然后组内交流，小白板板书思路或者画思维导图，最后组间展示。可以分析文本中的主人公形象塑造，也可以分析故事的细节描写和情节结构的设计)

(小组讨论，师巡查各小组，指点学生可以从情节的设计、人物性格的体现来分析寓意的诞生)

师：先看第一则寓言，分析一下这则寓言是怎么通过人物形象和故事情节生成寓意的。

组 1：第一则寓言的细节描写能突出人物的性格，比如笑的细节描写，写出了赫耳墨斯的骄傲自满。故事情节上跌宕起伏，结尾与开头形成反差。

师：抓住了从细节描写看形象，抓住了情节的波澜起伏。

组 2：赫耳墨斯很好地代表了生活中的某些人，他们认为自己的作为很好，但被自己的思想蒙住了双眼，看不到真相。

师：好，你们分析出了寓意，这个寓意是怎么在形象当中被感知到的呢？

生补充：我认为寓言中的形象描写能让我们产生共鸣，所以结局能让我们联想起生活中的人，使我们自然明白这个道理。

师：是的，寓言故事中的形象都贴近生活中的人，比如哪怕神心中也会计较，会带上凡人的思想，这样会让读者更容易接受这个形象传递的道理。也就是形象的表现要有普遍性，能让大家产生共鸣，减少认知障碍。下面分析第二则寓言。

组3：我们从故事中看到蚊子很聪明，善于发现敌人的弱点，但太自满了。我们总结出骄兵必败的寓意。

生：我要补充蚊子两次吹喇叭，第一次自信，第二次自满。

生：前后情节设置有反差，才能更好地传递道理。

师：是的，反差体现在蚊子和狮子的体型反差，小胜大的反差，先战胜狮子最后又被小蜘蛛打败的反差。

师：我们一起来整体梳理一下寓言情节。第一则寓言的情节分三层。第一层，故事先讲赫耳墨斯来到凡间，想知道自己是否受人尊重。他真的想知道吗？

生：是的，赫耳墨斯觉得自己被人尊重，怀着被称赞的希望来到凡间。

师：为什么我们会知道他到凡间来的真实想法？

生：因为他来到凡间不是先问自己的价值，而是先问了别的神，想对比一番。

师：对，第二层情节铺垫就是这里，先问别的神。这里有一个细节描写——赫耳墨斯又笑着问道，表现了他内心的骄傲得意，对宙斯才值一块银元的轻视。接着在第三层情节转折中，更看出赫耳墨斯最初的目的，这里有对赫耳墨斯心理的描写——人们会更尊重他。第三层直白地揭露他真实的想法。

师总结：这就是情节设计的作用，层层递进中，人物的性格渐渐变得丰满，前后相呼应，最后得出寓意。故事的寓意是讽刺那些爱慕虚荣而不被人重视的人。这个寓意的关键词是什么？

生：第一个关键词是爱慕虚荣，第二个关键词是不被人重视。

师：寓言的讽刺意味不禁令读者揽镜自照，看自己是否有类似的行为特点。

师：请同学们举一反三，对《蚊子与狮子》的情节进行梳理。

生：故事情节有三层。第一层，蚊子挑衅狮子，蚊子的语言表现出自负自满的性格特点。

师：这里跟其他同学前面说的不太一样，大家思考一下这一层蚊子的性格，继续。

生：第二层是蚊子利用狮子的弱点打败了狮子，蚊子在这一层展现出聪慧的特点。

生：第三层，蚊子吹喇叭飞走时却被蜘蛛网粘住了。但不清楚这是什么性格。

生补充:因为蚊子疏忽大意才会被蜘蛛网粘住。

师:我们联系前后情节看,蚊子的性格具有多重性,第一层蚊子的挑衅是一种谋略,第三层的挑衅偏于狂妄自大。所以第二层中蚊子成功战胜了狮子,第三层中蚊子陷入失败。

师:读完这些故事,大家有没有想到类似的例子?

生:我觉得我自己像赫耳墨斯,当父母表扬一些优秀行为的时候,我就想听到自己的名字。心中爱慕虚荣,行动上却没有付出。

生点评:我觉得你这不算爱慕虚荣,算是一种自信,是没有对自己的问题进行反思。

师:要区分怎样是合理的竞争心,怎样是爱慕虚荣的状态。

生:我觉得画蛇添足这个故事里的人与蚊子类似,得意过度而多画了一笔。

师:无数历史故事都印证着寓意告诉我们的道理。

生总结本课重点,师补充:我们今天首先认识了寓言的特点,其次学习了寓言故事情节的设计和描写,对主人公的描写一定要紧紧围绕故事的寓意,情节的设计是为寓意服务的。只有理清其中的逻辑关系,才能更好地构建因与果,才能让人从我们写的文字中感受到我们想传递的思想情感。

师出示拓展:钱钟书先生认为今天的人身上的劣根性比古人更厉害,所以古人的故事已经不适合当下的社会现实,所以他反弹琵琶,创作出新的寓言故事。你们尝试一下,从我们今天的现实出发,写出新的寓言来。

【教学反思】展示点拨,提升再构

语文教学中,课前设计的整体思路不变,课堂上思维碰撞的变,是师生共同完成的课堂永恒的主旋律。很有意义的一点是,老师可以在有限的课堂中,抓住关键的时刻因势利导,在学生的交流展示中及时进行有效点拨,从而逐步培养学生举一反三的能力。在学生的思维层次得到提升的基础上,再次开始新一轮的建构。

我执教的《伊索寓言》便是围绕以上出发点展开的。小学已经接触和了解过的寓言,初中的课堂能够给他们带来些什么呢?结合课本预习提示,首先就是对寓言这一体裁有更完整清晰的认识。在自能发现环节,为了让学生有鲜明直观的感受,我采取比较阅读的方式,将已经学过的中国的寓言故事与西方寓言进行对比,引导学生感受中西方文化的差异。我的教学设计角度就是为了帮助学生从广度和深度上认识寓言。在学生发现疑惑并组内解答前，以夏丏尊先生的三点提示作为切入点，围绕寓言的特点，让学生从多个角度去看待和解答组内产生的各类疑惑。当学生对故事情节以及语言中的形象产生疑惑的时候，引导他们从寓言的特点去看，明白寓言的寓意是借助情节设计和人物形象而得出的，之后同学们的探讨就比较集中地围绕在了人物、情节和寓意之间的联系上了。

在自能参与上，我的设计更进一步，目的不止在于理解这两篇寓言，还要再次提升，因此根据上一个参与环节的收获抛出了新的问题——故事的寓意是如何通过形象和情节自然体现出来的？在这里，尝试引导学生从写作技巧上分析，再简短的寓言也有细节上的精心设计，有情节层次的搭建，还有结构上的精心布局，明白寓意诞生在作者的精心选材和描写中。学生参与交流展示的时候，再次探讨寓言中的形象，在课堂上就发现问题和生成问题。比如同学们探讨出蚊子的性格在三层情节设计中是有变化和发展的，这样前后的变化与反差，才让最后寓意的浮现水到渠成。当学生清晰地建构了对寓言本身的认知及其创作特点后，他们就可以举一反三，在拓展部分大胆地改写和续写了。

课堂总有遗憾，不过投入和付出是没有遗憾的。每个教语文的老师，都经受过经典文学的洗礼，对文学作品带着不自觉的探究的热情。而我的这堂课的设计，也是要鼓励和赞赏有探究能力的学生，让他们在S环节中，既能尽情展示自己，也能有思维上的收获和提升。所以在展示和构建的环节，不断有程咬金杀出来，师生间、生生间的思维在碰撞，而我只要把握大局，适时引导点拨。有的同学懂得查阅背景资料去了解陌生的异国神话，结合查阅到的资料来明确答案；有的坚持己见，敢于质疑问题，与他人进行思维碰撞；有的大胆表达自己的真实心情与感受，将上课所得与大家分享。以上表现都值得赞赏。

课堂应有碰撞，有思索，有探究。作为初中阶段的语文老师，不能让课堂成为少数精英的狂欢，仅部分学生的能力有所提升；而是要秉承有教无类的情怀，鼓励学生进行探究和思维碰撞。此外，老师也不可教参书一翻了事，要坚持独立挖掘文本，广泛阅读，长此以往，对文本与课堂的操控能力必将有所提升。

【教师简介】

杨雪，女，1984年2月出生，中学语文教师。语文教学中，注重引导学生主动思考，大胆表达，求知向善，享受文字世界的美与真。辅导学生参加楚才杯、圣陶杯等作文竞赛多次获得特等奖及一、二等奖。参与编辑出版的作品有优秀作文集《榕树下》等。

向文本深处行走

——《植树的牧羊人》(部编版《语文》七年级上册第 13 课)

【教学实录】引人入深，贵在有法

师：(呈现法国普罗旺斯遍地薰衣草的迷人画面)看到法国普罗旺斯薰衣草的图片，同学们有什么感受?

生 1：好美啊。

生 2：很浪漫。

生 3：奔放、热烈。

师：同学们概括得很准确。大家可知道 100 多年前的普罗旺斯又是一番什么景象?(展示 20 世纪初的法国普罗旺斯地区的画面)

生：(小声议论纷纷)差别这么大啊。

生 4：毫无生气。

生 5：荒芜、破落。

师：今天我们一起走进荒凉的阿尔卑斯山地，见证一位牧羊人是怎样把这里变成洋溢着幸福的绿洲的。

师：有谁愿意当字词小能手，给大家梳理字词障碍? 好，请你上来给大家讲一讲哪些字词和拼音是需要大家注意的。

生：琢磨，作“思索，考虑”的意思，读作 zuó mo；作“雕刻和打磨”的意思时，读作 zhuó mó。结合本篇课文出处，应该读作 zuó mo。

师：大家的字词预习做得非常充分、细致。那有没有同学愿意帮我们概括文章的主要内容?

生：“我”看到一位牧羊人独自在荒芜的高原种树，最终把荒地变成了美丽田园。

师：内容完整、语言简洁。植树长达三十多年，牧羊人发生了怎样的变化? 他给高原带来了哪些变化? 请各小组直接摘录或者自己概括文中相关内容，完成课后习题一，并汇报自己的预习成果。

小组 1 汇报：初遇牧羊人，在课文第 11 段，55 岁，亲人离世，独自生活，放羊、种树。再遇牧羊人，在课文第 14 段，身体硬朗，养蜜蜂、种树。最后一次与牧羊人相见，在课文第 18 段，“从没见过他有任何动摇或怀疑”；第 19 段，“他已经 87 岁了”。

师：梳理得非常详细，没有漏掉一个细节，说明你们小组预习课文很认真，(把学生的书展示给全班看)这个习惯非常好。那么，在牧羊人坚定的决心和坚持的行为下，高原到底发生了哪些变化？哪个小组愿意汇报？

小组 2 汇报：请大家随我们看第 2 段的以下句子。

“这里海拔一千二三百米，一眼望去，到处是荒地。光秃秃的山上，稀稀拉拉地长着一些野生的薰衣草。”——概括出高原上“土地荒芜”。

“我确实找到了一个泉眼，可惜已经干涸了。”——概括出“泉水干涸”。

“在毫无遮拦的高地上，风吹得人东倒西歪。狂风呼啸着穿过破房子的缝隙，像一只饥饿的野兽发出吼叫。”——概括出“狂风呼啸，气候恶劣”。

“这里有五六栋没了屋顶的房子，任由风吹雨打。旁边还有一座教堂，钟楼也已经坍塌了。如今，却一点儿生气也没有了。”——概括出“村庄废弃，毫无生气”。

小组 3 汇报：请大家随我们朗读第 16 段，“那一大片橡树也长得很茂盛，不用再担心被动物吃掉了。这些白桦树棵棵鲜嫩、挺拔，像笔直站立的少年一样。”——概括为“橡树茂盛，白桦树鲜嫩挺拔，孕育生机”。

再朗读第 17 段，“路过山下村子的时候，我在这个曾经干旱无比的地方，看到了溪水。”——概括为“出现溪水，充满希望”。

小组 4 汇报：我们汇报的是最后一次遇到牧羊人时高原的状况，请大家随我们读以下段落。(带全班朗读第 20 段)可以概括出高原上微风带着香气，植被茂密，沃土遍野；人们生活幸福舒适，充满青春活力。(一组员板书：气候湿润，人口密集，生活幸福)

师：同学们梳理得清晰而细致，概括用词精准。作者三次上高原看到截然不同的景象，内心会发生哪些变化？

生：作者初上高原时内心应该是失望、凄凉的，因为满目荒芜、毫无生机。

生：第二次上高原看到了小树挺拔、树林茂盛，还看到了溪水，内心应该会充满惊讶、喜悦。

生：最后一次上高原，看到高原变得生机勃勃，成为一片沃土，内心充满震惊。

师：请同学们针对课前预习存在的疑惑，以及课中对文本产生的质疑，小组之间进行讨论，提出一个有价值的问题，写在小白板上。(出示问题)

小白板上的问题：

(1)牧羊人具有怎样的精神品质？
(2)文中运用了哪些手法体现牧羊人的人物形象？
(3)牧羊人为什么要独自一人植树数十年？
(4)到底是什么信念或精神在支撑着牧羊人植树35年？
(5)作者为什么要虚构出这样一个牧羊人的形象？

师：这些问题有没有比较接近的，可以归为一类？

生：我觉得第1个问题和第4个问题相近，都是问牧羊人具有怎样的精神品质。

生：第3个问题和第5个问题都是问作者写这篇课文的意图，也就是问塑造牧羊人这个人物形象具有什么意义和价值。

生：第2个问题是问作者运用哪些方法塑造人物形象。

师：我们整合一下问题。(PPT展示)

(1)牧羊人具有怎样的精神品质和人格魅力？
(2)如何理解牧羊人植树行为的意义和价值？

师：我们先看第一个问题，牧羊人身上具有哪种精神品质或性格特征，使他在高原上创造了只有上天才能创造的“奇迹”？(PPT展示方法指导)

结合课文中对牧羊人的相关直接描写(生活经历、语言、动作)和间接描写(环境)的语句，概括出牧羊人的精神品质。

(小组组内讨论，分工合作，归纳整合答案，板书在小白板上)

师：牧羊人在高原上创造了只有上天才能创造的“奇迹”，最应该归功于牧羊人身上哪种精神品质或性格特征呢？请小组展示交流，其他小组可以补充或点评。

生1：从课文第14段中的“战争并没有扰乱他的生活。他一直在种树。种橡树，种山毛榉，还种白桦树”，可以看出他内心淡泊宁静，不为外界干扰。

生2：从第10段中的“他停了下来，用铁棍在地上戳了一个坑。然后，他轻轻地往坑里放一颗橡子，再仔细盖上泥土”，可以看出他种树认真娴熟，一丝不苟，专注投入。

生3：“那是谁的地？是公家的，还是私人的？他说不知道。看起来他并不在意。他只是一心一意地把一百颗橡子都种了下去。”从这里可以看出牧羊人种树不为名利、不计得失，就是单纯地想种树，没有任何私心。

生4：从第11段中的“在这十万颗橡子中，有两万颗发了芽。而这两万棵树苗种，有将近一半，可能会被动物咬坏，或是因为其他原因死掉”可以看出，树苗存活率极低，种树非常困难，间接体现出牧羊人不畏困难、坚持不懈、坚忍执着。

师：同学们能结合具体的语句进行分析，分析得很深入，回答也很精彩。正因为牧羊人有着宁静纯粹的内心、坚持不懈的努力，且满怀无私的大爱，才创造了一个奇迹。

（板书：宁静纯粹的内心、坚持不懈的毅力、满怀无私的大爱）

师：请同学们总结一下作者表达了怎样的情感。

生：作者高度赞美牧羊人满怀无私的大爱，还有坚持不懈的毅力。

生：我觉得作者表达了对牧羊人的高度赞美和敬佩之情。

师：课文运用了哪些写作手法来凸显牧羊人的形象？

生：文章运用了生动的细节描写，抓住老人的语言、外貌、动作、细节等进行描写，生动具体地表现出植树老人执着、无私的形象。

生：运用了大量的对比手法，将废墟的荒芜贫瘠景象与绿洲生机盎然的景象进行对比，废墟上刺耳的风声与绿洲上的微风形成鲜明的对比。

师：牧羊人的精神品质给了我们哪些触动？可以结合以下素材进行思考。

（PPT 展示素材，生发表意见）

师：大家都清晰地表达出了自己的感受，深刻而朴实的道理，发人深省。其实，我们所处的社会中也有很多默默“种树”的人，他们以非凡的毅力辛勤耕耘，种植着希望和幸福。其实，我们每个人也能成为自己的“牧羊人”，带着简单而执着的信念，将一件事坚持下来，就能创造出自己的价值，为他人和社会做出贡献，收获着精神的富足和心灵的充实。下课！

【教学反思】穿针引线，育人无形

《植树的牧羊人》这一课的教学效果整体来说流畅、自然，我总结出以下几个亮点。

一、充分尊重学生的主体性

在整堂课中，我只是提供具体的预习指导，引导学生主动思考和参与——积累字词、读懂并概括文章内容、理清结构，课堂上的整体感知放手给学生主导。P 课程中依托课后习题，由学生自主找出牧羊人和高原变化的信息，结合语段从整体上感受牧羊人创造的“奇迹”，获得情感上巨大的激荡；S 课程中由学生自己提出问题并进行整合，共同解决，小组分工探讨、交流、汇报。整个过程中，我只是适时地进行衔接，在学生思维关键点进行启发和点拨，如一句话总结概括主要内容的方法，升华学生对高原变化产生的情感，顺势而巧妙地让学生产生对牧羊人的敬佩之情，自然而无痕。

二、教学设计层次清晰，符合学生认知

学生在了解文章的主要内容和层次后，再深入分析文本细节，找出并分享圈点勾画的具体语句，在对比中感受高原环境的变化，在语言的流动中获得情感的升华。课程着重挖掘牧羊人的精神品质和人格魅力，启发学生理解牧羊人植树行为的意义和价值。各个教学环节和步骤环环相扣，由浅入深，由整体到具体到抽象，符合学生的思维认知规律。

三、适时提供拓展资料，深化理解课文主题

德国教育家第斯多惠说过："教学的艺术不在于传授本领，而在于激励、唤醒、鼓舞。"教师应以课文教材为凭借，拓展相关资源，依托教材又超越教材，拓宽学生的思维路径，加深学生理解的深度。课中学生结合文本较为全面地分析出牧羊人的精神品质，但对人物的理解还不够立体、深刻，此时我及时提供背景资料，两次世界大战给世界带来了毁灭性破坏，给人们的身心、生活造成了极大的摧残。家园破败、亲人逝去，人们颠沛流离、贫穷困苦，牧羊人却以一己之力给人们带来诗意家园、幸福生活，巨大反差和对比使得牧羊人的形象更加鲜活、具体，也更打动人心。在帮助学生理解牧羊人植树行为的意义和价值时，我结合画家及动画导演贝克的事例，旨在启发学生思维，由虚拟的文学人物"牧羊人"，过渡到现实中真真切切存在的"牧羊人"。他们同样拥有一颗纯粹的心灵，不为名和利，只为满腔的热爱；同样坚强执着地辛勤付出，获得精神的富足和心灵的充实，更为世界带来了巨变，给人们带来了心灵的力量。

正因如此，这堂课不仅有效地达成了教学的重难点，即理解牧羊人的顽强毅力和无私大爱的精神魅力，思考牧羊人植树行为的意义和价值；更给学生的情感注入了关于人生信念、生命意义的哲学启迪。这也是本堂课最大的亮点所在，不说教，却育人于无形，从中我进一步总结关于拓展资料的几点心得。

（一）把握好提供拓展资料的时机

在课堂教学中，教师要把握恰当的时机，拓展教学资源和补充材料，把课文与课外知识巧妙联系起来，激发学生阅读的兴趣，真正启迪学生思维，使学生在思维凝滞点上向深处发展，加深理解与感悟，真正学有所获。在教

学达到一定深度，学生整体把握文章主要内容，把握文本中的人物形象，此时提供拓展资料，能够帮助学生全面立体地理解人物形象，体会人物的精神魅力，更好地促进教学难点的实现。

（二）合理选择链接的资料

教学中需要链接合适的资料，以利于学生对文本多角度的解读。随意选择的资料会干扰课堂教学目标的达成，只有合理选择资源材料，才能真正点亮课堂。如恰到好处地链接背景，能有效拉近学生与文本的距离；巧妙地提供与课文主题相似或相近的文章，能强化学生对文章的感受与体会，举一反三、触类旁通。教师可以将文本内容与现实生活进行联系，提供拓展资料，促进学生深刻理解文本内容，学会迁移运用，达到学以致用的目的。

（三）对教师自身的综合素养有要求

语文课堂上提供的拓展资料不在多，而在精。这需要教师有广阔的文化视野和知识系统，也要了解学生的心理需求。教师要在平时的学习中挖掘具有教育意义的资料，还要注意材料与教材课文的匹配和结合，最后要对资料进行加工、删减、整合，最大化地辅助课堂教学。

【教师简介】

方逸，女，1990 年 5 月出生，2013 年毕业于华东师范大学中文系，现任武汉市常青树实验学校七年级语文教师，曾在武汉市新洲区教师公开课评比中获区一等奖。任教以来，乐于钻研，踏实严谨，撰写多篇论文获得奖项。

专家点评——拨云见雾，水落石出

本章的主题是“提升再构，相映生辉”。在阅读和阅读教学过程中，“提升再构”强调的是语意的概括提炼、形成认知的过程，“相映生辉”可以理解为丰富认知、获得思想的过程。

阅读可以为学生提供认知的营养，在学生自能发展的过程中，自主阅读起着重要的作用。而在自主阅读过程中，从具体的、原始的内容中提炼出抽象的、上位的语意，拓展认知，获取思想，丰富情感，是体现阅读和阅读教学价值的一些关键环节。

“提升再构，相映生辉”是一个过程，而不只是一个环节，应该贯穿在阅读和阅读教学的整个过程中。伴随着对文本信息的认读、筛选、理解和解读，“提升再构”可以让阅读活动进入一个更高的层次，这是一个真实的过程，是一个能促进学生发展和成长的过程。

本章的两个课例很好地展现了阅读教学中“提升再构，相映生辉”的意义和做法。

《伊索寓言》是一部寓言故事集，《赫耳墨斯和雕像者》《蚊子和狮子》都是借助一个故事来表达一个道理。寓言这种文体能很好地实践“提升再构，相映生辉”的做法。

杨雪老师在“教学目标”的设计中就提出了把握寓言的寓意与故事的逻辑之间的关联的要求，强化了从寓言中获得对生活的深刻认识的目标。这里的目标强调了“提升再构”方法的运用和有可能达到的“相映生辉”的效果。在引导学生“自能发现”的过程中，引用了夏丏尊先生的话，提出了阅读寓言应该关注的三个维度：故事本身，教训与劝导的意旨，故事中人或物的性格。这为学生“提升再构”提供了一个具有可操作性的路径，学生可以按照寓言故事的情节设计、主人公的性格、蕴含的哲理这样的逻辑顺序来完成“提升再构”的任务。学生可以从故事的细节描写中发现主人公的性格特征，可以从故事的情节发展中发现事件的发展逻辑，又可以从主人公的性格特征和事件的发展逻辑中发现作者要表达的寓意，学生可以借此从下位的具体的语意跃升到上位的抽象的寓意，同时也就完成了对整个寓言的解读，获得认识的提升，点燃大脑中思想的火花。

《植树的牧羊人》写了一个牧羊人在高原上创造了只有上天才能创造的“奇迹”：一个人，凭借自己的一双手，几十年如一日在贫瘠的荒原上顽强地种树，最后将荒原变成绿洲。这也是一篇能很好地训练学生在阅读中“提升再构”的文本。

方逸老师把“提升再构”的方法和要求贯穿在整篇课文的教学中。通过默读课文，圈点勾画具体细节和关键信息，了解人物的具体言行，再通过精读文章叙述部分，把握牧羊人的人物形象，一步步提升认知，感受人物精神和人格魅力，逐步建构出牧羊人植树行为的意义。在“自能发现”的过程中，引导学生发现问题，提出问题。学生能从具体的信息中提炼出“牧羊人具有怎样的精神品质和人格魅力”和“如何理解牧羊人植树行为的意义和价值”这样的问题，这是“提升再构”的开始。在“自能参与”和“自能建构”中，引导学生找到文中直接描写牧羊人生活和经历、动作、语言等的具体语句和间接描写树木生长状况的语句，再找到描写作者对事件和人物的评论和感受的语句，最后提炼出牧羊人的精神品质。这里展示的是“提升再构”的操作过程。而在“自能拓展”的过程中，学生表达牧羊人的精神品质对自己的触动和启示，则呈现出了文本解读到位后的“相映生辉”的效果。

专家简介：杨金水，武汉市教育科学研究院语文教研员，湖北省特级教师，全国模范教师，长期从事中学语文教学和教研工作。

第十六章　尊重“落差”，阶梯递进

《义务教育语文课程标准(2022年版)》指出,语文课程必须根据学生身心发展和语文学习的特点,关注学生的个体差异和不同的学习需求,充分激发学生的主动意识和进取精神。

我们学校遵循教育教学规律,运用生命发展教育理念下的主动教学模式,关注学生个体差异,尊重"落差",阶梯递进,促进学生的个性化发展。

在语文教学中,学生之间的差异是客观存在的现象,学生的差异表现在教学的各个环节、各个方面。怎样才能使全班学生在不同基础上都有所提高呢?教师要正确对待学生之间的差异,尊重学生的差异。《刷子李》这节课的教学设计,教师面向全体学生,以人为本,进行分层教学,因材施教,让不同层次的学生都能得到不同程度的发展与提高。

教师在执教部编版五年级上册第四单元《少年中国说》时,尊重"落差",阶梯递进,关注差异,因材施教;以读为主,补充课外资料,促进学生个性的和谐发展;开展小组合作,尊重学生独特的理解、感受和体验;关注双基,分层评价,促进学生个性健康发展。

工匠精神铸就“俗世奇人”

——《刷子李》(部编版《语文》五年级下册第14课)

【教学实录】工匠精神铸就“俗世奇人”

一、复习导入，激发兴趣

师：上节课，我们结识了冯骥才笔下的一位“俗世奇人”——刷子李，了解到刷子李刷墙的技艺高超。刷子李的本领到底有多强呢？让我们深入学习课文。

二、正面感受刷子李技艺的高超

1. 自读批注

师：请同学们自由读第五自然段，画出表现刷子李技艺高超的语句，在旁边做批注。

(生自读批注，师巡视指导)

2. 交流刷子李刷屋顶的神奇之处

师：先来说说屋顶吧，刷子李刷屋顶有什么神奇之处呢？

生1：可刷子李一举刷子，就像没有蘸浆。但刷子划过屋顶，立时匀匀实实一道白，白得透亮，白得清爽。(生抓住重点词语谈体会)

师：“匀匀实实”是什么意思？

生1：均匀密实。

师：说一说“匀匀实实”和“匀实”的区别。

生2：“匀匀实实”是叠词，起强调作用。

师：请你读一读这个句子，强调这个词。(生2读)

师：那别人刷屋顶呢？

生3：别人会掉浆。

师：文中是怎样说的？

生4：屋顶尤其难刷，蘸了稀溜溜粉浆的板刷往上一举，谁能一滴不掉？

一掉准掉在身上。

师:这是一个什么句?

生5:反问句。

师:谁能把反问句强调的语气读得再深点?(生6读反问句)

师引读:别人刷浆肯定会掉。可刷子李——(指名读)

生7:一举刷子,就像没有蘸浆。但刷子划过屋顶,立时匀匀实实一道白,白得透亮,白得清爽。

师:白白的墙面看上去是那样的干净明亮,你觉得刷子李的技艺怎么样?

生8:熟练、高超、神奇……

师过渡:还有哪些句子让你感受到刷子李技艺的神奇?

3.交流刷子李刷墙的神奇之处

生1:只见师傅的手臂悠然摆来,悠然摆去,如同伴着鼓点,和着琴声,每一摆刷,那长长的带浆的毛刷便在墙面啪地清脆一响,极是好听。

师:“悠然”是什么意思?

生1:悠闲、闲适。

师:那你能读出他的悠闲吗?

(生1读)

师:刷浆工人干的是又脏又累的活,为什么刷子李刷浆会这么悠闲?

生2:因为他技艺很娴熟。

生3:因为他喜欢刷墙。

师:正是因为他长期刻苦练习,对工作满腔热爱,积极投入,才能练就这高超的本领!所以他能做到——

生齐读:悠然摆来,悠然摆去。

师:这样有节奏地摆来摆去,发出的声音真像一首悦耳动听的——

生4:歌曲。

师:他仿佛成为一位——

生4:音乐家。

师:读出音乐家的神韵!(生4读)

师:这动作悠然自得,似乎在翩翩起舞,他好像成了一位——

生5:舞蹈家。

师:读出舞蹈家优美的姿态吧。(生5读)

4.交流写刷墙效果好的句子

师过渡:作者抓住刷子李刷墙的动作和声音表现了他的技艺高超。还有哪些句子让你感受到刷子李刷墙技艺高超？

生1：啪啪声里，一道道浆，衔接得天衣无缝，刷过去的墙面，真好比平平整整打开一面雪白的屏障。（生结合重点词语谈体会）

师：什么叫天衣无缝？（出示课件）谁来读一读这句话？（生2读）

师：真像一幅美丽的画卷！谁再来读？（生3读）

师：这动听的声音，这优美的动作，这如画般的效果，这哪里是在刷墙，这简直是在创作一件精美的艺术品。让我们齐读刷子李刷墙的部分！（生齐读）

师：（音乐声响起）如此无人能及的技艺，绝无仅有的境界，让刷子李成了一个传奇，真是令人叫绝呀！你佩服他吗？崇拜他吗？那就让我们带着深深地敬意、由衷的赞叹来好好读一读第五自然段。（生齐读第五自然段）

5. 小结写法

师：同学们，作家冯骥才为了展现刷子李这个奇人，抓住典型场景，进行细腻、传神的描写，直接通过他刷墙时的动作、声音和刷墙后的效果来表现他技艺的高超，这种描写方法叫正面描写。（板书：正面描写）

三、侧面体会刷子李的技艺高超

1. 画出与白点有关的语句

师：同学们，课文学到这儿，你们最关心什么问题啊？

生：刷子李身上到底有没有白点？

师：是啊，曹小三和你一样呢！默读6～9自然段，画出与白点有关的语句，揣摩曹小三的心理活动。（PPT出示）

(1)居然连一个芝麻大小的粉点也没发现。
(2)出现一个白点，黄豆大小。
(3)那白点原是一个小洞！

2. 学生反馈

师：让我们来看看与曹小三第一个想法有关的句子：

(1)每一面墙刷完，他搜索一遍，居然连一个芝麻大小的粉点也没发现。

师：哪个词语表示出乎意料？

生1：居然。

师：手艺高得令人难以置信！谁能将这种语气读出来？（生1读）

师：曹小三此刻心里会怎么想？

生2:佩服师傅。

师:请你读出敬佩的语气。(生2读)

(2)当刷子李刷完最后一面墙坐下来,曹小三给他点烟时,竟然看见刷子李裤子上出现一个白点,黄豆大小。

师:哪个词语表示意想不到?

生3:竟然。

师:我仿佛看到了他那难以置信的神情,谁再试着读一读?(生3读)

师:此刻曹小三又会怎么想?

生4:师傅露馅儿了,他不是神仙,往日传说中那如山般的形象轰然倒去。

(3)奇了!他凑上脸用神再瞧,那白点原是一个小洞!刚才抽烟时不小心烧的。

师:两个感叹号要读好,齐读。

师:此刻的曹小三心里会怎样想?

生5:他对师傅深信不疑,敬佩不已。

(师梳理曹小三心情变化,板书:半信半疑—相信—不信—深信)

师:让我们把这几个句子读一读,去感受曹小三跌宕起伏的心情。

3.小结写法

师:像这样的叙事方式,我们把它叫作一波三折。一波三折的故事情节,出人意料,起起伏伏,使刷子李的“奇”得到了一次次的渲染,读来令人寻味,达到了引人入胜的艺术效果。

师:作者直接通过这几个典型的场景来表现刷子李的技艺高超,属于正面描写。作者又多次描写曹小三的心理活动,这样写的目的是什么?

生1:也是为了突出刷子李的技艺高超。

师:那这又是一种什么描写方法呢?

生2:侧面烘托。(板书:侧面烘托)

师:文章采用正面与侧面相结合的表达方式,使刷子李这个人物的形象更加鲜活丰满。

四、回归整体,总结提升

1.理解最后一段话

师:“好好学本事吧”,这简短的六个字,也许是刷子李一生经验的总结。它包含着怎样的含义呢?

生1:好好练手艺,勤学苦练……

师：是啊，要高标准、严要求地去学本事，兢兢业业、勤学苦练地去长本事。有本事了才有自信，有尊严，有职业幸福感。真是听君一席话，胜读十年书。

2. 总结提升

师：是啊，三百六十行，行行出状元，我们要干一行，爱一行，钻一行，要让工匠精神代代相传。

五、当堂练笔，及时反馈

（1）小练笔。

师：曹小三学徒的头一天，见到听到学到的，恐怕别人一辈子也不一定明白呢。你明白了什么？试着动笔写一写。

（2）反馈学生练笔。

（3）拓展。

师：《刷子李》这篇课文具有浓郁的天津风味，语言幽默风趣，极具表现力。想要见识更多奇人，了解更多精彩故事，一切尽在《俗世奇人》这本书中，希望大家下课后去感受冯骥才的生花妙笔。

【教学反思】巧用分层教学，构建高效课堂

本文选自冯骥才的《俗世奇人》，文章生动有趣，故事一波三折，人物形象富有传奇色彩。

在设置教学环节时，我时刻谨记“尊重‘落差’、阶梯递进”的思想，所有教学环节都以学生的学情作为设计依据。我从以下几个方面反思课堂教学：

一、尊重“落差”，因人施教

学生的语文基础、思维能力以及学习语文的兴趣都有差异，因此我制定了不同层次的教学目标和教学策略。在课堂教学中，我分层次进行教学，做到因人施教。对于基础薄弱的学生，重在激发学习兴趣，鼓励他们大胆读书，读通重点句子，理解课文主要内容；对于有一定学习能力的同学，引导他们品析重点词句，感受刷子李技艺的高超；学习能力强的同学，重在领悟正面描写、侧面烘托、一波三折等刻画人物的方法。

我针对不同层次的学生设计了不同的作业，以适应学生的实际发展需要。作业分为基础题（必做）和提高题（选做），提高题要求学习能力强的学生做，基础薄弱的学生可以不做，但仍鼓励他们尽量去做。

二、分层教学，阶梯递进

本文教学的重点之一是让学生了解刷子李的技艺高超表现在哪里。教学的时候，我先放手让学生自由读，画出有关语句，然后再交流。学生通过体会揣摩，理解了作者通过刷子李刷墙时的动作、声音和刷墙后的效果来表现他技艺的高超。

在学生通过正面描写感受刷子李技艺高超的基础上，我聚焦表达形式，引导学生揣摩曹小三的内心活动，领悟侧面烘托、一波三折等刻画人物的方法。

我根据学情，对教学内容进行了调整和取舍。从关注文本内容，到聚焦表达方式，教学由易到难，阶梯递进，学生学得兴趣盎然。这使我意识到：分层教学应该是可行的、合理的，运用分层教学可以构建语文高效课堂。

三、遗憾与困惑

回顾整个课堂，存在许多不足之处。怎样对学生进行合理的分层？如何设计层层深入的问题让学生去探索、讨论？怎样更能体现因人施教、因材施教的教学原则？这都是值得我深思的问题。

【教师简介】

孙华清，在第十届全国小学信息技术与课程整合优质课大赛中荣获二等奖，在武汉市第四届“教师教育与教师专业成长”征文活动中荣获一等奖；2020 年，他带领的六(3)班被评为武汉市先进班集体。

等闲识得东风面，万紫千红总是春

——《少年中国说》（部编版《语文》五年级上册第 13 课）

【教学实录】苟利国家生死以，岂因祸福避趋之

师：首先，我们拿出听写本，开始听写。责任、欧洲、一泻汪洋、奇花初胎、与国无疆。（听写中）写完的同学对照书和屏幕，互相交换检查。

师：上节课我们通读了课文，读懂了字音，了解了字意，并且通过预习交流，每个小组都提出了问题。老师把大家的问题进行了归纳和总结，形成了学路建议，请一个同学来大声地读一读。（PPT 出示学路建议）

（1）自由读第一自然段，结合书上的注释，思考少年中国和中国少年之间的联系。

（2）读第二自然段，课文中是用哪些事物赞美少年中国的？用笔勾画出来。

（3）小组内交流写出关键词，派代表汇报。

师：请大家在组长的带领下，将各自的白板领回组内，然后选择一个你感兴趣的问题进行交流，小组派代表汇报自己的学习成果。（朗读中）

师：考虑好的小组可以坐正。我们来看一看，研究少年中国和中国少年之间的联系的有哪些组。

第一组同学 A：我们小组讨论的问题是少年中国和中国少年之间有什么样的联系。我们讨论出来的关键词是紧密联系和密不可分。（集体朗读）

第一组同学 B："故今日之责任，不在他人，而全在我少年"这一句中，故是因此的意思，前文省略了很多。

第一组同学 C："少年智则国智，少年富则国富，少年强则国强"这句话的意思是，少年有智慧则国家有智慧，少年富强则国家富强，少年强大则国家强大。

第一组同学 D："少年独立则国独立，少年自由则国自由，少年进步则国进步"，意思是如果少年独立，则国家独立，如果少年自由，则国家自由，如果少年进步，则国家进步。

第一组同学E："少年胜于欧洲则国胜于欧洲，少年雄于地球则国雄于地球"的意思是，如果少年胜过了欧洲，那么国家也会胜过欧洲；如果少年雄于地球，那么国家也会雄壮在地球上。

第一组同学F：这一段话写出了少年中国和中国少年的美好未来，少年中国和中国少年的前途命运是紧密联系在一起的。只有中国少年强大了，少年中国才会更强大。中国前程美，少年责任重。谢谢大家，我们小组的汇报完毕。

师：首先，他们抓住了文言文里面几个基本的语法规范。文言文单音词的"智""富""强"，我们现在把它们组词为智慧、富强、强大。这就是现代汉语和文言文的一个差别。他们还抓住了一个"故"字，"故"在文言文里表示因果关系，因此也是表示因果关系的，如孟子说"故天将降大任于是人也，必先苦其心志，劳其筋骨，饿其体肤"。我们很多同学具备初步的文言文知识，这就很不错了。其次，他们抓住了少年中国和中国少年之间的关系是密不可分、紧密相连的。请大家将紧密相连的关系读出来。（集体朗读）

师：再请个同学来读一读，我们感受下紧密相连、密不可分。（生朗读）

师：还有没有研究得更深刻的小组？有没有新的成果？

第二组同学A：我们小组与刚才的小组研究的是同样的问题，我们组找到的关键词是休戚与共。

第二组同学B：休戚与共的意思是彼此共同承受幸福与灾祸。

第二组同学C：少年智则国智，少年富则国富。如果少年没有智慧，则国家也没有智慧。如果少年不富裕，那么国家也不会富裕。

第二组同学D：同学们读第一段的时候，要读出积极向上的情感。

师：你们研究出的词——休戚与共，请你们把这个词写在黑板上。同学们，中国少年和少年中国是一个命运共同体，它们是不可分割的，犹如一枚硬币的两边不能分离。这就叫休戚与共。下面请更多的同学来读一读，读出休戚与共的感觉。（个别朗读、集体朗读）

师：表扬同学们，你们觉得文章表达了一种什么样的情感？

生：我觉得表达了作者对中国少年的期望。

师：请你把这种期望写在黑板上。为什么作者会有这样的情感？作者梁启超先生是清代末期著名的政治家和思想家，是著名的戊戌变法的主要领导人之一。戊戌变法只持续了100多天，最终以失败告终。第一次鸦片战争，英国人用坚船利炮打开了中国的大门，中国沦为半殖民地半封建社会。

第二次鸦片战争，英法联军火烧了圆明园，我们曾经无比辉煌的万园之园在一片火海中化为废墟。现在我们能看到的只有这一片断壁残垣，仍然在无声中诉说着它曾经的辉煌。我们再看后面的图片，有没有同学知道甲午战争？请你来说一说。

生：甲午战争发生在1894年，那一年是甲午年，所以称为甲午战争。日本海军进攻中国，日本军队和北洋军队在黄海上打仗。

师：中日甲午战争中，北洋水师全军覆没。甲午战争以清军的溃败告终，清政府被迫签订丧权辱国的《马关条约》。《马关条约》不仅割让了台湾，还有周围的澎湖列岛，并赔偿了两亿万余两白银，相当于日本20年的总收入。所以日本可以说是踩在中国的肩上进行的现代化发展。

生：当时八国联军侵略中国，闯进了北京，占领了紫禁城，皇帝和太后被迫逃到南京，八国联军闯进了乾清宫等皇帝的宫殿，甚至把龙椅当成拍照工具。

师：对，烧杀抢掠。这就是侵略者在北京紫禁城里游行的图片。皇帝的龙椅成为侵略者摆玩的道具，这是国家的耻辱。不久之后日本人开始制造舆论，污蔑中国是“老大帝国”，就是步入老年、濒于死亡的国家。更有甚者，很多国人也附和了这种说法，认为中国必亡，只能由列强共管或瓜分。梁启超先生虽然流亡在日本，但是看到这样的新闻非常愤慨，于是饱含深情地写下了《少年中国说》。在他笔下，中国不仅不是一个“老大帝国”，反而是充满希望的少年中国。我们一起来看一看，在梁启超先生笔下是用哪些事物来赞美少年中国的。

第三组同学A：我们小组研究的问题是课文用哪些事物来赞美少年中国的。我们小组讨论的是第二自然段，首先我想请我的组员和大家一起将这一段读一遍。（集体朗读）我们小组找到的赞美少年中国的事物有红日、伏流、潜龙、乳虎、鹰隼、奇花、干将。现在我想请我的组员们把这些事物详细地分析一下。

第三组同学B：“红日初升，其道大光”的意思是红红的太阳高高升起，发出的光芒耀眼四射。这句话把少年中国比喻成高高升起的太阳。

第三组同学C：“河出伏流，一泻汪洋”的意思是黄河从地下涌出，汹涌奔腾，浩浩荡荡地奔向汪洋大海。

第三组同学D：“潜龙腾渊，鳞爪飞扬。乳虎啸谷，百兽震惶”，这句话的意思是潜龙从深渊中腾跃而起，漂亮的鳞爪舞动飞扬，小老虎在山谷里吼叫，所有的野兽都害怕惊慌。

第三组同学E:“鹰隼试翼,风尘吸张。奇花初胎,矞矞皇皇”,意思是鹰隼展翅试飞,掀起狂风,飞沙走石。奇花刚开始孕育蓓蕾,华美瑰丽,富丽堂皇。这句话表现了少年中国的冲天气势。奇花表现少年中国在发展中的壮丽前景。

第三组同学F:“干将发硎,有作其芒”的意思是宝剑在磨刀石上磨出来,发出耀眼的光芒。“天戴其苍,地履其黄”这句话将少年中国比喻成一位强大雄壮的东方巨人,突出了中国少年头顶着苍天,脚踏着黄土大地的英姿。我们小组汇报完毕。

师:这些同学很会读书,我们数一数他们抓住了几个事物。一共是七个事物,梁启超先生为什么选这七种事物?它们有什么共同特点?

第四组同学A:我们组补充的问题是课文用哪些事物来赞美少年中国。我发现这些词有个共同的特点——朝气。

第四组同学B:河出伏流,黄河是中华民族的母亲河,少年正像黄河一样伟大。伏流汹涌奔泻,浩浩荡荡,这是形容我们生机勃勃的少年。一泻汪洋,黄河中有巨大的石头,可我们不怕,还有力地翻腾,这就是少年。

师:“河出伏流,一泻汪洋。”“河”表示黄河,请同学们做上记号。文言文中,“河”特指黄河,“江”特指长江,此外还有地理上的划分,如江东、江南、河东、河西、河南、河北,地理概念需弄清楚。刚才读课文时还不够朝气蓬勃,请大家将朝气蓬勃读出来。

生:红日初升,其道大光。河出伏流,一泻汪洋。

师:大家一起读朝气就出来了,现在我们来感受下力量。

生:潜龙腾渊,鳞爪飞扬。乳虎啸谷,百兽震惶。(集体朗读)

师:大家看一看这种力量。深渊里的潜龙一跃而起,在空中飞舞。小老虎在森林里吼叫,使所有的百兽折服。干将和莫邪是两位著名的铸剑师,他们用自己的生命作为引子,炼出了绝世名剑。干将这把名剑散发的光芒是其他宝剑无法比肩的。

师:每个组加颗星。有没有研究其他问题的小组?请你们来说一说。

第五组同学A:我们小组研究的问题是《少年中国说》运用了什么写法。

第五组同学B:这段话运用了排比的手法。排比就是把三个或三个以上结构和长度均相似、意义相关的句子排列起来。

第五组同学C:第二自然段运用了比喻的修辞手法。比喻就是把一种事物比作另一种事物,突出事物的特点。作者把中国少年比喻成红日、黄河、潜龙、乳虎、鹰隼、奇花、干将,突出了中国少年充满活力,朝气蓬勃的特点。

师：除了期望，大家在读这篇课文时还需要带着什么样的情感？

生1：我觉得是对少年中国的热爱。

师：这是一种，还有什么情感？

生2：我觉得是对少年中国的赞美。

生3：我觉得是自豪。

师：请写在这里，我们要把这几种情感都读进去。请同学们再读一读，感受这几种情感。（集体朗读）

师：非常好。在梁启超先生文章的启迪下，百年来无数仁人志士为了改变中国的命运在不停地奋斗。毛主席小时候曾经读过梁启超先生的这篇文章，也受到了启发。有没有哪个小组搜集了百年历史里杰出人物的资料？

第六组同学A：我们小组为大家带来的是为中国做出贡献的名人。

第六组同学B：我为大家介绍的是袁隆平，袁隆平一生致力于杂交水稻技术的研究、应用与推广，发明了“三系法”籼型杂交水稻，成功研究出“两系法”杂交水稻，创建了超级杂交稻技术体系。

第六组同学C：下面介绍邓稼先。邓稼先是中国的核物理学家，1964年中国的第一颗原子弹就是由他和他的团队研制的。

师：他们列举了两位改变中国命运的人物。正是无数少年的前赴后继，敢教日月换新天，我们的祖国从半殖民地半封建社会的苦难深渊正向两个“一百年”的辉煌目标迈进。请大家运用排比和比喻的手法写下自己的感言。

生1：迎国庆，颂祖国，普天同庆，欢聚一堂，张灯结彩，火树银花，欣欣向荣，蒸蒸日上，方兴日盛，百业兴旺，太平盛世，国泰民安。

生2：今日昌盛，太平盛世，人寿年丰，安居乐业，旧日流离，民不聊生，今朝安乐，旧日新生，壮丽山河，登山远望，一展风骚。

师：很好，非常优秀，天下兴亡，匹夫有责，我们要铭记历史。还有没有同学想我们分享下他的成果？

生3：红花绿柳，异常茂盛，万花齐放，姹紫嫣红，狮吼震天，万兽震惶，雏鸟试飞，展翅高飞，顶天泰山，高耸入云。

师：数风流人物，还看今朝。由于时间有限，我们不能继续交流了，剩下的同学回班后继续分享。

闻老师：同学们，中国的明天、中国的责任就在你们每一个中国少年身上。请全班同学起立，把这种责任，把这种担当，最重要的是对国家热爱的情感读出来，能背的同学一起背一背。

【教学反思】落红不是无情物，化作春泥更护花

感谢学校主动教学3.0模式课活动的开展，为我提供了展示的平台。

这堂课很好地体现了学校主动教学模式3.0版的精髓：三有——心中有学生，教学有目标，课堂有实效；三问——问课堂还给学生没有，问目标落实到位没有，问课堂模式落实扎实没有。万校长评价：整节课充实、饱满；闻老师综合素养突出，文本理解到位；教学干净利落、信息量大。这节课之所以能成功，是因为我遵循了教学主张——在主动教学模式中"一个点一条线层层推进"，让课堂中的层次分明起来。

"一个点"指的是明确的教学目标。

本篇课文是部编版五年级上册第四单元的第二篇课文，本单元的人文要素是"爱国之情"，语文要素是"结合资料，体会课文所表达的思想感情"和"学习列提纲，分段叙述"。因此，从单元语文要素出发，本课的教学目标就是要结合资料，让学生更好地体会课文中所表达的爱国情感。

"一条线"指的是以朗读训练为主线，资料的补充为辅助。

一读：通读课文，读懂字音，养成良好的习惯。

强调学生书拿正，坐端正，带着问题，有感情地读。读这篇文章不仅要字正腔圆，还要从胸腔中发音，把握好节奏，速度不能太快。

二读：读出希望、渴望之情，补充写作背景，准确把握课文的感情基调。

当学生们研究出少年中国和中国少年是一个休戚与共、密不可分的命运共同体时，我借机引导学生，让他们思考应该用一种什么样的情感去读。学生能够马上说出带着一种希望、渴望的情感去读。于是我让小组之间进行互动，让更多的学生一起读出这种希望、渴望之情，让学生和作者形成情感上的共鸣。紧接着，我适时引出当时梁启超先生的写作背景，这些资料的补充进一步加强了学生对文章情感的理解。

三读：普及文言知识，读出骄傲、自豪之情。

在第二段的教学中，我及时进行点拨，让学生疏通了文意，还进行了文言知识的普及和提升，引导学生结合文章的注释，进一步理解文言文每一句的含义，进而感受少年中国之美。这个时候，通过反复的朗诵和理解，学生的情感得以迸发，自然就读出了对少年中国的一种骄傲、自豪之情。

四读：读出自信、赞美之情，以优秀人物事例激发民族自豪感。

文章多是四字一句，而且押韵、对偶，读起来朗朗上口；还有排比句，气势淋漓，学生很自然地读出了自信和赞美之情。随后学生介绍了邓稼先、袁隆平这些优秀人物的事例，对文章的写法和课外知识的积累起到了很好的指导和补充。

【教师简介】

闻捷，男，江汉区优秀青年教师，市黄鹤英才“万玉霞工作室”成员，区优秀班主任、区优秀中队辅导员。教学效果显著，多次指导学生获得楚才作文竞赛一等奖。

专家点评——享受"跳一跳，桃子到"的喜悦

孙华清、闻捷两位老师的课例成功实践了常青树教育集团总校长万玉霞提出的主动教育教学模式。万校长在主动教育教学模式的理论中指出："语文课程必须根据学生身心发展和语文学习的特点，关注学生的个性差异和不同的学习需求，爱护学生的好奇心、求知欲，充分发挥学生的主动意识和进取精神。"

核心素养是学生在接受相应学段的教育过程中，逐步形成的适应个人终身发展需要和社会发展需要的必备品格和关键能力。学生是鲜活的个体，其基础、心理、智力水平、情商各不相同，因而课堂上接受信息的能力也各不相同。两位老师在教学设计中关注学生的个体差异，分层教学，因材施教，因人施教，使"尊重差异，阶梯递进"的目标得以落实，收到实效。"尊重差异，阶梯递进"成为因材施教、因人施教的良好途径，成为培养学生语文核心素养的基本保证。班里学生个性得到发展，呈现出优生更优，其余学生有所发展、有所进步的良好势头。

孙华清老师在教学设计中，根据学生的认知水平和思维能力制定了不同层次的教学目标和策略，提出适合不同层次学生读文思考的学路建议。让不同层次的学生自主组合成合作学习小组，鼓励学生在主动参与的合作学习中，努力完成自己选择的学习任务。鼓励基础较差的学生大胆读书，学习勾画重点句子和关键词，把有关句子读通读好。有一定能力的同学和大家一起通过品词品句感受刷子李的高超技艺。能力强的学生领悟文本的主旨和写作手法。大家按自己的能力各抒己见，扬长避短，做到了人人有话说，个个有思考，在互相学习和互相补充评价的过程中，老师和小组长再次鼓励学生质疑问难。小组合作学习热火朝天，不同层次的学生都有发展和收获，形成了分层教学的高效课堂，师生感到了互帮互学中传递的温暖。各团队共进取，同收获，形成了良好的班级学风。同时，老师为学生设计了不同的作业，逐步提高了学生的学习兴趣，让学生享受到跳一跳就能摘到桃子的成功的喜悦。

闻捷老师在《中国少年说》中，因材施教，因人施教，教学效果好。

闻老师关注学生差异，关注文本特点，采用了“以读为主，补充资料为辅”的方法，促进了各层次学生的发展，提高了学生的语文素养。

闻老师尊重学生的独特体验，在以读为本，阶梯递进的教学过程中，做到了读书有目标，读书有层次，理解有重点、有难点。补充资料由远及近，推动教学进程有效度。

闻老师引导学生由易到难，逐步探究。学生经历了“自读自悟—勾画相关词句—交流补充评价—读写结合”的全过程。在一次又一次层层递进的琅琅书声中，在一次又一次不同层次学生的思维碰撞中，学生的爱国热情和报效祖国的坚定信心油然而生。学生的四读文本层次分明：一读读通读顺，自主感知文本内容。二读读懂少年中国和中国少年之间的联系。三读读出少年之责任。四读读出自信，读出赞美之情。各个层次的读书自主选择，人人参与，个个表达对祖国的深情。学生在不断递进的读书过程中，群情激奋，热泪盈眶。爱国之情、报国之志跃然纸上，课堂上一派生机勃勃景象，令人鼓舞！

由此可见，教学中面向全体学生，尊重学生差异，阶梯递进的教学，是提高每个学生综合素质的有效途径，也体现了学校提出的教师胸中有目标，眼中有学生，手中有方法的主动教育教学模式。

专家简介：朱虚一，湖北省特级教师。

后记

我常常问自己，何为语文课堂？语文课堂为何？语文课堂何为？

我想语文课堂应该是有儿童立场的课堂，应该是学生生命成长的课堂，是学生语文素养提升的重要地，也是学生思想的拔节地……我带着老师们，对一节节真实的、原汁原味的常青树语文课堂进行复盘，于是就有了《当生命中有了语文——万玉霞“生命发展教育”的语文课堂》这本书。

《当生命中有了语文——万玉霞“生命发展教育”的语文课堂》是基于生命发展理念的“主动教育教学”模式在语文课堂上的教改实践成果。“主动教育教学”模式作为武汉市“十佳”课改模式之一，一直在教学实地生长。本书记载的“主动教育教学”模式语文教学主题研究与教学案例、反思是教师们一串串实地探索的脚印，它在充盈着真诚情感的教学活动中逐渐孕育、成长、发展，踏地留痕。教学点评也多是语文专家在教学现场的指导、点拨。这些语文课的教学所共有的核心价值是积极弘扬学生的主体性，激发学生的学习性，归宿点是让学生真正成为喜爱语文、有文学素养的合格现代公民。

当生命中有了语文，一节好的“主动教育教学”的语文课堂是怎样的课堂？

一节好的“主动教育教学”的语文课堂是生命成长的课堂。语文课程，应达“传道立人”之意，一篇篇课文，传承着中华民族优秀文化，弘扬着社会主义核心价值观，引导学生理解世界、完善人格、丰富人生，培养学生热爱祖国语言文字的情感。著名语言学家吕叔湘先生曾说语文教学不同于工业，而有点类似于农业，因为教学的对象是人而不是机器。类似农业，那就必须遵从生命成长的自然规律，指向人的生命的成长。

一节好的“主动教育教学”的语文课堂，教师要通过深度的文本解读，展现立足学生起点、立足课标学习的课堂深耕，用一个个精彩纷呈的微格课堂设计，体现对文本的把控能力，让语文学科知识的落实与训练在课堂上得以实现。

当生命中有了语文，语文课堂就是学生生命成长的原野。

当生命中有了语文，语文课堂就是折射儿童生命成长的观照。

当生命中有了语文，语文课堂就是心同此心、情同此理的一架由文字通向儿童情感、心灵的桥梁。

有了生命的语文课堂，其实质是实现由作品到文学到文化的探索的高效主动课堂。

当生命中有了语文，课堂的阅读学习就是一个生命愉悦、文化获得过程。它追求的不仅仅是培养学生听说读写的基本能力，更强调让学生通过听说读写活动获得精神品质的发展，获得对生活的理解，促进学生的整体发展。学生在获得语文本体知识水平提升的同时，将文学、文化的熏陶，情愫、情感的积淀，通过语文学习揉入了成长着的生命。

简单来说，在新课改的要求下，希望学生可以具备这样的核心素养能力：

(1)对中华文化有认同感，对中国文化的生命力有信心。

(2)具备良好的语感，能有效交流沟通，对国家通语言文字有深厚情感。

(3)有好奇心、求知欲，思维灵活，积极思考。

(4)能感受、理解、欣赏和评价语言文字作品，具有发现美、创造美的能力。

再次审阅《当生命中有了语文——万玉霞“生命发展教育”的语文课堂》，进一步明晰了语文教学的三点感悟：

其一，语文教学需要有大的语文观。语言学用、知识积累与技能训练等，体现了对语文教育本体特征的坚守。对学生的能力训练关乎学生思维的发展与提升以及语言的运用，这是对语文素养关于思维与语用的具体教学落实。语文学习的途径是丰富多样的，我们要把握语文学习的“群”意识。从课内学习到课外阅读，要抓住语文课堂拓展延伸的切入点，需要善于把握学习材料、学习支架等学习工具的灵活运用。

其二，课堂教学的行为需要教师充分关注每一个学生的学习状态。只有基于儿童立场的语文教学，才能折射出对儿童生命成长的观照。

一篇篇精美的课文，在润物无声中将阅读的种子播撒到学生的心田，成为学生生命成长的动力。

其三，大语文观下，文本的解读、引导的语言、语境的拓展、互文的印证、文字的置换……学生语文学科核心素养的能力提升与转化路径在课堂。

在此书出版之际，感谢和我一起研究语文课堂的参与本书编写的常青树教育集团的语文教师团队。同时，常青树集团校多年来的课程改革，一直得到许多专家、教育同仁的关心和帮扶，在此一并表示最诚挚的感谢。

教育改革永远在路上。囿于水平，本书的课堂记载、主题研究、案例、反思，有一定的时域性、局限性，书中也有许多不成熟、不妥当的地方，在此恳请各位方家、读者不吝指正。

万玉霞